最初の授業カタログ

編集 「たのしい授業」編集委員会／代表 板倉聖宣

仮説社

············ **はしがき** ············

板倉聖宣 板倉研究室／国立教育研究所名誉所員

　この本は,『たのしい授業』という月刊教育雑誌に載った「最初の授業」に関する記事を集めたものです。『たのしい授業』は他の教育雑誌と比べると,かなり長い文章も載せていますが,ここにまとめた文章を見ると,比較的短いものが多くて,「まるでカタログのようにも見える」というので,「最初の授業カタログ」と名付けてみました。「4月の最初にはどんな授業をしたらいいだろうか」と少しでも思い悩むことがあったら,この「カタログ」を開いてみて,「そうだ,こんな授業のはじめかたもあったのだ」と気がついて,お役に立つことがあれば嬉しいと思って,そんな記事をまとめたのです。

　『たのしい授業』では,毎年新学期を迎える3〜4月号には,ほとんど毎年のように,「最初の授業／出会いの授業」の特集をしてきました。「毎年同じような特集をするのは気がひける」ということもなくはないのですが,学校現場の先生方の要望をきくと,4月前後にはいつも「最初の授業／出会いの授業を特集してほしい」という要望が寄せられます。そして,毎年「あの記事は役に立った」と言って喜ばれているのです。
　そういえば,季節は毎年,毎年「春→夏→秋→冬」と繰り返し

てやってきますし,毎年「春には新学期,夏には夏休み」と決まっているのですから,その時どきの読者の要望をもとに雑誌を編集しようとすれば,毎年毎年同じような特集を組むのは,当たり前のこととも言えるわけです。

しかし,毎年同じような特集をすると言っても,毎年全く同じ記事を出すわけではありません。前の年からの読者の方々は,やはり新しい記事を求めますし,記事を書く人も編集者も少しずつ進歩しています。そこで,少しずつ記事の重点が変わっていきます。これは当然なことですが,ときには困ったこともおきかねません。

たとえば,新学期を迎えるに当たって,多くの先生方は「最初から〈たのしい授業〉をやるか,それとも最初は〈きびしい授業〉をやるか」と思い悩むことがあります。「〈たのしい授業〉をやりたいといったって,〈たのしい授業〉の手持ち財産＝ネタはそんなにあるわけではない」などと思うと,「最初から〈たのしい授業〉をやってネタ切れになったときどうするのだ」と心配になることも少なくありません。「へたに最初から〈たのしい授業〉をやると,子どもたちに甘く見られて,後で〈きびしい授業〉をやらざるを得ないときに収拾がつかなくなるのではないか」などという心配もありました。しかし,今ではその種の問題は,『たのしい授業』の読者のあいだでは「解決ずみ」と言っていい状態に達しています。「最初から〈たのしい授業〉をやったほうがいい」ということが,実験的に明らかになったからです。

しかし,いくら「最初から〈たのしい授業〉をやったほうがいいということが実験的に分かっている」と言っても,『たのしい授業』の新しい読者の方々には,なかなか信用できることではありません。そこで,『たのしい授業』の編集部では,そういう読者の方々のことも考えて,これまでの研究成果を繰り返し説明す

るように努めてはいるのですが,それにも限度があります。それに,一番分かりやすい説明は,私たち自身が悩んで解決したときのプロセスをお知らせすることでしょう。そんなこともあって,『たのしい授業』に載った「最初の授業」関係の記事を一冊にまとめるということが期待されておりました。そこで,今回,こういう本をまとめることになったのです。

　私たちはこれまで何回も,一度『たのしい授業』に載った記事を一冊にまとめるという作業をしてきましたが,今回のこの「カタログ」には,これまでのものとは違う特色が一つあります。それは,「一つの記事が比較的短い」上に,「その筆者がとても多くて多様だ」ということです。ということは「この本を開くと,立場や条件の違うとても多種類の人々のやって成功した話や構想を学びとることができる」ということを意味しています。実用書としては,似た条件にある人の記事が一番役立つわけですが,自分とはかなり条件の違う人々の話にも役立つものが少なくありません。「最初の授業」の考え方には共通しているものがあるからです。そこで,最後的には全部の記事を読んで下さるよう,お願いします。

　この本の中には,ベテランと言える人々のやった話もありますが,新卒に近い新米教師がやって成功した話もあります。ですから「カタログ」のように,気軽に読んで役に立ちそうな話を見つけたら読んでみて下さい。すでに長いあいだ『たのしい授業』を読んでいる人は,「この本にまとめられている話はほとんどみな一度読んだことがある」と思えるかも知れません。でも,そういう人だって,これまでの記事の内容を全部覚えているわけではないので,前に読んだ話を思い出すのにこういう本はとても便利だと思うのですが,どうでしょうか。

最初の授業カタログ　目次

本書の原稿は1篇をのぞき『たのしい授業』誌に掲載されたもので，その初出年月および号数は各タイトルのページに記してあります。文中「本誌」とあるのは，『たの授』のことです。筆者の肩書き・勤務先は，執筆当時のものです。また，本書掲載の授業書はすべて，仮説実験授業研究会の許可を得て掲載しています。

1. 心にとめておきたい言葉・原則

座談会 最初の授業から楽しく ……………………………… 8
　板倉聖宣・尾形邦子・塩野広次・村上道子

新学期，子どもたちや大人たちと出会う時
　……………………………………………… 長岡　清　14

最初から気持ちよくつきあうために
　……………………………………………… 村上道子　24

2. 最初の授業カタログ

最初の授業カタログ'86 ……………………… 尾形邦子編　32
はじめの一歩 ……………………………………………… 39
　横山尚幸・井上秀雄・樋口勝弘・蕚慶典・飯嶌信夫
わたしの「最初の授業」 ………………………………… 42
　時　哲朗・岩本美枝・尾形邦子・大浜みずほ
一週一楽リストがあれば ………………………… 佐竹重泰　45
私の最初の授業 …………………………………………… 52
　松崎重広・高村喜久江・西川浩司・仁木　正
　島田　繁・堀江晴美・伊藤芳幸
病院併設学級で3連発 …………………………… 森村和夫　60

最初から，たのしさ優先で！ ……………… 木下富美子　63

3. 最初の授業プラン

たのしさの先入観をプレゼント	音田輝元	74
〈ブタンガスで楽しもう〉	音田輝元	80
ブタンガスの化学	吉村七郎	85
卵は砂糖水に浮くか	本多泰治	90
最初の授業はこれっ！《見れども見えず》	増田伸夫	96
卵立てをやってみませんか	中野香代子	103
〈卵立て〉がおすすめです	滝本 恵	107
新学期 親・子・教師が仲好くなる季節	佐々木邦道	110
4月，最初の出会いは爆発だ	吉村 烈	113
学校って勉強するとこじゃないの？	中原智子	128

4. 出会いも演出したい！

最初の出会いは名刺でどーも	谷水 聡	140
あたらしく○○先生のクラスになる人たちへ	小川 洋	145
授業びらきに自己紹介問題集を	竹内徹也	149
笑いのおこる先生の自己紹介	木下富美子	157
転任のあいさつは「なぞなぞ」で	時 哲朗	160
私の名前を漢字でおぼえてね	山田 環	163
生徒の顔を覚える法	細井心円	175
楽しさと感激の「名前覚え」	朝日 均	176
学級びらきですること	新居信正	179
新居流 しつけの極意を学ぶ	荒井公毅	181

朝の会・終わりの会	時　哲朗	184
クリヤーポケットを使おう	岩瀬直樹	187
教室掲示はインテリア	中林典子	189
中学2年生になるあなたたちへ	小林仁美	198
〈知らないことは教える〉ということ	小川　洋	201
生徒になめられる?!	長岡　清・吉村　烈	205

5. 1年の計は4月にあり

ボクのカリキュラムはいかが？

	井藤伸比古	210
僕の「楽しみごと」カレンダー	佐竹重泰	226
小学校低学年定番メニュー	塩野広次	238
定食方式でボクにもできた1年生	小川　洋	242
私好みのカリキュラム	小林光子	243
〈高学年〉で私がしていること	尾形邦子	258

表紙・扉イラスト　藤森知子
本文カット　藤森知子・小暮恵・松浦素子

心にとめておきたい言葉・原則

》座談会《（No.1, 83・4）
最初の授業から楽しく

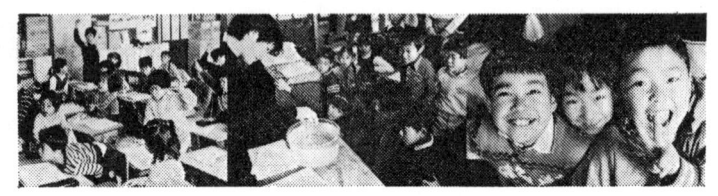

国立教育研究所　葛飾区上千葉小学校　佐倉市西志津小学校　船橋市大穴北小学校
板倉聖宣　　尾形邦子　　塩野広次　　村上道子

楽しい授業が信頼を生む

——「新しく受けもったクラスで最初にどんな授業をするか」ということは，あまり問題にされることがないようですが，一考の価値があるのではないでしょうか。

尾形　「最後の授業」というのはドーデーの作品として知っているけど，「最初の授業」なんてあまり聞かないテーマね。（笑）

ベテランの先生にね，「最初の授業どうしてますか」って聞いたら，「初めはごく普通の授業，教科書どおりにやります」っていうの。「最初だけよくっても，1年間もそんな調子でもつわけない」っていわれて，そんなものかなあと思ったけど……。「いいものは，出しおしみします」って。

板倉　1年間の見通しがはっきりあって，自信のある授業ができるような力量のある人は，どうやろうといいやね。でも，新卒の人や，必ずしも自信をもって授業ができるわけでもない人にとっては，最初の授業を楽しいものにするってことがけっこう重要じゃな

◀板倉聖宣さん

いかと思うんですよ。

村上 まったく初めてのクラスと，持ち上がりのクラスとでは，ずいぶん事情がちがうんじゃないですか。

板倉 そう，新しいクラスをもったときに，特に重要なんだね。

塩野 はじめてのクラスだと，ぼくは名前がなかなかおぼえられなくてね，自己紹介なんかやっても。だから討論してくれるような授業をするんです。それ聞いていると，割合早くおぼえられる。

板倉 子どもの特徴が出るからね。ということは，先生の方で子どものイメージを形成しているということだよね。子どもの方も，初期の授業を通して「ああ，こんな先生だな」というイメージをもっていく。新しいクラスでは，子どもも教師も，お互いのイメージをつくりあげていく……その時期というのは重要じゃないかと思うんですよ。

たとえば，こんなことを知り合いの先生から聞いたことがあります。中学校の若い女の先生ですが，理科の授業がうまくいかない。学級経営も困ってる。毎年のようにそんなんで，先生自身が登校拒否ぎみになったりしてね。（笑）　自分でも授業に自信がないことを認めているので，なるべくあたりさわりのない教材，教科書の教材で授業をはじめるわけです。そうしてどうにもならなくなったころ，「このへんで信用を回復しよう」というわけで仮説実験授業なんかをやる。そうすると，それまでの授業よりはいい感じになるんだけれど「クラスの雰囲気がかわっちゃう」なんてことにはとうていならないというんです。それが今年はなにかの事情があって，1学期のはじめに仮説実験授業をもってきた。——これはその先生に

とってはこわいことだったでしょうね。ところが，これが大変うまくいって，そのあと，ごく普通の教科書通りの授業をやっても，子どもたちがなんとか聞いてくれるようになった。――そういう話があるんですよ。そういうことは，大いにありうるでしょうね。

村上 私が年間計画で一番に考えることというのは，はっきりいえば「仮説実験授業をいつやるか」ということで……(爆笑)

板倉 自分の得意な，自分の魅力を子どもたちにもっともよく認められる授業を，どこにもってくるかということね。

でも，さっきの例でいうと，同じことをやるのでも，信用されてる先生がやるのと，全然信用されてない先生がやるのとでは，まるでちがっちゃう。まったく信用を失ってからでは，かなり意欲的な教材をもってきても，「ヘンな先生がまたヘンなこと始めた」なんて(爆笑)……そういうことがあるらしい。そういう意味で，先々のことはともかく，まず最初に子どもたちから信用されるような，その信頼をつなぎとめられるような授業をやる必要があるのじゃないか。

　　――あとは，最後まで期待はずれだったりしても……(笑)

塩野 一度も希望をもてないより，ずっといいよ。(笑)

しあわせな「出会い」のために

尾形 力量のある人は，月なみな授業からはいってもいい，ということなんでしょうね。

板倉 そう。でも普通は逆でしょ。「力量のある人は最初から変わったことをやっ

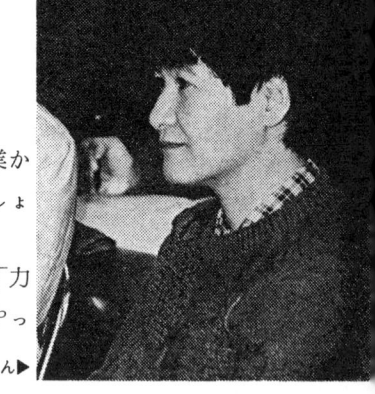

尾形邦子さん▶

てもいいけど，力量のとぼしい人はおとなしくやれ」って。たいていの人は，その先生なりの魅力を子どもたちに認めてもらえるような楽しい授業を，できるだけ早くやった方がいいと思うんだなあ。

村上 長丁場だなんていってられない。

塩野 楽しい授業を経験しちゃうと，また，けっこうタネがみつけられるみたいなことがあるしね。

尾形 「いつかやろう」なんて思ってると，最後まで時間がとれなくて終わっちゃうなんてこともあるし。

村上 キミ子方式の絵のかき方みたいね。出だしがかんじん。全体を見ないで部分部分を仕上げながら広げていく……。

板倉 先生の魅力を早く認めてもらうことと同時に，一人ひとりの子どもの魅力的な面を早く見られるようにすることね。「おいおい子どもの姿が見えてくる」なんていうのも，そりゃそうだろうけど，まず最初に，その子のもっとも魅力的な面が先生の印象に残るようにすべきだろうね。その後の授業や学級経営において，先生が「すばらしい子どもたちだなあ」という先入観をもっているということは，すごく大事だと思います。先生の意欲ともつながってくる。最初にテストしたりして，「誰ができないか」とか「こいつはワルだ」なんて調べちゃうのは，本当に不幸な出会いだね。

―― 時期的にいうと，いつごろのことなんですかね。

尾形 1学期というのはいろんなことがあって，最初は授業になんないんですよね。それでも今までは，そのスキマをぬって，とにかく仮説実験授業をやってたけど。でも1年生なんか，学校の中を連れ歩

◀村上道子さん

塩野広次さん▶

いたりなんかしてどうしようもない。(笑)

板倉 そうだな，だから授業がはじまって1週間目ぐらいのうちかな，その先生のイメージがかたまってくるのは。それまでに，たとえば仮説実験授業とか，キミ子方式の三原色だけでモヤシの絵をかかせてみるとか。

村上 「ほかの先生と違う。なにか面白いことやってくれそうだな」って思ってもらえるといいのよね。仮説やキミ子方式でやると，自己紹介なんかではわからない「個性」がはっきり出てくるので面白いなあと思います。

塩野 新しいクラスで仮説の授業書を使って〈ものとその重さ〉を最初にやってみたんですよ。そうすると，クラスの「集団の面白さ」みたいなものがクッキリ出たという感じで，学級づくりにもすごく役立ったと思います。こうなってはじめて「このクラスで次に何がやれそうか」ってことが考えられるようになったみたい。

村上 最初の出会いを大事にするというのは，仮説実験授業的だっていう感じ。

板倉 授業書っていうのが，だいたいそういう構成になってるでしょ。つまり，「動機づけを大切にする」っていうことね。これから1年間学ぼうとしていることは，自分にとってすごく大事な面白いことなんだと思えるか。どうでもいい，つまらないことを我慢しなくちゃならないんだと思うか。

尾形 1年生というのは「つまらない授業」という経験がないから，ちょっと変わったことをやると，すぐよろこんじゃうんですよね。でも，それがどんなにメズラシイコトであるのかは，あまりわかってくれない。だから本当に楽しい授業というのを味わうために

は，もしかしたら「つまらない授業」を誰かが積み重ねていてくれた方がいいんじゃないか……(爆笑)

板倉 モヤシの絵なんか，何年生でもいいんじゃない？

村上 散歩に出て花をつんできて，それを描くっていう方がいいです。

塩野 散歩して，ぺんぺん草がいいね。

板倉 理科は，低学年なら〈空気と水〉か〈足は何本？〉が仮説実験授業でいいね。4・5年では〈ものとその重さ〉……これは6年でも中学でもいいね。どちらかといえば，物理的なものの方が，実験がシャープに出てやりやすいんじゃないかな。

塩野 いや〈花と実〉なんかすごくいいですよ，5年か6年だったら。

尾形 そう，〈花と実〉はいいなあ。

塩野 お話がたくさんあるから，国語にもなる。(笑)

尾形 〈もしも原子がみえたなら〉も，とってもいいよ。

〔1983年2月14日に行われた編集会議の際の座談記録に手を加えたものです。文責編集部〕

●心にとめておきたい言葉・原則Ⅰ (No.139, 94・4)
新学期，子どもたちや大人たちと出会うとき

長岡　清　東京・大田区雪谷高校（当時／三鷹高校）

はじめに

　４月は新学期の季節。それは，ぼくら教員にとって，新しい子どもたちや新しい同僚（管理職）と初めて出会うときでもあります。今回，ぼくも５年間勤めた三鷹高校を去り，新しい学校に異動することになりました。そこで，「新しい学校に異動して，新しい子どもたちや同僚と出会うにあたり，心に留めておきたい言葉・原則を『たのしい授業』のバックナンバーからまとめておこう」と思いました。それは「きっと，ぼくにとっては役に立つことだ」と思ったからですが，もしかすると，ぼくだけでなく，他の人にも役に立つことがあるかもしれません。そこで，こうしてまとめてみました。

〈楽しさの先入観〉は１年を支配する

　昨年のぼくの最初の授業は〈世界の国旗〉でした。授業書終了時に生徒さんたちに書いてもらった感想に次のようなものがあり

ます（下線は長岡）。

■最初は「国旗なんて……」と思っていたのに，それぞれの国旗をもとに，その内容，意味，関連性への結びつけ方(つまり，授業)の〈うまさ〉に(オレがいうのも変ですが)感心させられました。世界に引き込まれていく自分がわかるようで，うれしく思います。<u>「世界史に興味ない人でも，先生ならば絶ってぇー，うまくいく」と思います。</u>　　　　　　　　　（斉藤敦司君）

■〈国旗〉についての授業をしてくれた先生は初めてなので，とても楽しかった。〈国旗〉から歴史の流れがわかるのにも初めて気付いて，感動した。自分の中の雑学が今回授業を受けて増えたと思う。<u>〈世界史〉の導入部で興味をもってしまったので，1年間うまくいくような気がする。</u>　（小林　渚さん）

こういう感想は，じつは，昨年のものだけではありません。ここ4年間ほど，最初の授業は〈世界の国旗〉をやっていますが，必ずといっていいほど，こういった感想が出てきます。

三鷹高校では，ぼくは毎年2年生の世界史を教えていました。ですから，毎年4月に新しい2年生たちと出会います。最初の授業をする前は，いつも「昨年の子どもたちは授業をたのしんでくれた。でも，今度の子どもたちは，ぼくの授業をたのしんでくれるだろうか」と心配になります。でも，それは杞憂で，子どもたちはいつも最初の授業を楽しんでくれました。そして，それは，1年間のぼくの授業を楽しみにしてくれる，いい先入観になっているようです。

「〈最初の授業〉をどうするか」ということは本誌で何回も取り

上げられてきました。毎年4月号には「最初の授業」という題で何か記事が載っています。創刊当初（1〜2年目）には，「最初の授業でも気張らず，ふつうに授業をする」という記事もありますが，「子どもたちの信頼を得るというだけでなく，まず〈子どもたちへの信頼〉を教師自身がはっきりと持つために，最初の授業が大切」（編集部「最後の授業／最初の授業」本誌No.24）というのが，共通認識になってきたように思います。

　だがしかし，たしかに「最初から〈たのしい授業〉をやってしまうと，あとではタネ切れになってしまう。そこで，最初に教科書の授業をやってしまってから，余った時間で〈たのしい授業〉をやろう」という考えもわからなくはありません。ぼくだって，最初に〈世界の国旗〉をやった後は，1学期中はずっとたのしい授業ができてないのです。次にたのしい授業をするのは，2学期の最初の〈世界史入門〉（本誌No.31〜36に掲載）ですから，そのあいだの授業はぼくにとっても苦しいものがあります。だがしかし，最初にいい先入観をもってもらうのと，最初に悪い先入観をもってもらうのとでは雲泥の差があるように思うのです。

　そういうことをぼくに一番印象づけてくれた本誌の記事は，音田輝元さんの「たのしさの先入観をプレゼント」という記事でした（本文74ページ参照）。

　この記事には「最初の出会い」のとき――新学期の始業式に行なったブタンガスの簡単で楽しそうな実験が紹介されています。それは，「ブタンガスを入れた試験管にガラス管をつけたゴム栓をし，そのガラス管に火を近づけたらどうなるか？（なにもならない・小さく火がつく・爆発する）」というものと，「では，試験管を握ると炎はどうなるか？（かわらない・小さくなって消える・もっと大きくなる）」という二つの問題を予想するというものです。この実験は子どもたちにも好評でたのしい話なのですが，その波及効果

や意義のお話もステキなのです。小見出しがすっきりとまとまっていて，これも好きなんです，ぼくは。たとえば，**〈楽しさの先入観〉は1年を支配する**と**第1週には最も自信のある授業を**というのは覚えておきたい言葉です。

また，次の部分も好きだな。

　2月も終わろうとする月曜日の朝，ボクは教室でたずねました。「みんな，3月24日まで，もう少しだね。……1年って早いね。ところでみんな，4月8日の始業式のこと，覚えていますか」と。

　すると，うれしいことに「ウン，覚えている。おもしろかった」と話してくれるではありませんか。

　4月8日，最初の出会い，始業式。

　子どもたちは期待と不安で心が揺れ動いています。ボクはその期待に応えてやりたいし，不安をとり除いて子どもたちに心のあんまをしてやりたいと思うのです。（子どもの心のあんまは，同時にボクの心のあんまになるのです）ステキな出会いは一年を支配する，そんな思いで始業式を迎えました。（中略）

　「4月はクラスのルールを確立する大切な月」と，よく言われます。ボクも「そうだなあ……」と思ったりします。でも，ボク流に言い換えると，「4月は楽しさのルールを確立する月」と言いたいのです。気持ちよく出会いの授業（実験）をおえた後，ボクは第1週の理科の時間に〈足はなんぼん？〉を始めました。（中略）

　「4月の先入観は一年を支配する」，これはもうマチガイないことだと思っています。

　「今度の先生はおもしろい先生だよ，楽しそうな授業をしてくれる先生だよ」なんてことを感じてもらう先入観。ふつう，

先入観というと悪いことのように思われるけど,楽しさの先入観なんていいと思いませんか。

この文章にぼくも共感します。やっぱり,「最初の授業はたのしい授業」ではないか,とぼくも思います。

〈楽しさ〉が信頼を生む

ぼく,今年は新しい学校に異動します。そういえば,新しい学校に異動した際のことを書いた記事が本誌にありました。松田心一さんの「〈楽しさ〉が信頼を生む——新任校でのステキな出会い」(1991年10月号・No.108)という記事です。松田さんの書かれていることは「中学校や高校だったら,一般的にありそうだな」と思えるようなことでした。だから,ぼくも素直に「うんうん,そうだなぁ。そういうことって,あるよねぇ」と思えたのでした。次の部分がそうです。

　転勤になって新しい学校に赴任したとき,中学3年生の担当だとかなり気を使います。中学校では,3年生が一番ハバをきかせて(力を持って)いる場合がほとんどだからです。それに1年間というタイムリミットでは,翌年にやりなおしがききません。卒業後の進路決定を控えて,心理的にも何かと動揺しやすく,多感な年頃でもあります。
　ですから,赴任した最初の年の3年生に〈それなりの良い評価〉をもらうと,次の年からはかなり過ごしやすくなります。それは,先輩から後輩へと伝聞されていくからです(非常に荒れた学校で,3年生と2年生が対立した状況にあるときは,そうはいかない場合もあるようですが)。だから逆に〈悪い評判〉が立つと,

その修復がとても大変なようです。以前，そういう先生と一緒になったことがあり，かわいそうなほどでした。悪い評判というのは広がりやすいもので，すぐに父母にまで及んでしまうものです。

　新しい学校に異動することは，心配であり，楽しみなことでもあります。小学校や中学校でもそうだとは思うのですが，特に高校の場合，それまでの学校と，子どもの雰囲気，先生の雰囲気，学校の慣習，行事などが，全然違うということが少なくありません。ぼくの場合もそうでした。初めて赴任した学校は定時制で，勉強があまり好きでない子が少なくありませんでした。しかし，異動した三鷹高校は中学校では成績がよい人の方が多かった。だから，異動したての頃は，「困ったな」と思うことの方が多かったように思います。でも，現在は三鷹高校の子どもたちに合わせられるようになってきたようです。たとえば，次の感想文をご覧ください。

■「先生って，ものしりだなあ」と思った。よく勉強してるんですね。先輩から「長岡先生って，ものすごい，いい人だよぉ」ときいていました。本当にすごくいい先生だと思います。
　国旗の授業は，初めて知ったことばっかりです。〈予想〉で確信がもてたのは，はっきりいって，ありませんでした。いつでも「ほぉー」「へぇー」ってうなずいてましたよ。こんな楽しくて一変した授業は初めてでした。　　（斎木綾乃さん）

■今まで国旗について詳しく学んだことがなかったので，とても新鮮でした。「国旗の裏に，それぞれの国の時代背景がこ

んなにも関わっているのか」と思いました。先生が今言ったように「たかが国旗，されど国旗」です。

　世界史のはじめとしてはとてもよい授業だったと思います。先生の説明で世界の動きも少しずつ思い出せました。授業中の色ぬりもとても新鮮で，先生の生徒への気づかいには驚きました(色えんぴつの用意等)。こういう所から人気投票の１位も生まれるのですね。　　　　　　　　　　　　(原田優子さん)

異動って，不安なこともあるけど，逆に今までと違う自分を見せるチャンスだともいえます。だからこそ，最初の出会いは大事にしたいもの。ぼくの場合も，「最初からたのしい授業ができたらいいな」と思っていました。そうそう，三鷹高校での最初の授業は〈世界史入門〉でした。松田さんの最初の授業も，〈足はなんぼん？〉に出てくる「ありの絵」を書かせることでした。

　ぼくが生徒たちに不安と期待を持つ以上に，中学生たちも新任教師(であるぼく)に大きな不安と幾許かの期待を寄せているに違いありません。その幾許かの期待に応えるには，出会いのときをいいかげんにする訳にはいかないでしょう。それに不安を取り除くには楽しさが一番です。ぼくの場合，教科書の授業では楽しくさせる自信がありません。できれば，新鮮さも抱いてもらいたいのです。それには仮説実験授業が一番です。ぼくには仮説実験授業しかないのです。早速，仮説実験授業を始めることにしました。

この次の時間から，松田さんは授業書〈自由電子がみえたなら〉を始めてます。そして，この時の生徒さんたちの感想がすごくよいのです。〈全般的に楽しさを感じ取ってくれたもの〉から，〈実

験観が変わったというもの〉や〈他人の意見をきくたのしさがわかったというもの〉など，仮説実験授業のよさを中学3年生たちはすぐにわかってしまうんです。松田さんの最後の文章がいいです。

　中学生との出会いでは，第一印象は大事な要素かもしれません。しかし，僕など，どう転んでもカッコよくないし，若さで引きつける年齢でもありません。目が悪いために度の強い調光レンズのメガネ(外ではサングラスになるレンズ)をかけているため，なおさらみたいです。しかし「楽しい授業」は，そうした外見や第一印象を取り外してくれるのです。そして，教師である僕への信頼を創り出してくれるのです。こうしたことが授業を通していつの間にか形成されているのですから，ナントすごいことでしょうか。
　仮説実験授業は，今度の学校でも中学生達との出会いを，間違いなく素敵なものにしてくれました。それは，仮説実験授業が紛れもなく「楽しい授業」であるからだと思うのです。〈楽しさ〉こそが教師と子どもの信頼関係を作るきっかけとなり，さらにはその絆をより確かなものにしてくれると思うのですがいかがでしょうか。

　こういう文章を読むと，「やっぱり，異動したては〈楽しい授業〉をするしかないなぁ」とぼくも思います。特に，今まで仮説実験授業を実施したことがないという方，異動したての4月がチャンスなのではないでしょうか。

死なないでください

　上の言葉，ぼくはすごく気に入って，ぼくのクラスの学級目標

(ふつう,三鷹高校には学級目標はなかったのですが)にもなったものです。教師や子どもにとって,一番重要で一番時間をかけるのは授業ですが,クラス担任ともなれば,クラスの子どもたちのことが気になります。どのようにクラスを組織していくか,どんな子どもたちになってほしいか。そんなことが,ふつうは学級目標になるのでしょう。しかし,「死なないでください」に勝る原則はないように思います。これは,すぐにぼくのクラスの子どもたち(や保護者)に浸透して,卒業アルバムのクラスの頁にも書かれていました。

これ,もともとは山路敏英さんの「学年主任のひそかな願い」(1991年1月号・No.98)という講演記録にあったものです。その記録の中で,ぼくが真似したいと一番思ったところは山路さんの立てた目標です。それは,次のようなものでした。

▶しょっちゅうは言わない,一番上の目標
〈死なないでください――生きてるだけでたいしたもんだ〉
▶年中言う一番大切な目標三重丸2つ
◎ちゃんと学校に来て,楽しくすごしてほしい
◎自分のいいところを見つけてほしい
▶口には出さないけれど,密かに思っている二重丸2つ
◎お母(父)さんたちも,楽しく子育てをしてほしい
◎学年の先生方が,イイ気分で仕事してほしい
▶ようやく最近できた目標
○管理職にも,イイ気分で仕事してほしい

こういう目標をたてると,小さな事件もそれほど気にならなくなるから不思議です。でも,やっぱり,「上履きをちゃんと履いていない(スリッパを履いている)生徒がいる」とか「自転車を学年

の自転車置場に置かない生徒がいる」とか言われると，気になります。でも，「ちゃんと学校に来てるんだからいいじゃないか」と思えば，余裕が持てるものです。

　山路さんの記事の最後に板倉聖宣さんの発想法の話が載っていますが，これも心に留めておきたい話です。

　私は，「どんな学校にも一人くらいは，何でも根源的に考える習慣をもった哲学者がいてくれるといい」と思っています。ふつうの人はふだんそんなことを考えるのは面倒なので，何かあったとき，そういう哲学者の意見を聞くようにしたりすると，新しい発見が出来ていいと思うのです。あなたの周りにそういう人がいなかったら，あなた自身がそういう人になってくれませんか。

　山路さん自身が「何でも根源的に考える習慣をもった哲学者」のようにぼくには思えます。真似したい人の一人です。

おわりに
　これらは，ぼくにとって，一番覚えておきたい言葉ということで選んだものです。ですから，きっと，「新学期にはこんなことを知っていることが大事だよ」と思う方がいらっしゃることと思います。あなた好みの覚えておきたい言葉・原則というのを教えていただけるとウレシイです。

(1994.3.12)

●心にとめておきたい言葉・原則2（No.139, 94・4）

最初から
気持ちよくつきあうために

村上道子　千葉・船橋市葛飾小学校

出会いの季節に

　4月の新学期は，子どもたちにとっても，教師にとっても，さまざまな出会いの季節です。子どもたちどうし，子どもたちと先生，そして教師どうしの，いろいろな出会い方があります。本誌では創刊以来，4月号でたびたび「最初の授業」の特集を組んできました。これは〈最初の出会いから，まずたのしい印象を〉という考え方から，子どもたちとのたのしい出会いが保障できるような，簡単な実験・工作あそび・おもちゃ・言葉あそび・絵本などを紹介してきたわけです。

　そのような，出会いの授業で使うプランやモノのほかに，私にはとても気になるコトがあります。それは，授業をすすめる上で配慮するとよいことや，子どもや同僚との人間関係にかかわることです。そういうことはこの時期だけの問題ではないのですが，新しい出会いをきっかけにしてあらためて考え直してみると，また新鮮な気持ちでスタートできるのではないかと思います。

　授業をすすめる上での配慮や人間関係に類することは，挙げて

いけばたくさんありそうですが，ここではこれまで『たのしい授業』に載った記録の中から，私の印象に残っている言葉を手がかりに，思いついたことを書いてみたいと思います。

「台風の中で10円玉をひろう気持ちで」（1986年8月号〔No.42〕）

これは，東京の「たの教サークル」の例会の記録（丸屋剛編）の中の言葉です。「荒れている学校で，仮説実験授業をやってもなかなか思うようにいかない」という悩みに対して，出席者がいろいろとアドバイスをしているのですが，その中にこの「台風の中で10円玉をひろう気持ちで」という丸屋さんの言葉が出てきます。この比喩は，「学校全体が荒れているような非常に困難な状況の中では，少しでも子どもたちが受け入れてくれる様子が見られればシメタもの，というぐらいの気持ちでやったらどうか」という意味だと思います。私はこの比喩がとくに印象に残って忘れられないのですが，読み直してみると，悩みのあるなしに関係なく授業をするときの配慮として，参考になる話が随所に出てきます。

> 小原　僕らって子どもたちにいっぱい要求するのね。限りなくね。「バケツで水をまいたりしなくなって，子どもたちが落ち着いた」と思うと「無気力」だって文句いうし，だいたいそういう本質が僕らにはあるからね。だから自分の「ものさし」を定めて，授業がうまくいったかどうかを決めないといけないね。〔中略〕それから，田辺さんが言ったように教科書の授業の時に比べてよくなったら，一歩前進なら，OKなんだよね。〔中略〕それで，実際に仮説をやっていると「一歩前進でいい」と思っていると「10歩くらい前進している」ということもあるね。

「一歩前進でいい」という言葉は，なにか〈たのしい授業〉を始めてみたいと思っている人にぜひ贈りたい言葉です。最初の授

業で〈ものづくり〉でも〈ことばあそび〉でも何か一つやってみて，子どもたちが喜んでくれたら，また次の何かを選んでやってみる。そしてまた次の何か……そんなふうに一つ一つ〈となりとなり〉とやっていくうちに，気がついたら10歩も20歩も前進しているということになるのではないでしょうか。

この記録には，このほかに「子どもの気持ちはわかっているつもりでもぜんぜんわかっていないと思ったほうがいい」「討論があれば楽しい授業か？」など，とくに初めて仮説実験授業をやる人に参考になる話が載っています。なごやかな雰囲気がそのまま伝わってくるような座談会の記録なので，とても読みやすく，読んだあとなんとなくほっとした気持ちにさせてくれます。

「時間に始まり，時間に終わる」

(1991年3月臨増〔No.101〕『たのしい授業ハンドブック』)

これは中田好則さんの文章のタイトルですが，私は勝手に「規則は教師も縛る」というタイトルで記憶していました。1ページの短い文章ですが，とても印象に残っていて，中身を要約して自分で勝手にタイトルを作って記憶していたものとみえます。中田さんはこう書いています。

> 教師が授業時間を守ることは，子どもの遊び時間，休憩時間を保障することになる。教師の都合で時間に始まらず，したがって終わりの時間になっても，なかなか終わらない。子どもの時間を指導の名のもとに勝手に使っている。これでは〈教師を中心にした学校生活〉というものであろう。
>
> 子どもを大事にするなら，我々教師はもっと時間にしばられて，自分のわがまま，教師の都合を封じ込めて，子どもの自由にできる時間を確保することが当然である。それが「時間を守る」ということである。

給食が時間に食べられないからといって,昼休みの時間も,続く掃除の時間も,続いて昼からの授業中まで食べさせているという日常的な指導は,〈時間を守る〉という原則を立てれば,それは,ありえないことになる。

　〈時間を守る〉という原則が〈子どもの自由を保障する〉という例は,ほかにもいろいろ考えられるのではないでしょうか。私はこの原則を,宿題にも適用しています。「宿題は〈子どもの時間〉や〈家庭の時間〉を奪うものだから出さない」という考えです。私は4月の最初の懇談会でいつもそういう話をするのですが,いまの学校では宿題が〈常識〉になっているらしく,お母さんたちのなかにはけげんな顔をする人も少なくありません。しかし,宿題から解放される子どもたちは,とても喜びます。よく〈親の教育要求にこたえる〉という主張をききますが,宿題などは〈親の要求〉の最たるものでしょう。そのような〈親の要求〉にこたえることが,子どもを縛ることになるということも,考えてみる必要があるのではないでしょうか。

　そういえば,私が新しいクラスを持ったときに授業以外で子どもたちから歓迎されることとして,この①宿題を出さない,の他に,②給食は無理に食べなくてよい　③帰りの会は早く終わる(2〜3分)の3つがあります。当たり前のようにやってきたことですが,こういうことで悩まされてきた子どもたちにとっては,これだけで開放的な気分になるようです。

「ほめるのは待って」(1985年1月号〔No.22〕,『絵を描くっていうことは』仮説社)

　これは,松本キミ子さんの文章にある言葉です。「ほめて育てる」というのは,いまや通俗的な教育論の〈常識〉になっているといえるでしょう。学校教育に限らず,家庭教育でもさかんにくほ

めて育てる〉ということが奨励されているようです。

この〈常識〉のおそろしさ，罪深さを，松本さんは絵や彫刻という〈芸術教育〉の立場から鋭く指摘しています。

> 描ける人はいつだって，「描けない人」「きらいな人」がそうなる原因を，自信たっぷりに「ほめないからだ」と断定する。それはもう，さわやかですらある。しかし，これは恐ろしい偏見である。〔中略〕
>
> ふつうの人は，他人の絵を「ヘタだねー」とか「ヘンだねー」なんて，そんなふうにはいわないものだ。だから，他人に悪口をいわれて嫌いになるなんて，そんな機会はまずないといってよい。ところが，描いた本人は，自分で自分の絵がヘンだとわかってしまうのだ。だから，「描けない」と思い，嫌いになるのである。
>
> それを，ほめりゃ描いた本人がよろこぶと思うなんて，あまりにも人間をバカにしてはいないか。「子どもはほめることが大事」なんてことの裏には，「子どもだから，どうせ客観的判断ができないからね」というさげすみの気持ちがあるのではないか。〔中略〕
>
> 自分でも〈ヘンだなー〉と思っている時，私がしなければならないことは，ほめることではない。〈どうしてヘンになったのか，どうしたら確実にうまくいくのか〉を教えてあげることだ。たとえ相手が子どもであっても，失敗をなぐさめられるよりは，成功を手にすることに満足をおぼえるのは当然ではないだろうか。

私は「〈ほめる〉ことをどのようにとらえるか」が，素人の教育論と玄人の教育論との一つの境目になるのではないかと考えています。ただ「ほめて育てる」というのが素人の教育論だとすれば，玄人の教育論は「どういう場合にほめるとよいか」「ほめるべきで

ないのは,どういうときか」をきちんと見極めることにあると思います。

「ほめるべきでない」のは,たとえば松本さんが書いているように「本人がダメだとわかっているようなときに,なぐさめにほめてはいけない」ということがあるでしょう。そういうときにほめられると,人はかえって傷ついてしまいます。また,とくに幼い子ほど,ほめられると「ほめられることを当てにして,おとなの顔色をうかがうように」なりがちです。そして行動の基準がおとなにほめられるかどうかになってしまう,ということもあります。そういう点では,仮説実験授業でしばしばみられるように,子どもどうしが評価しあうという関係がひとつの理想かもしれないと思います。

一方,「ほめて育てる」ことも,いちがいによくないとはいえないでしょう。自分でも「よくできた」と思えるときや,「あまり自信がないけれど,もしかしたらよいのかもしれない」と思うようなときに,他の人からほめられれば,ほめられたことが大きな自信となって,成長していく糧になっていくでしょう。また,自分では「まったく気がつかないようなところ」を評価されてほめられれば,それも大きな力になっていくと思います。

ところで,学校で教師が子どもをほめるときには,教えたことの成果が問題になることがほとんどです。ということは,〈ほめるかどうか〉で問われるのは,結局教える側の方法や内容だということになります。極言すれば,子どもをほめることができなければ,それは教え方が悪いということになりますし,いい加減なほめ方をすれば,それは自分の教え方のまずさをごまかすことにもなるでしょう。だからこそ,松本さんの言われるように,ほめることができないときは,〈失敗をなぐさめるよりは,成功を手にするように〉次の手立てを講じなければならないわけです。

松本さんの文章を初めて読んだときとくに私が感動したのは，「子どもをおとなと対等な人間として，〈ほめる，ほめられる〉の関係をとらえている」という点でした。いま何年ぶりかで読み返して，あらためてその思いを強くしています。さきほどの〈時間を守る〉にしても〈ほめる〉にしても，子どもたちをおとなと対等な人間として見ることによって，子どもたちとの関係がガラッと変わるということはよくあります。もちろん，子どもは成長の過程にいるのですから「教えなければわからないこと」はたくさんあるわけですが。

　最近，学校のなかでの教師どうしの評価ということが気になっています。お世辞ではなく，ほんとうにいいと思うことを素直にほめあうような関係ができたとき，職場での人間関係もうまくいっているといえるのではないかと，このごろ思うようになりました。新学期になって，子どもたちとともに同じ学年の先生とも新しい出会いが始まります。〈たのしい授業〉という考え方やその具体的な内容はそう簡単には伝えられないけれど，伝える道を残しておくためにも，同僚の先生たちとはできるだけ気持ちよくつきあっていきたいと思っています。

科学の本の読み方すすめ方

板倉聖宣・名倉　弘著

科学の本を読むには，「どんな本を選び，どう読むか」が大切です。長年，科学の本とつきあってきた著者たちが，科学の本の読み方や歴史をわかりやすく説きます。専門家から初心者まで，科学の本に興味を持つすべての人に。巻末に詳細な科学読物年表付き！

1900円（税別）

仮説社

最初の授業カタログ

カタログ'86 最初の授業

(No.37, 86・4)

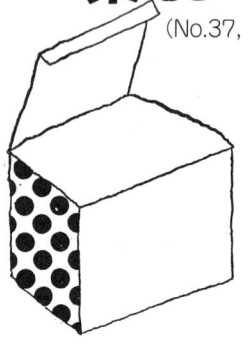

東京・足立区東綾江小学校　**尾形邦子** 編

● はじめの一歩

　子どもたちとのしあわせな出会いを願う人々のために——，今年もまた「最初の授業カタログ」をお届けします。

　「最初の授業」のことを思うだけで胸がドキドキするくらい，私は最初の授業って大好きです。子どもたちの笑顔が見えてくるから，そして授業をしている私も笑顔になれる予想がたつから…。

　授業をする人と授業を受ける人とのイ・イ・関係は，たのしい授業の中で，お互いの魅力を発見しあうことから生まれます。イ・イ・関係をつくるのに遠慮はいりません。ですから，すすめます——「**最初の授業からたのしく！**」と。

　「最初がたのしいのはいいけど，後が続かなかったらどうするの？」なんて心配する人もいるかもしれませんね。でも，大丈夫です。『たのしい授業』はそのためにある雑誌だと言っていいんですから。

　『たのしい授業』に載っている授業は，（ヤル気のある人なら）誰でもがマネでき，しかもたのしさの保障つきのものばかりです。これを利用しないテ・はありません。4年目に入った『たのしい授業』の財産の中から，最初の授業にふさわしい授業

●はじめの一歩

を選び出したもの，それがこの「最初の授業カタログ」です。

　去年の4月号に載ったカタログは編集会議でのおしゃべりの中からできたものですが，今年度版はそれにほんのちょっぴり増補しました。昨年同様，私（たち）好みのカタログであることをお断りしておきます。

　なお，もっと詳しい内容を知りたい方のために，（　）の中に初出号数や参考文献を入れておきました。

　（⑫№1）→『たの授』№1
のように見てください。

　また，それぞれの授業をするのにふさわしい学年も入れておきましたが，これはだいたいの目安ですのでうんと幅広くお考えください。

　参考文献を探す時は，『たの授』の毎年3月号に掲載されている「年間総索引」の他に，『ものづくりハンドブック1～4』『たのしい授業プラン国語1・2』『たのしい授業プラン社会』（いずれも仮説社）などの『たの授』を再編集した単行本もお役に立てて下さい。

　最後に，「しまった！　今年は間に合わなかった」と残念がっている方へのアドバイス。──「たのしい授業をしたいと思った時が新学期！」なんてカゲキかしら？

1 国語だったら

❶アクロステックの自己紹介

　のんびり一歩
　むりせず三歩
　らくらくあるけ
　あおい空
　きたもみなみも
　こどもでいっぱい（野村晶子）

というように，ことば遊びでする自己紹介のことです。

　「ウソが入ってもいいのよ」ということばに，子どもたちはグッと気がラクになって，すてきな作品を作ってくれることでしょう。小2～。絶対のおすすめ品。（⑫№1，24）

❷漢字の〈素粒子と原子〉

　「たて線とよこ線だけでできている漢字をさがしてみましょう」に始まる漢字の授業は，今までとはちょっとちがった漢字の見方を教えてくれます。この授業をしておくと，この先の漢字指導がラクになることうけあい。（小3～，⑫№8）

❸あしたの作文（ウソの日記）

　『はれ ときどき ぶた』（後出）を読んであげたあと，書くといいでしょう。（小2～，⑫№7）

❹漢字先生

　「私の名前，おぼえてね」。どう

せ漢字を覚えるならば、クラス全員の名前に使われている字を覚えちゃいましょう。一人ひとりが先生になって、自分の名前の字をみんなに教えます。（本文163ぺに再録）研究』第9集参照）

⑤ふしぎな風呂敷づつみ

　横浜の小林光子さんの最初の授業は、いつもこれだそうです。（山本正次さんの授業プラン「国語科よみかた授業書案集」の中の一つ。（『よみかた授業プラン集』仮説社）

②算数では

　まず、ドリルで自信をつけさせましょう——ぐらいしか思いつきません。一番大事なことは「読み・書き・計算」なのです！（㋺№8や『授業科学研究』第5巻の「公文式をどううけとめたか」など）

③理科（仮説実験授業）

　とにかく「仮説」。子どもたちと仲良くなるには、これが一番です。

　授業書はたくさんあるので、何から始めてもいいようなものですが、その中でも「おすすめ品」をあげると……。

❶〈空気と水〉

　小2～中学生まで、どこでも大好評。大人にだって大丈夫。「たのしい授業」に大人と子どもの区別はありません。（㋺№20）

❷〈ものとその重さ〉

　小4～中学・高校まで。原子論に基づいた重さの保存性を扱う本格的な仮説の授業書。考える楽しさを存分に味わえます。（㋺№2）

❸〈足は何本？〉（㋺№9～12）
〈にている親子・にてない親子〉

　生きもの好きのはみだしっ子たちが活躍する可能性大。（小2～4）

❹〈もしも原子が見えたなら〉

　小4から。持ち上がりクラスへの最初の授業に最適！

　この他に仮説実験授業の授業書は〈背骨のある動物たち〉〈花と実〉などたくさん。『たの授』にも授業記録がいくつも載っていますが、板倉聖宣『仮説実験授業のABC』（仮説社）や『たの授』No.37を参考にしてください。

④ 社 会

❶散歩（全学年）

　天気の良い日に散歩に出かけましょう。すぐ隣の公園だっていいん

●はじめの一歩

です。クラスの雰囲気がふ〜んわりするのがうれしい。草花をつんできてキミ子方式の絵の授業とドッキングもできます。(㊓№1)

②**地名さがし**（小4〜）

子どもたちは地図が大好き。「地図帳の〇ページを開いて……、町の名前は〇〇！」と言い，見つけた子は「ハイ！」と手をあげる。「1番，2番……」と順位をつけてあげると盛り上がります。

クラスの1/3〜1/2が手をあげたところで，「ここです！」と先生が指さして見せてオシマイ。(㊓№10)

③**〇〇の名産地**（小4〜）

白地図に県別生産額を赤い点（ドット）で記入していくうちに，全国の都道府県名を覚えてしまいます。用意するものは，県境の入った名産地用の日本白地図（㊓№14に見本）と，『日本国勢図会』などの資料。「りんごの名産地」などの他に「人口の名産地」などもおもしろいですよ。(㊓№14，松崎重広著『社会を見なおすメガネ』国土社刊)

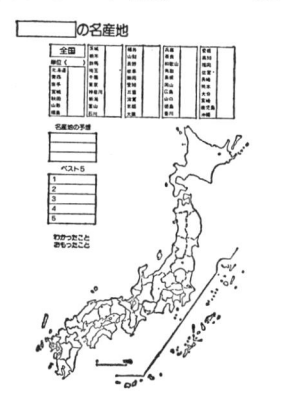

④〈**ゆうびん番号**〉

自分の住む所の郵便番号から始まって，日本の主な町の郵便番号を推理していく授業。日本地理のイメージが自然と頭に入ってきます。小2からできるけど，最初の授業としては高学年向きかな？(㊓№1)

⑤ 体 育

●**グウ・チョキ・パアの鬼ごっこ**

『たの授』では「巴鬼」として紹介の三つ巴の鬼ごっこは，運動量もスリルも満点。これを教えてくれた新潟の細井心円さんは始業式の日にもうやっちゃうんだそうです！（小1〜。㊓№17「笑顔が大好き」）

②**小久保式とび箱**（小2〜）

とび箱をとべない私でも「全員がとべるようにしてあげる」と子どもたちに公約できるのは，この授業のおかげ。これをするたびに「技術ってスゴイ！」と思う。子どもたちにちょっぴり尊敬されるかも……。

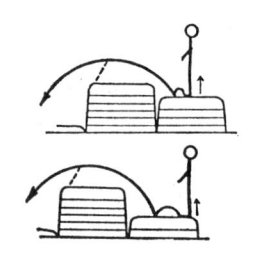

6 美術・もの作り・家庭科

❶三原色の色づくり

赤・青・黄と白さえあれば世界中の色が作れます。一時間のうちに一番たくさん色を作るのはだれ？ さあ競争です。画用紙に作った色を一つひとつ並べていって、最後は自分流に色の名前もつけましょう。

「色作り」のあとは、「モヤシ」「ペンペン草」の授業をどうぞ。（小3ぐらい〜、た№2ほか）

②べっこうあめ（小4〜中学高校）

ただの砂糖からアメができちゃうのが不思議。家庭科でならお鍋で、理科ならビーカーで作ったべっこうあめをニコニコ食べるのイイネ。一人用なら、マドレーヌ型のアルミホイル製の容器の用意も。（た№0、『仮説実験授業研究』№12）

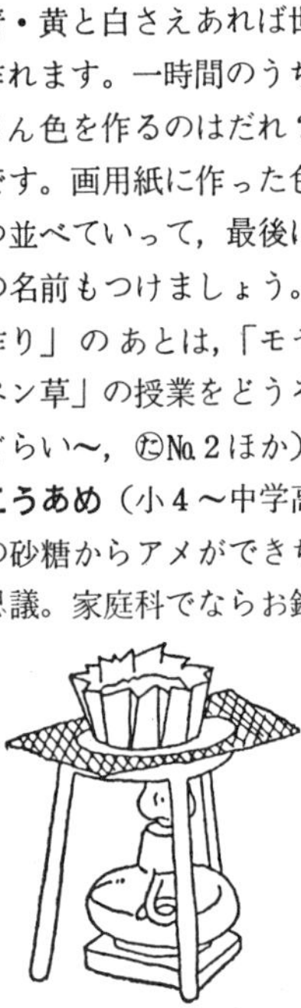

③折り染め（幼児〜）

小さく折りたたんだ和紙に、ちょんちょんと染料をつけて広げると……、すてきな折り染め紙のできあがり！（た№4、18）

④プラ板（小1〜）

「タミヤ模型の透明プラ板」（厚さ0.2mm、1枚100円）に油性ペンで絵を描いてオーブントースターに入れて焼く。すると見る見るうちにちぢんで、かちっとしたアクセサリーに。（た№2）

ただし、この③④については「最初の授業にはもったいない」の声多数。つまりもったいないと感じるほど楽しくなること確実なのです。

また、もの作りに関しては、『たのしい授業・臨時増刊もの作りハン

●はじめの一歩

ドブック』(仮説社)をぜひお手元におかれることをお勧めします。

7 朝の連続小説

要するに「本の読み聞かせ」です。でも，これを「朝の連続小説」と銘うつとカッコイイでしょう？名づけ親は岡山の賀川敦雄さんです。(㋺№0)本の一例をあげておきます。(低→低学年，中→中学年，高→高学年，と見て下さい)
❶**窓ぎわのトットちゃん**（中～高）
　黒柳徹子・講談社
❷**はれときどきぶた**（低～中）
　矢玉四郎・岩崎書店
③**あしたぶたの日・ぶた時間**（中～）
　矢玉四郎・岩崎書店
❹**クラマ博士のなぜ**（中～）
　山中恒・偕成社
⑤**なんだかへんて子**（中～）
　山中恒・偕成社
⑥**お父さん×先生＝タヌキ**（中～）
　山中恒・偕成社
⑦**なっちゃう**（低～中）
　佐野美津男・フレーベル館
⑧**ぼくは王さま**（低～中）
　寺村輝夫・理論社
⑨**長くつ下のピッピ**（中～高）
　リンドグレーン・岩波書店

子どもたちに読んであげるには，「クスクス」とでもいいから笑えるものがいいです。山中恒さんのものがたくさんあがっているのはそのためです。（というわけで，さとうさとる著『だれも知らない小さな国』講談社刊も，とってもステキなんだけれども落選です。これはひっそり読むのがイイ？）

8 低学年での「絵本の授業」

❶**うしろにいるのはだあれだ**
　五味太郎・絵本館
　入学式の後でピカピカの１年生に読んであげたら，子どももちろん親までニッコリ。（㋺№25)
②**あおくんときいろちゃん**
　レオ・レオーニ・至光社
③**きいろいのはちょうちょ**
　五味太郎・偕成社（しかけ絵本）
　②③は見せてあげるだけでウケる本。他にも『ぼくだあれ』（ゆうぼうととしぼう・福音館）とか『さる・るるる』（五味太郎・絵本館，㋺№10）『これはのみのびこ』（谷川俊太郎・サンリード，㋺№20）などいろいろ。――以上，8の項は伊藤恵さん（メグちゃん）へのインタビューでした。

9 一時間モノ

予想をたてて，子どもたちがアッと驚く実験を！ 一時間で片がつく，仮説の導入もかねた授業のネタ。

①卵は砂糖水にうくか（小4〜）

卵を立ててみよう（中学・高校の学活などに。ともに㋔No.25）

どちらも板倉聖宣著『科学的とはどういうことか』（仮説社）に収録されています。

②電気を通すもの・通さないもの

1円玉は電気を通すか？ 5円玉は？ 10円玉は？……。大人だってまちがえる問題。結果がはっきり出るのがいいです。小2〜中・高校生に。（板倉聖宣著『科学と教育のために』季節社刊など）

③フェライト磁石とパチンコ玉＋磁石と1万円札（小2〜中高校）

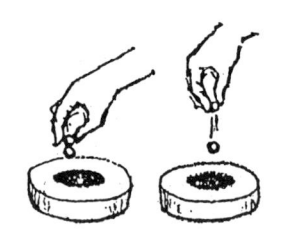

「上のパチンコ玉を持って引っぱると，下の玉はどうなる？」そして「パチンコ玉を3つつなげてやったら？」などおもしろい問題を。（板倉聖宣著『磁石の魅力』仮説社刊）

④試験管の中に入れたブタンガスに火をつけたら？

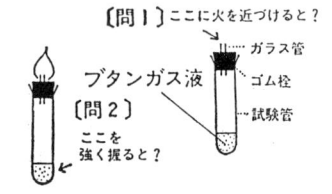

【問1】ここに火を近づけると？
ブタンガス液
ガラス管
ゴム栓
試験管
【問2】ここを強く握ると？

「爆発する」の選択肢は，子どもたちに大ウケ。（本書74ペ参照）

10 初めての自習用に

「漢字の宝島」をお勧めします。ぬり絵ってけっこう楽しい。小学校1年から6年まであるけど，「1年生版」がどの学年にも人気があります。子どもたち，喜んでちゃんと自習してくれますヨ。小学2年生〜大人まで。（㋔No.8）

――――――――――――

＊〈小久保式とび箱〉は，『授業科学研究』第6巻（仮説社，1980年）を参照してください。

●はじめの一歩

創刊以来三年間に，読者や編集委員の方からよせられたおたよりから「私の最初の授業」を選ばせていただきました。〔編集部〕

中1地理で〈地球〉の授業
>中・高校社会<

鎌倉市・横山尚幸

昨年度ははじめて中1の地理を担当しました。地理というのはあまり得意ではない——というより，地図とか地球儀とかが苦手なのですよ。でも，「わたしたちの住む地球」という単元から始まるので，「それなら〈地球〉という授業書があるじゃないか」というわけで，最初の授業は〈地球〉をやりました。

今年度（1986年度）は高3の日本史の担当（僕の学校は中高一貫の学校）です。ここは一発〈日本歴史入門〉をやろうと思っています。受験生の彼らがどう反応するか，今からドキドキしています。去年，大歓迎された〈地球〉ですが，今年はどうなるかな……。

各単元に「最初の授業」
>中学数学<

京都市・井上秀雄

最近では，各単元のはじめが「最初の授業」だと思い，大事にしています。極端な話ですが，最初にたのしい授業をしてしまえば，それから後の授業は何とかなるように思います。（ホンマカイナ？）

中学校の数学で「たのしい授業」なんて縁遠い感じです。習熟の分野でいろいろ工夫してきましたし，これからも考えていこうと思っていますが，「たのしい授業なんていつもはできないのだから，一年間に一時間でもできればそれで良い」なんて開き直っています。

教師もたのしむ「仮説」
>中学理科<

佐賀県・樋口勝弘

たのしい授業をすることだけを目標にしたいボクは，出会いの授業で「この先生はこんな授業をする人」という印象を子どもたちに持ってもらいたいと思っています。

「こんな授業」とはボクの場合，たのしい授業・仮説実験授業しかありません。ですから，子どもたちが「この先生のやりたいと思っている授業はおもしろそうだ」という第一印象を持ってくれそうな授業書を選ぶようにしています。

仮説の授業書はどれも楽しくなり

● はじめの一歩

そうな予感を感じさせてくれます。それでも、「自分が授業しても楽しくなりそうだ」と思える授業書を選びたいのです。そんなことは当たり前のことかもしれませんが、ボクには一つの教訓なのです。

去年、2年と3年生の理科を担当することになって、最初の授業を何にするか迷いました。結局、両方で〈空気と水〉をやりました。

たった三〜四時間だったのですがとっても子どもたちが喜んでくれました。（楽しさの評価は4.6）今年はまだ未定ですが、「今までの自分の授業より少しでもマシな授業ができたら成功。一時間でもたのしい授業ができたら今年度も目標達成！」と思ってやっていきたいです。

いきなり折り染め
〉小学校3年〈

大阪市・蕁 慶典

学校もかわった4月、子どももボクも初めての出会い。自己紹介も兼ねていきなりしたものは折り染め！4枚ほど染めました。

次の日、それをもとにして「自分だけのノート」を作りました。子ども達は大喜び。一年たった今もちゃんと持っている子が大勢います。また、二学期には「折り染めのサイフ」を作りました。

折り染めは手軽で印象深いので、「最初の授業でやってよかった」とつくづく思っています。みなさんもいかがですか？

クイズを兼ねて自己紹介
〉小学校3年〈

三重県・飯嶌信夫

去年の最初の授業では、こんなことをやりました。

それは、クイズみたいな自己紹介で、私の名前や年齢などを書いたプリントをみんなに配り、その一つひとつに選択肢を設け、予想を出してから答えを言っていくものです。

たとえば、子どもたちがよく聞きたがる結婚については、「飯嶌先生は結婚していると思いますか？ ㋐していると思う。㋑していないと思う。㋒その他」というように、自己紹介を兼ねたクイズをしています。

また、最後の問題には「飯嶌先生の趣味は何だと思いますか。㋐スポーツすること。㋑映画をみること。㋒切手を集めること。㋓旅行すること。㋔オモチャを集めること」という問題を入れました。答えは㋓なのですが、去年の場合、正解者が一人

もいなかったので，答えを発表する時はこちらも楽しかったです。正解を発表してから，とっておきのオモチャをいくつか紹介しました。

ものづくりハンドブック

「たのしい授業」編集委員会編
既刊①〜⑦ 各2100円（本体2000円）

○作っているときも遊ぶときも，とってもたのしいものづくりばかり！バラエティにとんだ内容が1冊に，た〜くさんつまっています。作り方だけでなく遊び方，材料の入手法，参考文献や出典の紹介も。

1	サソリの標本・プラ板のアクセサリー・折り染め・べっこうあめ・漢字の宝島・ブーメラン・浮沈子・分子模型など
2	ピコピコカプセル・さそりの標本・ふしぎ棒・紙トンボ・スライム・簡易わたあめ製造器・ケロちゃん人形など
3	ひっこみ思案・紙ひものへび・松ぼっくりのクリスマスツリー・ドライアイスであそぼう・受験生の千羽鶴など
4	切り紙ガイコツくん・牛乳パックカメラ・ドライアイスロケット・らくらくココアボール・ものづくりの授業のポイントなど
5	ビックリヘビ・ティッシュペーパーでまつたけ・炊飯器ケーキ・養護学級にホットプレートを・楽しい切り紙の世界など
6	ムニュムニュ星人・ふくらむスライム・ドライアイスクリーム・金属メダル・分子カルタ・紙皿まわし・まめまめクリップなど
7	プラトンボ・キラキラ花火・モチモチウインナー・万華鏡など『ものづくりハンドブック』①〜⑦総索引付き

仮説社

●わたしの「最初の授業」

〈日本歴史入門〉か〈たべものとうんこ〉

時 哲朗

大阪・枚方田口山小学校

　何はともあれ、ボクにとっては「楽しい授業」の季節です。4月の雰囲気が、これからのボクと子どもたちとの関係、また、子どもたち同士の関係をいいものにしてくれるかどうかを決めてくれるように思います。「オッ！ 今度の先生はちょっとちがうぞ！」と子どもたちに思わせればシメタもの。その後の学級経営も楽しい授業で意外とうまくいくものです。「授業をキチッとしようと思ったら、学級をビシッとさせればうまくいく」という話を聞くこともあるけれど、ボクの場合はだめです。形式的にはうまくいきそうになっても、どうもギクシャクした感じになります。だから、まずは「楽しい授業」から。

　今年も仮説実験授業を主食に、あと、キミ子方式で絵を、そしてもの作りもボチボチやっていきたい。特に授業書は、最低、学期にひとつはやりたいですね。

　昨年（4年）の最初の授業は〈ものとその重さ〉で、1昨年（6年）は〈日本歴史入門〉でした。今年は？ 今年は5年になると思うので、〈自給率〉で出発かな。それとも〈たべものとうんこ〉にしようかな。

私の「1年の計」はこうして作られる（小3を例に）

岩本美枝

東京・第5砂町小学校

　まず、教科書に一通り目を通す。次に単元名を、8月をぬかした11カ月に分けて、およその月予定表を作る。理科の場合、授業書のどれがその単元名とよく合っているかを考えて予定表につけ加えていく。

　小学校3年生の場合だと、

　1学期〈足はなんぼん？〉
　　　　〈ふしぎな石・じしゃく〉
　2学期〈空気と水〉〈水の表面〉
　3学期〈背骨のある動物たち〉

これくらいやっても、教科書は十分やれます。この他、国語は『たのしい授業』にのっている面白そうなこころみ——うその日記・作文・詩、ことば遊びなど——を加えて終わります。

　これだけやっていると、学級通信に書く記事にはこと欠かないくらい次々とたのしいことが生まれつづけている感じになるのです。そうして父母からは「ユニークな学習をやっていて子どもがたのしそうだ」という評価をされることになります。授業参観のときには、出席した父母にも授業に参加していただいて、仮説

わたしの「最初の授業」

4年生以上なら
〈ものとその重さ〉

尾形邦子
東京・東淵江小学校

3月の終わりに次に受け持つ学年が決るとまず考えることは、「最初の授業」としての仮説実験授業は何をやるかということ。

そういっても、特に迷うこともなく、4年生以上だったら〈ものとその重さ〉これに決めている。3年生のときは、どういうわけか二度とも〈にている親子・にてない親子〉になったけど……。

1年生のときは「1学期は少なくとも仮説はできない」とわかって、「まあ、どうとでもなれ」という感じだった。

一部分持ち上がりの5年生（4年で私のクラスだけ仮説を経験済み）を持った時はちょっと悩んだけど、けっきょく〈もしも原子が見えたなら〉をやってすごく好評だった。

あと、3年生以上だったら、国語の「最初の授業」は〈漢字の素粒子・原子〉で1週間はもたせられる。

とにかく最初に「今までとちょっと違って、なんだかこの先生、おもしろそうだな」と子どもたちに思ってもらえるように、4月はちょっとガンバッテるみたい。最初がうまくいったら、あとはいかに教科書をうまく片付けて仮説の時間をつくるかに注意をはらうだけ。

クラスの中がうまくいってくると、仮説以外の「たのしい授業」もちょこちょこできるようになって、ますますクラスはうまくいく——なんてこと書くと、いつもすご〜くうまくいってるみたいだけど、そういうことばかりではないデス。（アタリマエだけどね）

1984年度の初めは、大阪の音田輝元さんのメタンガスを使ったビックリ実験がすごく役に立った。（『たのしい授業』3月号に「たのしさの先入観をプレゼント」として載っている。本書74ぺに再録）

三つのタイプの授業書で
（中学・理科）

大浜みずほ
千葉・市原五井中学校

去年までは「教科書（中1, 2）にのっている分野で、仮説実験授業でもできそうなところ」をさがし、その授業書の一部分をやるという形できました。

今年からは、仮説の授業書を第一に考えていこうと思います。

板倉先生が『科学入門教育』№6

● わたしの「最初の授業」

（仮説社発売，1500円）に書かれていますが，「授業書は，そこで取り上げている法則性によってタイプがちがう。実体論的な法則性，現象論的な法則性，本質論的な法則性という三つのタイプにわけられる」ということです。だから私もこの三つのタイプの授業書をやっていこうと思っています。

たとえば，中1の場合〈ものとその重さ〉〈三態変化〉をやって〈宇宙への道〉〈背骨のある動物たち〉をやって〈ばねと力〉をやる，というように。その間には1時間モノのたのしい授業もやりたいと思います。すてきな「授業ドラマ」ができるかどうかわかりませんが，楽しくやっていけるといいと思っています。

たのしい授業プラン集

実験できる算数・数学

出口陽正著

仮説実験授業の発想と方法を取り入れた，**予想をたてて実験で確かめる算数・数学**。小学校高学年から大人まで楽しめます！
Ａ５判・226ペ・2400円（税別）　仮説社

- ●**2倍3倍の世界**　相似な図形を2倍3倍に拡大すると，その面積や体積はどうなる？　直観でまちがえたとき，計算や法則が威力を発揮します。「実験できる数学」で，数学の美しさを味わって下さい。
- ●**電卓であそぼう**　数字や計算が苦手でも，電卓を使えばハンパな数字や桁数の多い計算もこわくない。電卓入門のプランで，電卓に親しんでしまいましょう。
- ●**コインと統計**　コインを持ち寄って，発行年と枚数を調べていくと，数百枚でも全体の発行枚数が見えてくる。「統計って役に立つ！」と実感できるプランです。

一週一楽リストがあれば

● コンスタントにたのしいことを供給するために

東京・立川市立川第一小学校 佐竹重泰

　学年の初めになるといつも,「今年も一つでも多く子どもたちに楽しいことをしてあげたい」と思います。

　僕の場合,週に3時間は仮説実験授業をします。だから,少なくとも1週間の中の3日間は〈楽しみ〉が確保できるのですが,「残りの3日のうちでも,1日ぐらいは楽しいことをしたい」と思いました。それで,去年,3年生の担任になった春休みに,おもしろそうな〈ものづくり〉〈ゲーム〉〈おもちゃ〉などを本誌や〈ガリ本〉などの中から集めてみました。それが次に紹介する「1週1楽リスト」です。リストアップしたものは他にもまだあるのですが,今回は特におすすめのものを紹介します。

　選んだ基準は,①他人が楽しんだ〈情報・記録〉があるもの,②ボク自身が実際にやってみて,クラスの7割以上の子が「楽しかった」と評価してくれたもの,③1日でできるもの,です。

　今年は2年生の担任ですが,「次は何をしようかなぁ」と考えながら「道徳」や「学活」「体育」などの時間を使ってのんびりと楽しんでいます。また,新しく入ってきた〈情報〉についても,実際にやってみてからリストに少しずつつけ加えています。

　一度,自分自身のリストを作っておくと「その先何年も使えて,とても役にたつ」と思うのですが,どうでしょうか。

1週1楽リスト

●ものづくり

1 **サソリの標本**〔本誌1983年10月号（No.7）または『ものづくりハンドブック1』（以下『も①』，仮説社刊）〕

つつみ紙をあけていくと，突然ばたばたと音がするおもちゃ。最初に，クラス全員の前で誰か1人に驚いてもらってから作ることにしています。

2 **プラバン**〔本誌1983年5月号（No.2）または『も①』〕

プラバン（プラスチックの板）に絵を書いてオーブントースターで熱すると，びっくりするほど縮む。それをキーホルダーやアクセサリーにします。同じようなもので，プラスチックの使い捨てコップが縮む「**魔法のコップ**」〔本誌1987年11月号（No.57）または『ものづくりハンドブック2』（以下『も②』，仮説社刊）〕もいい。

1度だけでなく，年に何回かやっても楽しめます。

3 **おりぞめ**〔本誌1983年7月号（No.4），『も①』『も②』〕

和紙を折って染料に入れて，できた模様を楽しむもの。これも何回かできる。

4 **おりぞめの手帳・しおり**

3でできたものを使って，しおりや手帳を作ります。3年生でも楽しくできました。

5 **べっこうあめ**〔本誌1983年3月号（No.0），または『も①』〕

砂糖と水をアルミケースに入れて，アルコールランプで熱するとおいしいあめができます。〈やけど〉に気をつけることと，なるべく厚めのアルミケースを使うことに注意。子どもたちの思い出に残る〈ものづくり〉です。

6 **スライム**〔本誌1988年3月号（No.61），『も②』『も④』〕

市販のネバネバおもちゃを作ってしまいます。子どもたちに大人気の〈ものづくり〉。服などにつくととれなくなるので注意。本誌1992年10月号（No.120）にはフィルムケースを使った簡単な作り方もでている。

7 **ビー玉アクセサリー**〔本誌1989年3月号（No.74），『も②』〕

ビー玉を熱してから水の中に入れて冷やすと，きれいなヒビ割れができます。それを使ってかわいいアクセサリーを作ります。「何分くらい熱するときれいなヒビ割

れができるか」事前に自分で試してみてからやっています。

8　**ピコピコカプセル**〔本誌1989年4月号（No.75），『も②』〕

　薬のカプセルに自転車のベアリングを入れて，色を塗ったもの。ピクピクッと不思議な動きをします。これも年に何回かできます。

9　**まきごま**〔本誌1987年2月号（No.48），『も②』〕

　細長く切った色画用紙を，マッチ棒やつまようじにまいていくだけ。簡単にできてよく回る。これも年に何回かできる。

10　**びゅんびゅんごま**〔本誌1984年8月号（No.17）『も①』〕

　厚紙の真ん中に穴をあけて，たこ糸を通してできるおもちゃ。糸をひっぱってまわすとびゅんびゅんと音がする。ボクは最初に，洋服のボタンを使って作ったもので遊ばせています。

11　**まつぼっくりのクリスマス・ツリー**〔本誌1991年11月号（No.109），『も③』〕

　まつぼっくりに絵の具で色をつけてビーズをつけたら，かわいいツリーができ上がり。日光に当ててよくひらかせたまつぼっくりを使うとぬりやすい。

12　**めんこいネズミ**〔本誌1991年7月号（No.105）『も③』〕

　ハンカチをネズミの形に折ってそれを自分で動かしてあそびます。思ったより簡単に本物っぽく動かすことができて楽しい。大きくて，柔らかい材質のハンカチを使った方が作りやすいです。

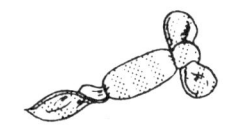

13　**ドライアイスのシャーベットづくり**〔本誌1991年7月号（No.105），『も③』〕

　授業書〈ドライアイスで遊ぼう〉も大変楽しいが，シャーベット作りだけでも楽しい。

14　**着地ネコ**〔本誌1987年6月号（No.52），『も②』〕

　猫の型紙を切り取って足を折り曲げて高い所から落とすと，本物の猫と同じようにいつもきちんと着地するというもの。ボクは始業式の日に紹介して，学級通信に印刷して〈おみやげ〉として持ってかえってもらっています。

15　水ロケット〔本誌1987年8月号（No.54），『も①』『も④』〕

ジュースのプラボトルが，30mぐらい空に打ち上がるというもの。最近では，「ドライアイスロケット」〔本誌1992年7月号（No.117）〕もでている。

16　スケルトン〔本誌1991年1月号（No.98），『も③』〕

太陽などの明るい方に手をかざして見ると，自分の手のひらの骨が透けて見える!?　というおもちゃ。フィルムケースを使って作ります。

17　パタリンチョウ〔本誌1991年5月号（No.103），『も③』〕

ゴム磁石を使って，羽がパタパタと羽ばたく動きをするチョウのおもちゃを作ります。

18　紙ブーメラン〔本誌1986年10月号（No.44），『も②』〕

工作用紙とホッチキス，はさみだけで簡単にできるブーメラン。1時間で作って遊べるのでいいです。

19　ひまわりブローチ〔本誌1992年5月号（No.115），『も④』〕

ひまわりの種とささげで簡単に作れるブローチ。今年のクラス（2年生）も喜んで作っていた。

●ことばあそび・ゲームなど

20　朝の連続小説〔本誌1983年3月号（No.0），『プラン国語1』〕

毎朝5分間本を読んであげるだけ。でもとても好評!!

21　『らくがき絵本』でお絵かき〔本誌1992年8月号（No.118）〕

五味太郎の『らくがき絵本』Part1，2（ブロンズ新社）を使った授業。五味さんが途中まで書いた絵に，色をぬったり，らくがきをしたりして楽しみます。いろいろな絵があるので，これも年に何回かできます。

22　さる・るるる〔本誌1984年1月号（No.10），『プラン国語1』〕

五味太郎『さる・るるる』（絵本館）を使って，さるが何をしているかを予想していくことばあそびの授業。授業で配ったプリントを，余分に1枚ずつ多くもらって絵本にして家に持って帰る子がたくさんいました。

23　たまご立て〔本誌1985年4月号（No.25），『プラン国語1』〕

卵を机の上にたてるという遊び。ボクが机の上にまず立ててみせて

から子どもたちにも5分間だけやらせてあげます。卵を立てることができなかった子も「卵が立つのをみてびっくりした」と言って喜んでくれました。

24　クイズ100人にききました〔『教室の定番ゲーム』仮説社〕

TBSテレビ編『クイズ・100人にききました』（朝日ソノラマ社）という本を使って、グループ対抗でするクイズ。遠足に行くバスの中などでもできます。

25　ともえおに〔本誌1984年8月号（No.17），『ゲーム』〕

赤・白・黒の3チームに分かれてする鬼あそび。体育の時間にこれをしないと文句がでる。体育嫌いの子もこれで体育が大好きになりました。これは何回もできる。

26　20の扉〔本誌1984年4月号（No.13），『ゲーム』〕

20の質問で、隠している品物をあてるクイズ。年に何回かやっても楽しめます。

27　『しあわせの書』（泡坂妻夫著，新潮文庫）

小川洋さん（東京・五日市小）から教えてもらったもので、この本を使ってマジックができます。右ページの最初の行の一番上に書かれている単語を、見ないで当てられるのです。この本のストーリー自体が、そのトリックを使う人物の話になっており、タネあかしは本の最後に書いてあります。

28　ちんぼつゲーム〔『ゲーム遊び百科』（学研）〕

28〜30は、小川洋さんの書かれたレポート「低学年通信」で紹介されていたものです。

ビンゴゲームの一種です。子どもたちは9こまのマスの中の好きな所に船の形のマークを3つ書きます。教師はマスの番号の書いてある9枚のカードの中から5枚をひきます。船のいるマスの番号のカードが出たら、その船は沈没となり、子どもはその船に×をつけます。最後まで船の残った子が勝ちというゲーム。

29　じゃんけん列車〔菅原道彦『おもしろ運動会だよ〜』（草土文化）〕

じゃんけんをして、負けたひと（グループ）は、勝った人（グループ）の後ろに列車のようにつながっていくゲーム。ボクは体育の時間にしたりしています。

30　山のぼり〔『ボールと器具を使った運動』（別冊『教育技術』'88.6月号，小学館）〕

体育館のステージに平均台をひっかけて、そこを登ったり、おり

たりする。かなりの急坂になるのでとてもスリルがあっておもしろい（ボクは必ずマットを敷いてやってます）。これも体育の時間にしています。何回かできる。

●おもちゃ

おもちゃは見せて遊ぶだけでとても喜んでもらえます。

31 **ふきゴマ**〔本誌1985年5月号（No.26）〕

手を使わず，吹くだけでまわせるコマ。

32 **コインマジック**〔本誌1988年8月号（No.67），『も②』〕

薄い板の中で，お金がひっくり返ったり，なくなったりするおもちゃ。

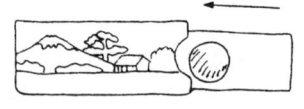

33 **コイントリック**〔本誌1988年9月号（No.68），『も②』〕

板の上に乗せたお金が消えてしまうというおもちゃ。

34 **不思議なひも**〔本誌1985年5月号（No.26），1988年10月号（No.69），『も①②』〕

2枚の板に通っているひもをカッターで切ったのに，またつながるというおもちゃ。

35 **不思議棒**〔本誌1988年10月号（No.69），『も②』〕

穴の中のゴムにフックをひっかけようとするのだが，なかなかできないというおもちゃ。

●ビデオ

ビデオは「道徳」や「学活」の時間に，また出張でいない時などに見せています。

以下36～40で紹介する作品は全て宮崎駿さんの作品。どれもいい。

36 **『風の谷のナウシカ』**（発売元・徳間書店。1,4307円。116分）

自分の村を救うために立ち上がる一人の少女の物語。

37 **『となりのトトロ』**（徳間書店，1,2800円。86分）

森にすむ伝説の生き物「トトロ」と姉妹のふれあいの物語。

38 **『魔女の宅急便』**（徳間書店，1,2800円。102分）

人間の世界に出てきたカワイイ魔女の物語。

39 **『天空の城ラピュタ』**（徳間書店，1,2381円。124分）

空に浮かぶ伝説の城「ラピュタ」をめぐって，少年と少女，そして

愉快な海賊が繰り広げるアドベンチャー。

[40] 『**ルパン3世・カリオストロの城**』（東宝ビデオ）

テレビでおなじみのルパン3世が一人の少女を救うために大活躍。

[41] 『**ドラえもん**』シリーズ（小学館，各1,0640円。84〜101分）

ドラえもんのビデオは全部で12種類でている（1992.12現在）。映画の方が，テレビで毎週放映されているものよりも「ジーンとくる感動」がある。どれも「あたり・はずれ」がなくイイ。ただし，あまりに有名なので子どもがすでに家庭で見ていることも多い。

ボクのすごくおすすめは，⑦。

① ドラえもん・のび太の恐竜
② ドラえもん・のび太の宇宙開拓史
③ ぼく桃太郎のなんなのさ
④ ドラえもん・のび太の海底鬼岩城
⑤ ドラえもん・のび太の魔界大冒険
⑥ ドラえもん・のび太の宇宙小戦争（リトル・スターウォーズ）
⑦ ドラえもん・のび太と鉄人兵団
⑧ ドラえもん・のび太と竜の騎士
⑨ ドラえもん・のび太のパラレル西遊記
⑩ ドラえもん・のび太の日本誕生
⑪ ドラえもん・のび太とアニマル惑星（プラネット）
⑫ ドラえもん・のび太と雲の王国

[42] 『**スノーマン**』（ソニー・ビデオソフトウェアー，5000円。26分）

レイモンド・ブリッグズ作の絵本『スノーマン』（評論社，日本題『ゆきだるま』）を，音と映像だけでビデオ化したもので，ゆきだるまと少年の一夜のふれあいをえがいたもの。ボクはクリスマスの季節に見せています。

*

去年は，このリストをもとに，「明日は何をしようかな」などと考えながら，のんびりと1年間やっていきました。何かやりたいなと思ったときに，あわてずに考えられてとてもよかったです。こんなリスト，あなたも作ってみませんか？

なお，本文中の「何回かできる」という言葉ですが，「何回か」といっても「限界がある」ことを一応付け加えておきます。

私の最初の授業

(No.1, 83・4)

授業をやったと初めて心で感じるとき

松崎重広
愛知県西尾市花の木小学校

新学期になって初めての授業に何をやるかということ——これを考えることが，ボクはとても楽しみです。

でも，最初に企画しすぎない方がいいです。くたびれるからです。最初の印象で1年間つっ走ることなんてだい無理な話だし，「初めよくても後がしりすぼみ」というのは，子どもたちも，また教師も，たいへんみじめな気持ちになってしまうからです。もっとも，「絶対に自信がある，やりたいんだ」という授業があるなら話は別です。

ただボクは，それよりも何となくジワジワと喜びが増す感じで，授業を順次やっていくのが好きです。

楽しい授業をより楽しくやれる。そういうクラス作りをめざし，核となるような楽しい授業を地道に一つずつ積み重ねることが大切であると思います。ボクはいつもがんばり疲れをします。だから，これはボクの反省でもあります。

ともかく，「結果として1年に，せめて，いや，少なくとも数個の納得のできる一連の授業があればよい」といつも考えることにしています。そのうちの一つが少しでも早い時期にやれればしめたもの，それがボクの実感としての「はじめての授業」と言えるものです。

昨年は小4の担任でしたので，4月の終わりぐらいから算数の授業プラン「大きな数」(4桁区切りを中心とした大きな数の読み書きの授業)を2週間ほどかけてやりました。小6で《花と実》，小2で《足はなんぼん》を新学期にやったこともあります。

ボクのクラスはいつもそうですが，仮説実験授業のようなノーミソのやりとりを多くする一連の骨っぽいスジのある授業をやると，不思議なことにボクは教師として楽になります。世話をやかなくてはならないことが，その間はぐっと少なくなるからです。ドラマ性のある「昨日が今日，今日が明日と期待がつながる一連の授業」は，精神衛生上とてもよいものであるようです。それは子

私の最初の授業

どもにもボクにもです。

子どもでも，授業でも，人生でも（これは少々オーバーかな），ゆきづまったら仮説実験授業の授業書をやる――これ，ボクの教師生活のここ数年のお決まりのパターンです。知的興奮と楽しい子どもらとのやりとりは，夢をふくらませ，人間をフレッシュにしてくれます。

「先生，また今日もあのプリント授業をやろうよ」

こういう感じで子どもが反応してくれる，そういう授業をたくさんやりたいものです。「授業をやったぞ」とボクが思えるのは，教師にとって大切なお客さんである子どもたちの，こんなワクワクするような声が聞こえたときです。

さて今年はどんなお客さんと会えるかな？ 楽しみです。

こんな自転車ほしいって？

(No.1, 83・4)

春は"散歩"がいい

高村喜久江
静岡県金谷小学校

春。4月。受け持った子どもたちと一番最初にすることは，"お散歩"。

子どもたちは外が大好き。春のあたたかな日を浴びて，子どもたちとそぞろ歩く。1時間，あるいは2時間。近くにお宮があれば，お宮へ，川があれば川へ。おしゃべりしながらルンルン歩く。そのうちに，川へ足を入れて「キャー，つめたあい」と叫んだり，ザリガニをとり出したり。

ああそうだ。川をとびそこねて，ザンブリ落ちて，服を着がえようとしたら，シャツの下からかえるがピョコンととび出した子がいたっけ。笑ったなあ，あのとき。

そうして，その翌日，「○年生になって」などと作文を書かせると，出てくる出てくる。

「きのうはお散歩ありがとう。」

私の最初の授業

「高村先生と中方のお宮さまに行ったね。かんけり、とっても楽しかったよ。」

「また、つれてってね。約束だよ。」

　　　　　　＊

「この先生、おもしろそうだな。」

そんな第一印象から、いろいろな取り組みが始まる。

ちょっとちょっと！

散歩なんて、誰でも簡単にできることなのに、でも、あんまりやる人がいないのは、どうしてだろう。

(No.1, 83・4)
自問自答

西川浩司

兵庫県尼崎市塚口小学校

子どもたちとは一年を通じて、自然なさわやかな関係でありたいと思う。だから4月になって新しい担当学年が決まると、はじめにどんな挨拶をしようか、最初の1時間をどのように展開すればよいのだろうか、とあれこれ思いをめぐらすことになる。

しかしそういうとき、きまってもうひとりの自分が質問をしてくるのだ。

「おまえ、はじめの1時間ぐらいは手練手管でごまかすことができるだろうけれど、そんなことが何日続けられると思うとんや。1年は長いんやで。子どもたちは240日程も学校に来るし、1年間の授業時間は千数百時間もあるんやで。その内いったい何時間ぐらい子どもたちが喜んで勉強する〈楽しい授業〉ができる見通しがあるんや。1年間の長丁場を子どもたちを楽しませる授業の計画もなしに、最初の1時間だけをうまく乗り切ろうとしたって、そんなもの厚化粧して夕立の中で傘もささないで立っているようなもんや」

「ほっといてくれ、はじめの1時間だけでもええやないか。そのうちにいいプランみつけてきて1時間でも2時間でも楽しくやるよ」

こんな意地悪いもうひとりの自分が住んでいるために、まじめな方の私はいつもしらけて、考える意欲をうしなってしまう。でもよく考えれば、まじめな私の方が道化師みたいなもので、意地悪いもうひとりの自分の方が本当の私のようにも思える。いや、意地悪いもうひとりの自分の方を本当の自分だと錯覚してお

く方が，迫力のある生き方ができそうな気もする。それで意地悪い方にもう少し出番を作ってみる。

「つまるところ，子どもたちが〈自分の価値基準をもち，自信をもって生きていく〉そんな人間に育ってくれるような教育をしたいんやろ」

「心の中ではそう思っているんやけど，大事なことがもう一つある。同じ学級を来年も続いて担任することになったときには，西川先生にまた受け持ってもらってよかったと思ってくれるようにしておかないとね」

「最初の1時間をどうすごすかでヒーヒー言っているくせに，来年のことまで欲ばっているんか，あきれたやつや。それでいったいどんな教育ができる」

「どんな教育といったってなあ……」

「〈自分の頭で考え，自信をもって行動しよう〉というような説教ではだめだよ，子どもたちが自信をふくらませていけるような授業でないといかん」

「仮説実験授業をやる——これしかない。算数も少しはいける。国語も1～2時間ならなんとかなりそう。でも，仮説ほどの成果は望めない。仮説が最高。それにキミ子方式の絵も1～2枚はかかせることができるかも知れない」

仮説実験授業，これが子どもたちに対する最大の贈りものであり，子どもたちのあいだを自然な人間関係に保つ，私にとって唯一の方法でもある。そういう意味で，子どもたちと私との真の出会いは，仮説実験授業によってはじめて可能なのである。こう結論して，やっと気分がおちついてくる。安心して最初の1時間を迎えることができる。はじめての出会いは，たいていお互いの自己紹介からはじめるように，教室でもまず名前や年齢など簡単に自分を紹介し，子どもたちからも気がるに自己紹介してもらう。あとは早く仮説実験授業ができるように準備を進めるだけである。

(No.1, 83・4)

卵立てから
〉英語教師の学活・道徳〈

仁木　正
徳島市城東中学校

「最初の授業」—中学1年生，道

私の最初の授業

徳か学級活動で。

〈卵を立ててみる授業〉クラス全員に卵を学校へもってこさせて遊びます。まず板倉聖宣著『科学的とはどういうことか』(仮説社)にのっている昔の国定教科書の「コロンブスの卵」という話を子どもに紹介します。

卵は「もとより立たうはずはございません」というくだりがあります。「本当にそうかな」と子どもをけしかけて，家から持ってこさせておいた卵で実験させます。クラスの3分の1から2分の1ぐらいは卵を立てるのに成功します。写真をとってやるとよろこびます。

ワーワー言って卵立てをしたあとは，『科学的とはどういうことか』のなかの「卵を立ててみませんか」の章を教師がよんでやるのです。

感想文を子どもに書かせて，後で印刷して配ってもいいでしょう。

(No.1, 83・4)

りきまず教科書

島田　繁

福島県会津若松市東山小学校

どうも私は，子どもたちとすぐには親しくなれない性格のようです。

それで最初の授業はいつも教科書を教える授業です。それも，あまり力をいれずに適当に。そして，その期間，全力あげて仮説実験授業の授業書の印刷をするのです。ですから，仮説実験授業の授業が子どもたちと本気に接するときともいえます。

ただ，最初の授業であるか否かにかかわらず，自分が「これを教えたい」と心から思っていなかったなら，子どもたちが本気にならなくても怒ったりしないことだということをキモにめいじております。なにをいまさら自明のこととお思いでしょうか。

まあ，そんなわけです。

(No.1, 83・4)

「出会いの授業」はプラスαのあるものを

堀江晴美
船橋市立八栄小学校

平生は、ファッションやオサケが主たる話題であったりする職員室も、4月、1年の始まりの日くらいは"教育"に話題は集中。ところが、その内容はというと……。

「はじめが肝心だからね、初日からビシビシやってやったわよ」とまあ、おおかたはこんな調子なんです。あなたの身近にも、こんな教師、多いんじゃありませんか？

どうして「ビシビシ」なんて考えちゃうんでしょう。「生徒と先生なんて考えるからおかしくなるんだ」とわたしは思う。人と人との出会いと考えたら、どうでしょう。

「この人といると楽しいな。楽しそうだな。よーし、お友だちになっちゃおう」

そんなふうに思うんじゃないかしら。人と人との出会いでは。同じ、同じ、生徒も、先生も。

「この先生といると楽しいな。よーし、今年は期待できそうだぞ」

そう思わせなくちゃ。それには「楽しい授業」しかないでしょう。「楽しい授業」といっても、「出会いの授業」の場合は、プラスαのあるものがよいと、わたしは考えています。絵でいえば、こんな授業をおすすめします。

①――春うららかな日、子どもたちと一緒に「散歩」に出かけましょう。野原をかけめぐり、カエルさんやイモ虫さんと遊んできたら、教室でペンペン草やヒメジオンを描く。よしんば絵はうまく描けなくても、散歩の楽しさ（これがわたしのいうプラスα）は残るでしょう。コンクリートの囲みから抜け出して、青空の下、ぽかぽかすごすのは、それだけでキモチイイーはずです。

②――次に「いか」を描く。「いか」はベチョベチョにいいかげんに描いていきますから、いたずらっこ、ワンパク坊主たちがハリキリます。今までは「問題児」といわれ、冷遇されてきた彼らが一挙に主役へ。それだけで、この「いか」の授業、うま味はありますが、ほんとのうまさが、その後に待っています。

絵が描けたら、「いか」を調理してみんなで食べるのです（これはわ

私の最初の授業

たしのいうプラスα)。煮つけてよし，塩焼きでよし，ここは一ばん，先生の腕のふるいどころです。少々へたにできても，みんなで食べりゃおいしいんです。「先生は，料理も上手なんだね」って，尊敬されることうけあい。おいしいものを食べてるうちに，ニコニコ，教室中に笑顔があふれます。しかも，この「いか」，匂いだけは，しっかりと学校中にまきちらせてくれます。「アー，ホリエ先生のクラスだけ，いいな」

学校中を欲求不満にさせて，「ぼくたちだけが，おいしい」。このエリート効果も，もうタマーンナーイ。

(No.1, 83・4)

鼻かけ猿の話

伊藤芳幸

愛知県岩倉市岩倉北小学校

1979年4月4日に入学式がありました。1年生の担任に決まっていた私は体育館での式が終ったあと，子どもたちを教室に誘導してきました。そして着席させて，ひとりずつ名前を呼んでやったあと，『斎藤喜博全集』11（国土社）で読んだことのある「鼻かけ猿」の話を思い出しながらしました。「鼻かけ猿」の話の内容は次のようなものです。

　むかしむかし，ある山の中にたくさんの猿が住んでいた。

　その猿たちはみんな鼻がなかった。中に一匹だけ鼻のある猿がいた。鼻のない猿は鼻のある猿を「かたわ」だといっていじめた。鼻のある猿はいじめられるので，いつもみんなから離れてさびしく暮していた。

　ある日，この山に人間が来るという知らせがあった。猿たちは人間というのはどんな顔をしているのか見てみようというので，木にのぼって待っていた。鼻のある猿もみんなから離れた木にのぼって待っていた。

　人間が近づいて来たので顔を見たら鼻があるので，猿たちは人間も「かたわ」だと言って笑った。離れた所で見ていた鼻のある猿は，人間の顔に鼻のあるのをみて，「今までみんなから笑われたり，いじめられたりしたが，自分は『かたわ』ではなかったのだ」と思って喜んだ。

このあと,「みなさんも,この猿たちのように自分たちがまちがっているのに人を笑ったり馬鹿にしたりしないようにしましょう。また,きょうからこの学校で勉強するのですが,みんな楽しく勉強しながら,本当に正しいことは何かということを見つける力をつけましょう」と話しました。

そうしたら,子どもたちだけでなく,うしろに並んでおられたお母さん方も真剣に聞いていてくださいました。

それ以来まだ1年生の担任をしていませんが,今後もし1年生を担任をするようなことがあったら,入学式の日には必ずこの話をしようと思っています。

だれでも描ける
キミ子方式
●たのしみ方・教え方入門●

『たのしい授業』編集委員会編

〈キミ子方式〉では,絵の苦手な人でも描けるよう具体的な方法が用意されています。使う絵の具は三原色（赤・青・黄）＋白だけ。実物のモデルを見ながら自分で色作り。下書きしないで（リンカク線はかかないで）,描き始めの一点を決め,となりとなり方式で描き足していきます。

描けるといいな,教えられたらいいなと思っているあなたへ。一度キミ子方式で描いてみませんか。この本は,いろんな場所でいろんな人たちがキミ子方式を楽しんだ記録がぎっしりつまった役立つ1冊です。　　2000円（税別）

仮説社

出会いの時期に
わたしの定番

病院併設学校で3連発

森村和夫
滋賀・守山養護学校

●二重の不安を取り除くために

　ぼくのいる学校は，病院に併設された学校です。子どもたちは，道路をはさんで向かい合っている〈子ども病院〉から通ってきます。子どもたちは病院に入院している間だけぼくたちの学校に登校し，退院するともといた地元の学校に帰っていきます。入院と退院は常にありますから，出会いと別れは1年間に何度もやってきます。それも，突然の出会いと別れが多いのです。

　子どもたちは，入院したことだけでも不安になっています。その上に，まったく知らない学校に行くのです。「これからどうなるんだろう……」と，ますます不安をつのらせていることでしょう。だから，そんな子どもたちの不安や寂しさを少しでも和らげてあげたいと思います。そして，早く学校や友だちに慣れて欲しいのです。それに，担任であるぼくについて「何か楽しいことをしてくれそうな人」というイメージを持ってほしいし，また，「この学校・クラスで楽しくやれそうだ」という見通しをもってくれたらいいなあと思っています。

　そのためには，ぼくは「出会いの時から1週間ぐらいの間に楽しい授業を連発することが必要だ」と考えています。1つだけではやはりインパクトが弱いと思うのです。1つだけでなくいくつか連発すると，子どもたちも〈これは本物だ〉と思い，期待してくれるようになるのではないでしょうか。

　以下に紹介するのは，去年の4月の初めに6年生の子どもたちと楽しんだ授業です。いずれも短時間でできて，しかもみんなとても楽しんでくれました。

第1弾（4月9日）
《ブタンガスで楽しもう！》

　（出典：音田輝元「ブタンガスで楽しもう」本書80ペ）

　ボンベに入っているブタンガスを試験管の中に取り出し，ガラス管を通したゴム栓でふたをしま

す。ガラス管に火を近づけると……，ボーッと火がついて燃えます。それから，火のついた試験管の下を強く握ります。すると，火が大きくなってゆらゆらと揺れます。

プランにある問題や実験をやって，最後に「ブタン聖火リレー」をします。火がついた試験管を順に手渡ししていくのです。火が大きくなったり揺れたりするところが子どもたちにはとても喜ばれます。しかも試験管には前の人の手のぬくもりが感じられ，一体感がもてます。所要時間は約30分。

第2弾（4月10日）
《爆　発》
（出典：高村紀久男「圧電ポンを使った授業プラン爆発」『ものづくりハンドブック1』仮説社，藤森行人「結婚披露宴で〈爆発〉の実験」『同上ハンドブック4』）

皿の上のデンプン粉の山に火をつけたり，ばらばらにして空気と混ぜたデンプン粉に火を付けていきます。そして，最後にアルミ缶にアルコールを霧吹きで入れて，紙コップで上からフタをします。缶の横（下のほう）には小さな穴をあけておいて，その穴から火をつけます。すると……バンッ！という大きな音とともに紙コップが吹き飛びます。タカをくくって見守っていた子どもたちは，みんなびっくり。（フタがきついと，かなりの音がします。必ず予備実験をしておいてください）

第3弾（4月10日）
アクロスティックで自己紹介
（出典：野村晶子「アクロスティックで自己紹介」『たのしい授業プラン国語1』仮説社）

自分の名前の文字を，行の頭に一字ずつ折り込んで「自己紹介的な短文」を作ってもらいます。まずは，ぼくの作ったアクロスティックを紙に書いておいて，それを黒板に貼って，見てもらいます。

もっともっとたのしい授業をしたいな

りっぱなことは言えなくても気にしない，気にしない

むずかしいと思うことだってだいじょうぶ

らくな気持ちでやってみようよ

かんがえてみようよいろんなことを

ずっと昔のことや，目に見えな

い原子のことを
おもしろいことがいっぱい広が
　　ってくるよ

　その後,作り方を説明します。
「むずかしく考えないで,まず自分の名前の一字ずつがつく言葉をさがすこと」「うそのことや作り話でいい」「文のつながりはいいかげんでも,気にならないものだ」ということを話しました。

　それから,自分の名前を書き込む○を印刷した紙を一人に2～3枚配り,思いついた言葉を書いてもらいます。

　はじめてでも,みんな楽しそうに考えてくれました。できてきたら,子どもの作品を黒板に書いていきます。どの作品も力作です。その一例を紹介しましょう。

くじらよりもいるかがすき
らっこもいいかな？
あたしよりあんたの方が
ゆきだるまつくるのうまいけど
みかんむくのはわたしのほうが
　　得意だよ

さっさと
いいたいこといって
きがすんだら
しゅうまいと
のりべんかってか～えろっと

●**つづけてやる授業**

　特製3連発のあとは,《ドライアイスであそぼう》,タカミ式空き缶つぶし,スライム,折り染め,プラバン,べっこうあめ,アイロンビーズ,そして,《空気と水》と,楽しい授業を連続していきました。

　なお,〈ブタンガス〉〈爆発〉〈アクロスティック〉を含めて,それらの授業は,学期初めでなくても,新しい子どもが入ってきてくれたときには楽しんでいます。顔ぶれが変わって前にやった子どもがいなくなったら1年に何回でも繰り返しています。それもできるだけ短期間に,集中的にやるようにしています。それから,比較的長い授業書に取り組んでいきます。

　ものづくりについては,すでにやったことのある子どもたちも楽しんでくれるので,それこそ新しい子どもが転入する度にやっている感じです。その場合,以前からいる子どもたちが先生役になり,新しい子どもに教えてあげます。それがきっかけで会話がはずみ,お互いの距離がぐっと短くなるようですし,先生役の子どもは自信を持つようで,一石二鳥です。

最初から,たのしさ優先で!

● 4月第1週の私のおすすめメニュー

木下富美子 東京・東村山市秋津東小学校

気持ちはあるが,てだてがない

 始業式は好きです。新しい子どもたちとの出会い,新しい職員との関係などを思い浮かべ,〈新しい1年〉を考えるのはわくわくします。

 ところが,気持ちとは裏腹に新学期の最初は時間がありません。ハンコ押しや,提出書類のヤマに押しつぶされそうになります。書類や名簿などのチェックばかりに気をとられ,子どもに目がいかず,せっかくの出会いが,印象のうすいものになってしまいがち。すると,〈子どもたちがなかなか可愛く思えない〉〈今までの子どもとつい比較してしまう〉ということになってしまいます。そんなこんなで,はじめの1週間は正直言って疲れます。

 例えば,学年だよりを1枚かくにも,はじめの挨拶のたった3行が浮かばない。毎年同じことを繰り返しているのに,蓄積がないのです。いや,まだ子どもの顔がみえていないから,意欲がわかないし,心がはずまないのでしょう。でも,新しく出会う子どもたちには,こっちを向いてもらいたい。

 そこで私は,新学期の少なくとも最初の1週間だけは,細かく

予定をたてておくことにしています。そうすると気持ちを子どもたちとの関係に集中できて，そのあともかなり気持ちが通じあって楽になるように思います。それで，ここでは私が最初の１週間にやっていることをかいつまんで紹介してみます。

第一印象を大切に

実は，私には苦い経験があります。６年前，持ち上がりで６年生の担任に決まった時，教室に入った子どもの第一声が「先生，変わったの教室だけだね」。

ガ〜〜〜ン。古新聞，古雑誌，古担任!?。

でも，すかさず反論。その春，仮説実験授業の会で新しいネタをたくさん仕入れていた私は，「何いってるの，先生は春休みにノーミソ磨いてきたよ，お楽しみ満載だよ」。

そうはいったものの，子どもたちには白髪まじりの私に対してキラッとした輝きは感じられなかったようです。

この時のことは，いつまでも，心にひっかかっていました。そこで，子どもたちに「去年と同じ」といわせないように，最初の１週間が楽しくなるように，精進してみました。

(精進その１)　出会いのとき，新しい服・洋装小物を用意！

これは，恋愛時代を思い出せば，だれでも経験があることでしょう。なんとか相手に自分を，新鮮に印象付けようと，身だしなみに努力するもの。これは，相手が子どもでも同じです。子どもたちは意外ときちんと教師のことを見ているのです。

教育実習の時の私の先生は「服を考えるのが面倒なので，ほとんど黒っぽい服にしているが，赤い造花を一つくっつけただけで子どもの反応がちがう」と教えてくれました。その時は聞き流していたのですが，今にして思いあたります。

服ひとつでも，気をくばって着るということは自分を表現することです。子どもたちの視線をこちらにひきつけたいので，たとえば私は，持ち上がりの担任の時は《もしも原子がみえたなら》をやった子どもたちとの共通のしるしに赤い酸素分子のブローチをつけていきます。

　また，始業式の子どもたちへの挨拶は，印象的に決めたいものです。私は，いつも「大きな栗の木下です」と子どもたちがよく知っている歌にかこつけて自己紹介します。さらに，低学年の時は歌に振りも付けて校庭で踊ってしまいます。これは，かなりインパクトが強いようで，子どもたちが「はじめの紹介からして先生はユニークだった」と語り草になります。

(精進その2)　**簡単に遊べるおみやげをわたす！**

　初めの通信は色上質に印刷し，その半分は〈着地ねこ〉を印刷しておいておみやげにします。〈着地ねこ〉というのは，紙を切って作ったネコで，高い所から落としても上手に着地するものです（『ものづくりハンドブック2』仮説社，に型紙が載っています）。私が実際に〈着地ねこ〉をやってみせて，お家でやってごらんと渡しています。家の人からの反響も上々です。〈だれがわりこんだのかな〉もおすすめです（これは，『たの授』No.140の後ろの表紙に印刷されていたものです。上図参照）。

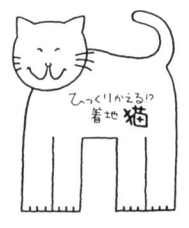

　さらに，進級祝いにさくらの木の下で一人ずつ写真をとって，子どもたちにプレゼントしています。この写真を色画用紙にはっ

て，余白に自己紹介のアクロスティックを作ってかいてもらうのも楽しいです。(アクロスティックについては『たのしい授業プラン国語1』仮説社，参照)

それから，子どもたちに「つくし」をとってきてもらって，理科室から顕微鏡を1台借りてきて，つくしの胞子を見ます。スライドガラスに胞子を落としてから，息をハァーッとやさしく横からかけると，不思議なことに胞子が生きているようにくねくね動くのが見えます。これは何度見てもとても不思議で，子どもたちにも好評です。ただし，順番にしか見れないので，他の子どもたちにはテレビを見てもらっています。つくしの胞子の観察法は，同じサークルの村上聡さんに教えていただきました。

(精進その3)　最初の授業は仮説実験授業や絵本で楽しむ！

私の場合は，最初の授業から仮説実験授業《空気と水》をはじめます。《空気と水》は実験も簡単で，道具もあまり必要ありません。さらに，短時間で終わるので，初めて仮説実験授業を受ける子どもたちには最適の授業書ではないでしょうか。もし，持ち上がりですでに《空気と水》をやってしまっていたら，《足はなんぼん》がいいでしょう。

仮説実験授業をすると，授業書を使って授業が進められるので，教師がゆったりとしていられます。また，子どもたちが，1時間目から「おもしろい」と授業を歓迎してくれるので，私にも意欲がわいてくるのです。そして，子どもたちひとりひとりに思わず注目してしまうのです。

さらに，4月最初の保護者会でも，この仮説実験授業での子どもたちの感想文をぱらぱらと読むと，私もリラックスできるし，お母さんたちの間にも笑顔が広がります。

または，絵本・五味太郎『きみはしっている』(岩崎書店)，バー

ニンガム（まつかわまゆみ訳）『ねぇ，どれがいい』(評論社)などを読んであげるのもいいでしょう。楽しい絵本は子どもたちの緊張をほぐす力があるようです。絵本を読むと短い時間で気分がかえられるという面でも，とても重宝しています。私は時間があまった時などにも絵本を便利につかっています。突然の他のクラスへの補講にも3冊くらいの絵本が用意してあればこころ軽やかです。武田美穂『あいうえおちあいくん』『となりの席のますだくん』(ポプラ社)もおすすめできます。

　それから，学年始めは教室にいる機会も多いので，子どもたちは体がむずむずしています。そこで，外にでてドッチボールなどもいいものです。教室の中で緊張していた子どもたちがふわっと自由になった感じがするでしょう。

(精進その4)　**自習ネタもたのしさ中心で**

　新学期は体重測定の順番待ちなどで，子どもたちを自習にせざるを得ないことがあります。そんな時あらかじめ印刷しておいた「漢字の宝島」などのプリントをやってもらいます。「漢字の宝島」は漢字のぬり絵で，子どもたちは一人でもできます（仮説社でも扱っている。低・高学年用。各1000円 税別）。プリントをやる時は，座席をグループにしておしゃべりしながらやっていいことにしておくといいでしょう。また，同じぬりえでも五味太郎『らくがき絵本』(ブロンズ新社)はひと味ちがいます。1年生ならその中から適当なものを選んでかいてもらうと子どもたちはよろこびます。

　止むを得ない自習でも，単にノルマを押しつけるのでなく，子どもたちが安心して教室ですごせるようなプリントを用意しておきます。そうすると，子どもたちにとって自習が楽しいほっとした時間になるようです。こういう小さなところで教師と子どもの信頼関係がつみかさなって「いい雰囲気」が始まっていくような

気がします。

　プリントもなく,私が席をはずさなければならないないこともありますが,そんな時はグループでのなぞなぞごっこ,しりとり,テーマを決めてのおしゃべり,など提案しておくと,案外上手にやっています。ただ「静かにしてて」なんていい残しておくと,もどってみると,かえってハチの巣をつついたような騒ぎになっているなんてことがよくあります。

(精進その5)　ハプニングをきりぬけるゲーム

　私も年をとって忘れっぽくなったのと,生来のおっちょこちょいのせいでよく失敗をしでかします。たとえば,まだはじまって10日目,張り切って体育着のジャージにきがえて体育館に行くと先客がいる？　……なんと私が単純にクラスの時間わりをまちがえていったのです。子どもたちはたのしみにしていた体育が突然中止ではげしいブーイング。あたりまえです。まだ私と子どもたちとの人間関係もできていない時だけに,困った,困った。

　そこで〈おたのしみボックス〉をかきまわすと,ゲーム用の偽札の束があった！　〈おたのしみボックス〉というのは,子どもたちとゲームをしたいと思った時にすぐにできるように,ゲームや手品の小道具を入れておく箱のことです。

　さて,この偽札を使ってゲームを少しやりました。となりのクラスは授業中なので,少しでやめて,子どもたちの気持ちがおさまったところで「必ず,この借りは返すから」と約束をして「クラスのかかり決め」にしました。

　ゲームをやって思ったのは,教師も子どもも笑顔になれる「理屈ぬきのたのしみごと」が必要だということ。ゲームなら簡単な道具でできて,気持ちも楽になれます。ふだん私はよっぽどのことがないかぎりゲームなどしないのですが,何かハプニングがあ

ったときは、それをゲームのキッカケにしています。

　なお、雨の日にはトランプやけんだまも教室でやっていいことにしているので、私はなるべく早くグループでできるゲームを教えておくことにしています。（ゲームについては『教室の定番ゲーム』仮説社、を参照してください）

　(精進その6)　**春の掲示は折り染めで**
　折り染め（『ものづくりハンドブック1』参照）をやると、その出来ばえにそこここから歓声があがります。習字がかければ好きな文字を折り染めの余白にかいて教室や廊下にはっています。折り染めだけでも教室にはるといっぺんに室内がはなやぎます。

　折り染めは、保護者会でもお母さんたちにとてもうらやましがられます。それで、私はもちあがりの時、お母さんがたと保護者会を早めに終わらせて、折り染めをたのしんだこともあります。

　私はいつでもできるように〈折り染めセット〉として、障子紙を人数分切って袋にいれ、さらに染め粉、イチゴパック（染め粉を溶く）などと一緒にダンボール箱にいれてあります。これは、遠足や運動会が突然雨で中止などというときにも、気分が晴れるおたすけグッズとして重宝しています。

　(精進その7)　**さりげなくしつけも！**
　私の声がきこえるように小さく輪になって集まるとか、早いもん順で並ぶとか、というようなことは、たとえば校庭でおにごっこをしながらゲーム感覚でやってしまいます。つまり、「前へならへの整列」ではなく、「必要な時いつも話がきける体制」を教えます。これとならんで、早いうちに、春の遠足の練習もします。

　うんていの下で、うんていを横断歩道に見立てて「ハイ、信号です、押さないで前にひろがって一度にわたります」。砂場の前

で，砂場を電車に見立てて「電車がきました，3列に並んで，ドアがあいたら走らないでのります」。校庭の真ん中で「電車からおりました，すぐに先生をみつけて，背の順でならびます。となりの男子，女子がいるかペアをさがしてください」——という具合に空想の遠足をしています。実際に遠足に行くと，この練習がとても役に立ちます。また，この練習は安全指導としてもすぐれた方法ではないかと思います。

「みんなが気持ち良く」とは，一体どういうことなのか，ちいさい子にはわかりません。たとえば，学校では，子どもたちから教師への提出物がすくなくありませんが，そのたびに，くちゃくちゃのプリントで，方向もまちまちで集まるのでは，私がくたびれてしまいます。そこで，提出するプリントは〈必ず先生の方に正面を向けてそろえて出す〉〈二つ折りのものは折ったところを揃える〉〈後ろから集めてくる人は名前を確かめてくる〉などということを，すこしずつ教えています。それでとりあえずは私が少しラクになるだけなのですが，じつは子どもたち同士の日常生活にもプラスになっていくことだと思います。

(精進その8)　気分をかえてカラオケごっこ

しつけ的なことや集団でやることが続いたりすると，子どもにも教師にもストレスがたまってきます。それで「こらーっ」なんて怒鳴ってしまうことがあるのです。怒鳴らないまでも「あーあ，なんだかつかれて元気でないよな。絵本よんであげる気力もない」なんていう気分になることがあります。そんな時は「アニメソングカラオケ」をしています。

ところで，何を隠そう，私はピアノが弾けないのです。それで，音楽はほとんどカラオケです。息抜きにアニメのカラオケも用意しているので，プラスチックのマイクを片手に子どもたちは順繰

りに歌いつづけます。子どもたちは歌がだいすき。

「ま,学期のはじめでも,ちょっと気分替えて」という時に「カラオケやっていいよ」というのですが,そうすると何人かが前で歌って,みんなも聞いたり,一緒に歌ったりして,たのしんでいます。私は気まぐれにおもちゃの鉄琴で審査の鐘をならしたりします。これは教師にとっても子どもにとっても〈気楽な時間〉で,こんな時間があってもよいのではないでしょうか。

（精進その9）　**忘れ物をへらす作戦**

「先生のクラスは忘れ物が少ないけど,どうしてるの?」と聞かれたことがあります。

私の場合は,なんでもセットにして,専用の手提げ袋に入れてもらっています。例えば〈音楽セット〉は,教科書・ノート・笛・ハーモニカ・『みんなのうた』・バインダーなどをひとまとめにして袋に入れて学校においてもらっています。〈図工セット〉〈家庭科セット〉〈習字セット〉なども同様に袋に入れて学校においておくのです。これらをひとまとめにして,ロッカーに入れておき,専科の先生の教室に移動する時,そのままもっていきます。

また,図工等の特殊な材料は数日前に持ってくるように予告しています。その際,なるべく見本を見せてあげるのがミソかもしれません。また,その材料が家にたくさんある人には「たっぷり持ってきて」とお願いしておきます。余分に持ってきてくれる子がいると,忘れてきた子の分をやりくりできます。このような子ども同士のやりくりも,なれると上手になってくるようです。

また,提出物でも腐らないものは,一日前に事前チェックすることもあります。「今日,すでに,準備してる人は特大ハナマルだよ」とさりげなくほめています。特に忘れると困る提出物がある時は,黒板に大きい字で,黄色チョークでかいておくことにし

ています。

楽しさの先入観が１年を楽しくする

「担任の先生ってどんな先生？」——これは新学期，全国の小学生のいる家庭での定番セリフになっているんじゃないでしょうか。ふつうだと，子どもたちは「えー，お母さんより年とってるよ」とか「メガネかけてるよ」なんていう心細い答えをしている可能性が大。しかし，今書いてきたようなことを最初の一週間にやっていれば，子どもたちはまちがいなく「先生はおもしろい，たのしい。学校が大好きになった」とお母さんたちに言ってくれます。

そこで，この時期をのがさず，わら半紙１／４に「○○先生のことおしえてあげる」という題で作文を書いてもらいます。「お母さんがたが，担任の先生がかわってどんな先生か心配してるでしょう。安心させてあげるように，お手紙をかくつもりで私のことを教えてあげて」といってかいてもらいます。この時，「たくさんかかせない」ことがコツです。

これは，保護者会で何枚か紹介すると，お母さんがたにも本当に安心してもらえます。

「おっ，先生もやるじゃん」「なんか，いいことありそう」初めの一週間で子どもたちがそんな気分になってくれたら，きっといいことがある１年になると思います。

好きなメニューからまねしてみてください。また，あなたの「とっておきメニュー」も教えてくださいね。

＊この原稿を書くにあたって，音田輝元「たのしさの先入観をプレゼント」『たの授』No.24と，長岡清「新学期，子どもたちや大人たちと出会うとき」『たの授』No.139を参考にしました。(いずれも本書に再録されています)。

最初の授業プラン

たのしさの先入観をプレゼント (No.24, 85・3)

音田輝元

大阪・大東市灰塚小学校

たのしい思い出から

早いものです。もう少しで1年になろうとしています。この1年間，楽しいことがいっぱいありました。

クラスの子ども達は仮説実験授業をとても支持してくれました。ボクが仮説にホレきっているから，その迫力に負けてしまって支持している人もいるかもしれませんが，とにかく予想をたてることが好きで，討論がとても楽しいと語ってくれるのです。

2月の一斉作文の時，柘植あかねさんが「音田先生」という題でこんなことを書いてくれました。ボクはうれしくなって……，胸が熱くなってきました。一部ですが，読んでください。

　　音田先生　　　　　　　　　（4年2組　柘植あかね）

　　先生は科学の時はニコニコしています。わたしも科学の時はうれしいです。わたしは，科学のおもしろさは討論できるからです。先生の科学のおもしろさは，たぶん，「みんなの討論の意見を聞いたり，ヤッターとかクソーとかの声を聞くのがたのしい」のだと思います。

　　先生の一番おこる時は，チャイムを守らない時と，勉強時間に勉強道具を出していない時です。こんな音田先生だけれど，

とても大好きです。あと43日しかないので，今が1月9日だったらなあ……と思っています。

あと43日間，いっぱい科学の討論をしときたいです。夏の七夕まつりの時，わたしは「どうか音田先生がここの学校にいつまでもいますように」とたんざくに書きました。……

ボクは，この作文を読むと，お母さんが4月の家庭訪問の時に言われた言葉を思い出します。

「先生，あかねは3年生の時，みんなにいじめられて何回も泣いて帰ってきたんですよ……」という話です。弟と3人暮らしの柘植さん。今はとても元気で明るい女の子になりました。

「楽しさの先入観」は1年を支配する?!

仮説実験授業は「科学の楽しさ」だけを教えてくれるのではありません。もっともっとステキなこと……。そうです，少なくともボクや柘植さんに「生きることの楽しさ，夢を与えてくれた」と思えるのです。しかし，それは他の子どもにもいえます。楽しいことが好きなのは柘植さんだけじゃないのです。今のクラスの人たち，とても好きなのです。教室へ行くのがたのしそうなのです。

*　　　*　　　*

2月も終わろうとする月曜日の朝，ボクは教室でたずねました。「みんな，3月24日まで，もう少しだね。……1年って早いね。ところでみんな，4月8日の始業式のこと，覚えていますか」と。

すると，うれしいことに「ウン，覚えている。おもしろかった」と話してくれるではありませんか。

4日8日，最初の出会い，始業式。

子どもたちは期待と不安で心が揺れ動いています。ボクはその期待に答えてやりたいし，不安をとり除いて子どもたちに心のあんまをしてやりたいと思うのです。（子どもの心のあんまは，同時にボクの

心のあんまになるのです)ステキな出会いは一年を支配する，そんな思いで始業式を迎えました。それでは，その時のことを少し紹介します。

アッと驚く実験を

今までの始業式は①ゲームと歌，②ドッチボール，③ボクの失敗談……などをして，心のあんまを試みてきました。それもそれなりに楽しくできたと思いますが，どうもピタッとこなかったのです。「無理に楽しさを作ろうとしても，しっくりいかない」，本当にそんな感じでした。

それで今年度は，ボク自身の自己紹介や１年間の授業の紹介にもなる科学の実験（？）をすることに決めたのです。見事に成功しました。

これは，予想以上に楽しくできました。あなたもやってみませんか？

●用意するもの

ブタンガス（500cc）１本，ガスライター用。
タバコ屋さんで売っています。１本500円くらい。

●やり方

ボクの自己紹介をした学級通信を読んだあと……。

音田　先生ね，科学が大好きでね，実験が大好きなんです。そこで
　　みんなと仲良くなるために問題を出します。

と言って，実験の用意をします。「これは，きのうタバコ屋で買ってきたもので，これ（ブタンガス）を試験管にいれるのです」とか言いながら，実験の説明をします。

準備ができたら，黒板に問題を書きます。

子どもたちは，「いったい何が始まるのか」と見ています。その証拠に，瞳がギラギラ輝いています。こうなればしめたものです。

[問題1]

ガラス管に火を近づけたら、どうなると思いますか。

　予想

ア．なにもならない。

イ．小さく火がつく。

ウ．「バーン」と音をたてて爆発する。

エ．その他（　　　　）

　実験

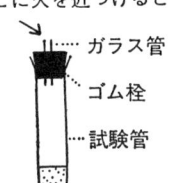

[問題2]

では、試験管を手で握ると炎はどうなると思いますか。

　予想

ア．かわらない。

イ．小さくなり、消える。

ウ．もっと大きくなる。

エ．その他（　　　　）

　実験

一問一問やっていくのです。

実験すると、〔問題2〕の⑦の17人が「ヤッター」と拍手、拍手の連続でした。これでもうしめたものです。明日から楽しくやっていけそうな感じです。そこで、こういう話をしました。

音田　ブタン分子は−42.1℃で沸とうするのです。そして、液体からどんどん気体になっていくのです。

　　　小さな火が大きくなった理由は、人間の体温の分だけ熱くなり、ブタン分子が早く気体になろうとしたから、大きな火になったのです。

（原子については〈もしも原子が見えたなら〉〈いろいろな気体〉という授業書が用意されています。『仮説実験授業研究』第１集，仮説社刊（品切）に載っています。たのしく原子・分子のことが学べるようになっていますので，ぜひ参照してください）

そして，「さようなら」をした後，生徒一人ひとりと握手しました。「明日から楽しい勉強していこうネ！　よろしく……」と。

これで心のあんまは大成功です。子どもたちは家に帰ってから，お父さん，お母さんに「今日の実験のこと，先生のこと」を夢中になって語ってくれているようです……。

第１週には最も自信のある授業を！

「４月はクラスのルールを確立する大切な月」と，よく言われます。ボクも「そうだなあ……」と思ったりします。でも，ボク流に言い換えると，「４月は楽しさのルールを確立する月」と言いたいのです。気持ちよく出会いの授業（実験）をおえた後，ボクは第１週の理科の時間に〈足はなんぼん？〉を始めました。

そして，授業を楽しくするために，ボクはこんなことを始めました。チャイムが鳴ったら学習の用意をする。——これは仮説実験授業をする時のボクの最低限のルールです。このルールを守れば，あとは楽しさを保証するというものです。仮説実験授業を通して学習のルール，クラスのルールをつくっていく，——とてもステキなことだと思いませんか。この授業をしている時は，ほんとうに子どもたちがよりステキに見えてきて，とても気分がいいのです。

始業式から４日目の，〈足はなんぼん？〉の一言感想です。

■前は理科がキライだったけど，音田先生になって科学がスキになってきた。　　　　　　　　　　　　　　　　　　　　　　　　（花岡純子）
■発表する時，緊張したけど，とても楽しかった。　　　　　（谷口健治）
■科学の実験が楽しいです。　　　　　　　　　　　　　　　（大東弘人）

〈足はなんぼん？〉は楽しさの先入観をプレゼントした

一番初めにやった授業書〈足はなんぼん？〉の授業に，子どもたちはこんな評価をつけてくれました。

　　ア．たいへんたのしかった　　　　34人
　　イ．まあまあたのしかった　　　　 1人
　　ウ．ふつう　　　　　　　　　　　 0人
　　エ．あまりたのしくなかった　　　 0人
　　オ．ぜんぜんたのしくなかった　　 0人

この時のことは1年たった今も，よく覚えているようです。本当に気持ちいいです。とてもステキなことだと思っています。

■1・2・3年では，理科が一番キライだったけど，今は一番科学がスキになってしまいました。そのわけは，たぶん音田先生のやり方が楽しくて，おもしろいからなあーと思います。

〈足はなんぼん？〉の勉強，とてもおもしろくて，楽しくて，ためになったなあーと思います。こんな勉強なら何回でもやりたいなあと思いました。たいへん楽しかったです。　　　　（安永吉有起）

　　　　　　　　＊　　　＊　　　＊

「4月の先入観は一年を支配する」，これはもうマチガイないことだと思っています。

「今度の先生はおもしろい先生だよ，楽しそうな授業をしてくれる先生だよ」なんてことを感じてもらう先入観。ふつう，先入観というと悪いことのように思われるけど，楽しさの先入観なんていいと思いませんか。4月の，初めての授業に「楽しさの予感」を子どもたちにプレゼントしてみませんか？　　　　（1984年2月28日）

出会いの授業(No.180, 97・3)
〈ブタンガスで楽しもう〉

音田輝元　大阪・大東市永野小学校

たのしさの先入観の大いなる効果

　この出会いの授業をはじめてもう10年以上になるのですが,新しいクラスになると,〈バカの一つ覚え〉のように,この〈ブタンガス〉で始業式の日を楽しんできました。もちろん結果は大成功！（10年前にはじめたばかりのころのレポートを『たの授』85年3月号,No.24に発表しています。本書74ぺに再録）

　この〈ブタンガス〉のおかげで,子どもたちに〈たのしさの先入観〉をプレゼントすることに成功した私は,そのあと仮説実験授業やたのしい授業を,毎回とてもなごやかな雰囲気でスタートすることができるというわけです。

　なにせ始業式と言えば,子どもたちにとっては期待と不安で揺れ動いています。「新しい先生はどんな先生かなぁ？」「友だちは誰と一緒になるのかなぁ？」と,心はとても緊張しているものです。もちろん私たち教師も,始業式と言えば程度の差はあれ緊張しているものです。この期待と不安で緊張した始業式の一日を「子どもたちも教師も〈ブタンガスの実験〉でともに楽しみ,〈心

のあんま〉をしよう」というのです。この〈心のあんま〉に成功したならば，子どもたち一人ひとりの心の中に，先生に対する〈たのしさの先入観〉が生まれ，その先入観はまちがいなくその後の実践に「とても効果的に作用する」ようになるでしょう。

そしてこの〈ブタンガスの実験〉によるたのしい出会いは教師の心の中にも〈やる気・その気〉を育てるキッカケともなることを忘れてはならないでしょう。この〈たのしさの先入観〉の試みは，もしかするとこの「教師のやる気を育てる」効果が一番大きいのかもしれません。

子どもたちと出会う最初の日にやる！

1学期の始業式と言えば本当にあわただしい一日です。そこに〈ブタンガスの実験〉までやろうというのですから大変です。

でも，最終の職員打ち合わせの時間から逆算して，実験の時間を確保するようにして，その日のスケジュールをしっかり立ててできるだけ始業式の日にやってください。では，昨年の私の始業式の日のスケジュールを紹介します。（5年生担任）

①**始業式**　子どもたちはなんとなくザワザワ。顔も緊張しているように見える。もちろんそれを見て私も緊張してきた。

②**クラス分け**　予定通り進めたが，子どもも教師も緊張。

③**教室に入って**　転入児童の紹介と簡単に私の挨拶。

④**教科書配布（ノート配布）**　数名の人に頼んでできるだけ早くすませるようにした。ここで10分間休憩。この時間帯になると，なんとなく和やかになってきた。

⑤**学年便りなどの配布（その他のプリント類）**　この1年の行事など，学年便りにしたがって簡単に説明。ここで，11時近くになってきた。職員打ち合わせまで，あと30分。

⑥**自己紹介と実験**　私の学級通信「未来への風向計」をよみな

がら自己紹介。そしていよいよ,〈ブタンガスの実験〉

＊　＊　＊

授業プラン　〈**ブタンガスで楽しもう**〉

　○年○組のみなさん！　○学期が始まりました。「もっと休みがほしいなぁ……」と思っている人もいるかもしれませんが,残念ですがこればっかりはどうすることもできないので,今日からは「新しい気持ちになって」たのしく勉強していくようにしてください。

　それではさっそくですが,あなたもこれから出す問題に,いろいろ考えながらたのしく予想をたてて実験してみてください。

　さて,あなたの予想は当たるでしょうか？

〔問題１〕　ライター用のガスの詰め替え容器の中に「ブタンガス」が入っています。この「ブタンガス」の液体を試験管の中に入れて,ガラス管を通したゴム栓で,図のように試験管の先を止めることにします。そこで,今度はマッチに火をつけて,そのマッチの火をガラス管の先に近づけていきます。すると,どんなことが起こるでしょうか。

　予　想
　ア．なにも起こらない。
　イ．ガラス管の上に火がつく。
　ウ．バーンと爆発する。
　エ．マッチの火が消える。

　みんなの予想を出し合ってから,実験してみましょう。

　どうでしたか？　あなたの予想は当たりましたか。

　マッチの火をガラス管の先に近づけていくと,ボッと火がつきました。

　それでは次の問題です。

〔問題2〕　今度は，先ほど実験した試験管の下の部分を強くにぎることにします。すると，ガラス管の先についている火はどうなると思いますか。（問題の意味が分かったら，試験管の火はいったん消してから予想をたてるようにしましょう）

　予　想
　ア．試験管を強くにぎったら，火は消える。
　イ．試験管を強くにぎったら，火は大きくなっていく。
　ウ．試験管を強くにぎったら，今度こそ爆発する。
　どうしてそう思いますか。みんなの予想を出し合ってから，実験してみましょう。

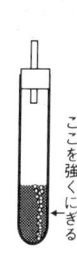

お話「ブタン分子は－12℃」

　どうでしたか。〔問題2〕の予想は当たりましたか。なんと試験管の下のところを強くにぎってやると，ガラス管の先の火は大きくなりました。それなら，試験管の下の部分をにぎるとどうしてこんなに火が大きくなるのでしょうか。試験管の中に入っているのは「ブタンガス」ですが，あなたはどうして火が大きくなるのだと思いますか。

　じつは，試験管の中に入っている「ブタンガス（ブタン分子）」は，常圧（1気圧）では「－12℃」で沸騰し始め，液体から気体になって空気中に飛び散っていこうとします。教室の温度は，だいたい（　　）℃ですから，「試験管の中のブタン分子は激しく気体になろうとして沸騰している」というわけです。そこに，マッチの火を近づけると，ブタン分子は空気中の酸素分子と化合して火がつくのです。さらに，そのような性質のブタン分子が入っている試験管の下をにぎるのですから，人間の体温（36℃）が加わって温度が高くなり，ブタン分子はいままで以上に激しく沸騰して気体になろうとして，その結果「火は大きくなる」わけです。

ブタン聖火リレー

では，最後に，みなさんもこの「ブタンガス」の入った試験管を一人ひとりにぎってみることにしましょう。

でもその前にちょっと予想してください。「−12℃」って，冷たく感じるでしょうか？ それとも熱く感じるのでしょうか？ あなたはどちらだと思いますか。

＊ブタン分子は，液体から気体になるのが素早いために，比較的安全に「教室の中でもたのしい実験ができる」わけです。しかし，比較的安全だからと言っても，先生がいないところではくれぐれもしないようにしてください。

* * *

●**実験に用意するもの**

ブタンガス（1本。ガスライター用ボンベ。スーパーやタバコ屋にある。500円くらい）。試験管。ガラス管。穴あきゴム栓。

●**授業の注意**

〔問題2〕では，火をつけたまま予想を立てるのは止めた方がいいです。少し触れたり揺れたりするだけで〈気化〉が促進され，「火が大きくなり，答えが分かってしまう」心配があるからです。実験のときには，手でにぎると同時にちょっと試験管を振ると火はより大きくなります。

〔お話〕は，時間がないときはプリントを渡さず先生の簡単な説明で終わらせてもかまいませんが，〈ブタン聖火リレー〉は必ずやってください。このブタン「−12℃」の印象は強烈で，これで一気にたのしい雰囲気ができあがるように思えます。

このとき私は「今年もたのしいことをやりたいので，仲良くしてくださいね！」とお願いの言葉も必ず言うようにしています。握手なんかすることもあります。このときの雰囲気，本当にたのしいですよ。

ブタンガスの化学

(No.180, 97・3)

吉村七郎 東京・仮説会館
(分子模型の図：横山將顯 青森・藤崎園芸高校)

炭化水素について

〈ブタンガスで楽しもう〉の実験（80ペ参照）はとてもたのしく，材料の〈ブタン〉もかんたんに買えるのでいろいろな先生がやっています。そこで，この〈ブタン〉とブタンのなかま炭化水素について書いておくことにします。

ブタンは，炭化水素の一つです。炭化水素というのは，炭素原子（C）と水素原子（H）だけでできている分子のことで，天然ガスや石油の中に入っています。（炭化水素はここに書く以外にも環状炭化水素などがありますが，ここでは簡単な鎖状炭化水素について説明することにします）

炭素原子にくっつく水素原子の数は決まっていて，炭素原子の数が増えると，水素原子の数もふえます。

いちばん簡単で小さいのが〈メタンCH_4〉で炭素原子1個のまわりに水素原子が4個くっついています。

炭素原子が2つあるのが〈エタンC_2H_6〉で，水素原子の数が6個になります。

炭素の数が多くなるに従って「メタン，エタン，プロパン，ブタン，ペンタン，ヘキサン，ヘプタン，オクタン……」と続きます。

　炭化水素を炭素原子が少ないものから順に書き出してみると以下のようなものがあります。分子名の後のカッコ内の記号（式）は「化学式」で，図の左の「構造式」は，どのように原子が結合しているかを表しています。図は「分子模型」です。プラスチックの分子模型があるととてもよくわかるので，できたらぜひ見せたいものです。

　炭素原子が4個までは，ふつうの温度・ふつうの圧力（常温・常圧）では気体で，もっと炭素原子が多くなり分子が大きくなると液体になり，さらに炭素原子が20個にもなると固体のパラフィン（ロウ）になります。数千個もつながったのが，プラスチックのポリエチレンです。

●メタン（CH_4）は，炭素原子が1個と水素原子4個が結合してできています。（融点 -182.6℃，沸点 -161.5℃）

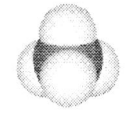

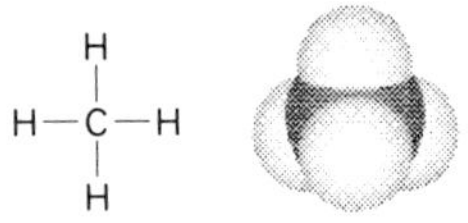

　メタンガスはどぶ川や腐ったものから発生するので有名です。都市ガスの主成分で，動物の「おなら」にもふくまれています。でも臭いはありません。炭化水素のなかまは，ほとんど臭いはありません。（都市ガスなどがいやな臭いがするのは，もれると危ないので臭いの強い物質をほんの少し混ぜてあるからです）

●エタン（C_2H_6）は，炭素原子が2個と水素原子6個が結合してできています。（融点 -183.6℃，沸点 -88.6℃）

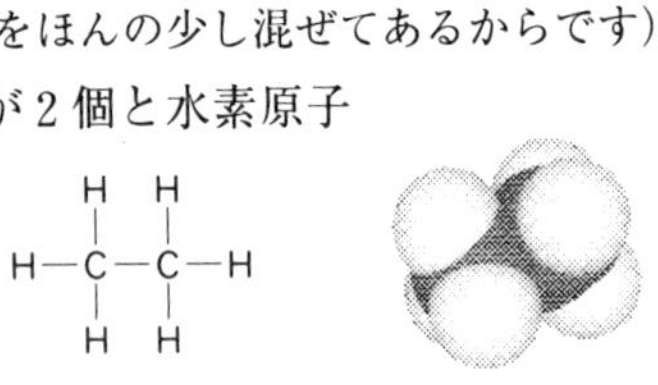

●プロパン（C_3H_8）は，炭素原子が3個と水素原子8個が結合してできています。（融点 −188℃，沸点 −42.1℃）

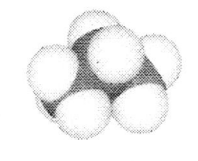

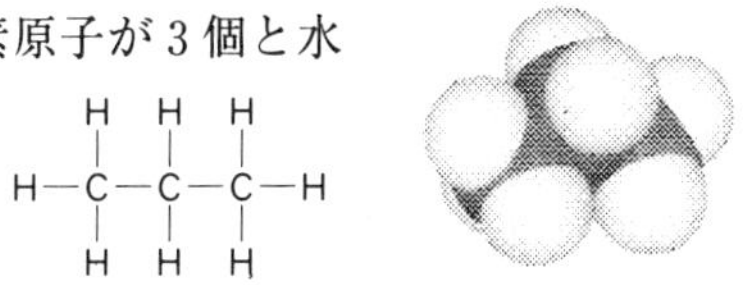

プロパンガスは，都市ガスのきていない家庭などでボンベに詰めて使われています。

●ブタン（C_4H_{10}）は，炭素原子が4個，水素原子10個が結合してできています。結合のしかたの違いによりノルマルブタン（上の図。融点 −138.3℃，沸点 −0.5℃）とイソブタン（下の図。沸点 −11.7℃）の2種類あります。

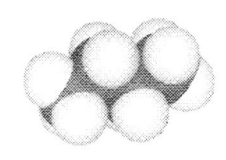

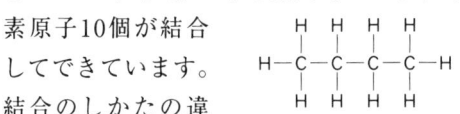

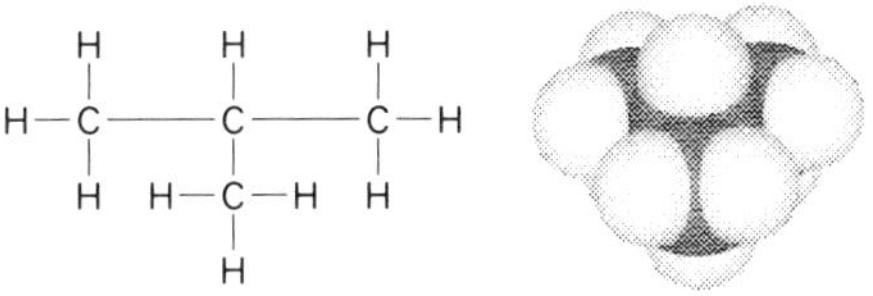

ブタンガスは，ガスライターや，家庭用の卓上コンロのカセットボンベに詰めて使われています。

●その他

炭素原子が8個，水素原子が18個をオクタン（C_8H_{18}）といって，主に〈ガソリン〉として使われています。

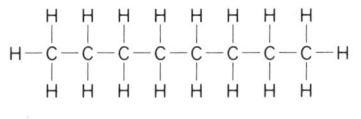

炭素原子10個，水素原子22個がデカン（$C_{10}H_{22}$）で，〈灯油〉として使われています。

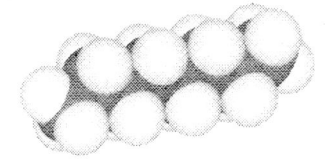

炭素原子16個と水素原子34個をヘキサデカン（$C_{16}H_{34}$）といいます。これはディーゼルエンジンに使う〈軽油〉です。

炭素原子20個と水素原子42個がパラフィン（$C_{20}H_{42}$）で，ロウソクのロウです。

ブタンの実験

ブタンは，ボンベの中に圧力をかけて押し込まれ，液体になっています。その液体のブタンを試験管にとり出すとすぐに沸騰を始めて，表面から気体のブタンがでてきます。そこで，試験管の口に火をもっていくと，点火して燃え上がるというわけです。

ブタンは炭素と水素の化合物ですから，空気中の酸素と結合して二酸化炭素と水になります。

$$2 C_4H_{10} + 13O_2 \rightarrow 8 CO_2 + 10H_2O$$

この，ブタンが沸騰している試験管にさわると，どんな感じがすると思いますか。

手で試験管を触ってみると，とても冷たく感じます。どのくらい温度が下がっているか，沸騰しているブタンの液の中にデジタル温度計を差し込んで計ってみました。

すると，温度表示はどんどん下がり，0℃を越えて－（マイナス）になりましたが，－9.3℃で止まりました。試験管を手で持つと少し温度が上がり，－8℃になりました。

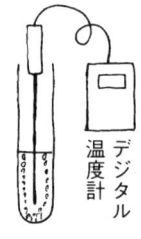

液の温度は，ボンベの中では，室温と同じですが試験管に出すと圧力が減り，液体のブタンの中のはげしく動いていた分子が飛び出していきます。残ったのは動きの遅い液体の状態の分子なので，温度が下がっていきます。

ブタン（イソ）の沸点は－12℃ですから，－12℃まで下がるかと思いましたが，－9.3℃で止まってしまいました。

手で試験管を持つととても冷たく感じます。手の温度を30℃と

すると，40℃近い差があるのですから当然です。

　なお，試験管の口につけたゴム栓のガラス管を指でふさぐとブタンの沸騰を止めることができます。中の圧力は高くなりますが，指で押さえることができるくらいの圧力です。押さえた指を離すと，圧力のかかったブタンガスが勢いよく吹き出すので，これに火をつけるとボーッと大きな火炎になりますから，火傷をしないように気をつけて下さい。

　ガスの販売業者（東京パイプ）に問い合わせたところ，ライター用のガスボンベに入っているのは，イソブタン（27%），ノルマルブタン（48%），プロパン（25%）を混合したものだそうです。これらが混ざっているので，沸騰しているときの温度がイソブタンの沸点（-12℃）になりませんでした。また，ボンベの中の圧力（掲示圧）は，36℃で2.9kg／cm^2（約2.9気圧）とのことです。

　なお，この文は，横山將顯さん（青森県藤崎園芸高校）の授業書案〈燃やせば見えてくるかな？〔有機化学入門〕〉の最初「炭化水素」の部分を参考にさせてもらいました。

　この授業書案はとてもおもしろいものです。とかく，専門でないと「とても理解しにくい，難しい」と思ってしまう有機化学を，いろいろな「たのしい問題，分子模型，燃やす実験など」を交えながら，たのしく分かることができます。

●最初の授業を大事にしたいから，コレ！（No.25, 85・4）
卵は砂糖水に浮くか

広島・佐伯郡七尾中学校　　　　　　**本多泰治**

「夢みたいな授業」への期待は……はずれたけれど

 ぼくが仮説実験授業にめぐりあったのは，5年ほど前です。

 仮説実験授業——ぼくはすごくこの授業に期待があったのです。というのは，四条畷で行われた仮説実験授業入門講座で見た，あの生徒の生き生きとした目，発表——「仮説実験授業をやるとあんなに生徒は生き生きしてくるのか」と驚かされ，完全に魅せられていたからです。だから，ぼくも「こんな夢みたいな授業ができるんだ」と思い，期待に胸ふくらませて授業にのぞんだわけです。

 でも，ぼくの期待は，みごとに大はずれでした。予想の時は，全員どれかの選択肢に手をあげてくれるし，みんな，なごやかに授業に参加しています。「この雰囲気だと，あの夢にまで見た授業ができる」と，ぼくは喜びました。が，討論になると，全く言ってくれないのです。悩みました。「どうして生徒達は，自分の考えを発表しないのだろう」こんないい問題なのに……。

 この悩みは，二年近く続きました。「どうやれば討論ができるような学級になるんだろうか」なんてイライラしました。

でも，結局，二年間，討論らしい討論はなく，生徒は卒業していきました。

しかし，考えてみると，この二年間，生徒とほんとうに気楽につきあうことができました。

■「いい問題だと，授業に集中できる」というのは，前から感じてました。おもしろくない問題のときは，全然気がのらないんですヨ！　それで，おしゃべりとかネ！　いろいろ……。だけど，いい問題がでると，パッと口がとまっちゃうんですね。こう，授業にすいつけられるかんじで……。だから，プリントのいい問題には，すごく力があると思います。　　　　　（原田　智子）

「授業というものがうまくいけば，生徒と教師の間はうまく行くもんだ」と思い始めました。また，「授業が楽しければ，それでいいのだ，討論なんかなくても，子ども達はまちがいなく授業を楽しんでいるんだ。絶対に，子ども達に討論を強要したり，仕組んだりしてはいけない。子ども達の意志の中に討論は盛り上がってくるものであり，教師の力量には全く関係ない」と，ぼくは思うようになりました。

「授業が楽しければ，それだけ生徒と教師は気楽になれる」という仮説が生まれたのです。

子ども達との最初の出会いを大切に

ぼくは，今，子ども達との最初の出会いを大切にしたいと思ってます。出会いが楽しいものであれば，これにこしたことはない。できるだけ，楽しいものにしようと思います。

今年(1984年)は三年周期で一年生を担当することになり，胸がドキドキしました。教師になって10数年，こんなに4月のはじめにソワソワ，ドキドキしたことはなかったです。「最初の一時間，何をしようか」，いろいろと思い悩みましたが，〈ものとその重さ〉は過

去2回ほどやったことがあるし，直観的に授業が楽しめ，最後には原理・原則がわかってくるだいごみがあるので，今回もこれに決定。

出会いは「卵」の問題で

「最初の一時間目の授業」，まさに生徒との初対面の時。ぼくは，この一時間は，「卵」の問題と，小学校での理科についての簡単なアンケートを書いてもらいます。

「卵」の問題というのは，次のような問題です。

〔**問題1**〕ここにある卵を，水のはいったビーカーに入れると，浮くでしょうか。

予想
　ア．浮く
　イ．しずむ

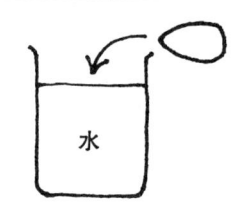

プリントにしないで，直接黒板に書いてやります。

生徒は，今から何が始まるのか，ちょっとザワついてきます。でも初対面ですから，礼儀正しくザワッとくるだけです。

予想を聞いて，黒板に人数を書きます。だいたい，④の予想が少し多い程度です。次に，予想した理由を聞いてみます。これは，指名します。初めての授業であてられて，何も言わずモジモジしたら，「シメタもんだ」と思います。「予想理由の場合，なんとなくといってもいいですよ」と大きな声で公言してやります。

すると，またまたザワザワってきます。「予想する時，なんとなく④だなと思うことは，当たり前のことです」ともつけ加えます。

討論は，全くありません。でも，予想理由を聞いて，「反対意見，賛成意見はありますか」と聞きます。

そして,実験をします。生徒は全員,実験に集中します。

〔**問題2**〕では,この卵をこい食塩水に入れたら,卵は浮くでしょうか。

予想

ア.浮く
イ.しずむ
ウ.爆発する

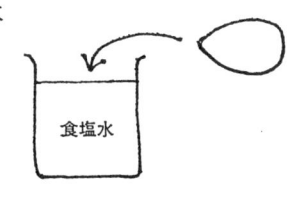

ここで,⑨の「爆発する」という選択肢にかなりのってきます。男子がワイワイ,ガヤガヤと騒がしくなってくると,しめたもの。予想理由が,ポツポツでてきます。でも,討論は起こりません。

さて,実験です。ビーカーに水を入れ,新しい食塩(スーパーで売っている1kg入りの精製食塩)の袋をやぶって,ビーカーの中にド・バ・ド・バ・と入れること。これがコツです。こうすると,生徒はもう気楽になって,ワイワイ,ガヤガヤです。

予想はアが5/6,イが1/7で,残りが⑨の「爆発する」です。

〔**問題3**〕では,この卵をこいさとう水に入れたら,卵は浮くでしょうか。

予想

ア.浮く
イ.しずむ
ウ.爆発する

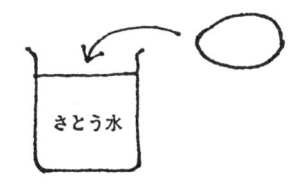

この時も,さとうは,た・っ・ぷ・り・とビーカーの中に入れて,ドロドロに溶かしてやることです。生徒は「もったいない。もったいない」と騒ぎますが,「実験に金をけちってはいけません」と言い,

1 kg 袋の1/3ぐらい（1/4かな）入れてやる。

[問題4] では，この卵をドロ水に入れたら卵は浮くでしょうか。

予想
　ア．浮く
　イ．しずむ
　ウ．爆発する

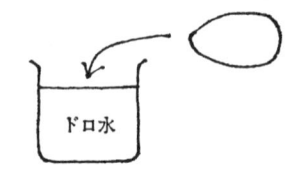

　この [問題4] は，いつも準備はするけど，やったことはありません。時間がないのです。

　さて，これで大成功のうちに授業は終わります。

　授業後の感想は，「今日は楽しかった。また今度も，あんな授業してね」とか，「小学校の授業のやり方と大分ちがう。おもしろい」といった声が，どのクラスからも聞かれ，教師も生徒も，すごく気楽になれるのがいいです。

　そして，次の時間から，理科は大歓迎してくれます。その大歓迎の中ではじめたのが，〈ものとその重さ〉です。

授業評価，なんと驚異の4.8

　とっても楽しい，1カ月ちょっとの授業でした。気楽に授業ができたのも，驚異の評価4.8につながっているんじゃないかなあと思います。

　ではまず，各クラスの授業評価（平均）を紹介しましょう。（5.大変楽しかった　4.楽しかった　3.普通　2.あまり楽しくなかった　1.全然楽しくなかった）

　　　1組　4.7　　　2組　4.8　　　3組　4.3　　　4組　4.8
　　　5組　4.4　　　6組　4.6　　　7組　4.7

3〜4時間目ぐらいの時に,初めて,授業感想文を書いてもらいました。

■一番最初か二番目の授業が参観日で,その時先生は,わざわざおにぎりせんべいをもってきていた。おもしろーと思いました。それに,お母さんもあの先生は授業がわかりやすいねェーといっていました。先生は,いつもにたようなプリントを2〜3枚,一時間ごとにやって,授業の最初はわからなくても最後にはわかるようになっているシステムというかそんなものです。理科の授業は,楽しいです。　　　　　　　　　　　　　　（大島　直幸）

 小学校の時,「理科が大好きだった」という子も「大嫌いだった」という子も,〈ものとその重さ〉,いや,仮説実験授業をすると大歓迎してくれるし,「授業が楽しい」といってくれるのは,何もぼくが,仮説実験授業の時だけがんばって,おもしろい話をしたり漫才をしたり,子ども達に自由にさせているのではありません。むしろ,教科書で授業をする時よりも押しつけたりします。授業書運営法に忠実にやろうとがんばります。だから,脱線はほとんどありません。なのに,子ども達は,「楽しい」と評価してくれます。

＊

 一学期が終わりました。子ども達との最初の出会い,とってもいい気分で出会えたのがよかったです。この調子だと,三年間,子ども達と仲良くつきあえそうです。「たのしい授業」って,本当に,心さわやかにしてくれます。ぼくは,全員にわからせる力量なんてありません。でも,子ども達が「楽しい」といってくれた時の感激でもって,子ども達をやさしくお世話してあげれる自信が,仮説実験授業とめぐりあって,だんだんついてきました。

 あなたも,最初の出会いを大切にしてみませんか。きっと,いい気分になれますよ。〔この授業プランは,板倉聖宣『科学的とはどういうことか』仮説社,を参考にしました〕

●出会いの時期に，私の定番 (No.195, 98・4)

最初の授業はこれっ！
《見れども見えず》

増田伸夫 長野・中野実業高校

　みなさんは出会いの授業をどうしていますか。すぐにでも仮説実験授業をはじめたいところだけれど、いきなり本格的な仮説実験授業をはじめられても、こんなかわった授業を初めて受ける生徒さんはちょっと戸惑ってしまうかもしれません。

　最初の授業では生徒さんはとても緊張しているし、教師の方も緊張します。お互いに少しウォーミングアップの時間がほしくなります。自己紹介もしたいし、教科書などの教材の確認もしたいし、理科室の座席の割り振りもしたい……。最初の時間は丸々1時間（50分）はとれないものです。

　そこで、私はこのところずーっと、授業プラン《見れども見えず》（約30分）で「出会いの授業」を気楽に楽しんでいます。《見れども見えず》は短時間でできるし、〈仮説実験授業〉はどんな授業か〉を生徒さんにおよそ分かってもらえるので、「出会いの授業」に適していると思います。

　この授業プランは「科学的認識の成立条件」（板倉聖宣『科学と

教育』キリン館）に出てくる4つの問題（「月の形の問題，アリの絵をかく問題，コンセントの穴の長さの問題，地図の問題）を宮地祐司さん（愛知県）が「出会いの授業用」の授業プランとして使ったのがはじまりだと思います。その後，長野東高校の増田の同僚であった春原文好さんが「地図の問題」のかわりに「信号機の問題」を差し替え，それに増田が「見れども見えず」というお話を付け加え，その後，お話の小改定を何度か経てできあがったものです。

　増田が書いた「見れども見えず」のお話は，そのほとんどすべては板倉聖宣さんの書いたもの（「科学的認識の成立過程」『科学と方法』季節社，「科学的認識の成立条件」『科学と教育』前出，など）や，板倉聖宣さんが話したことをもとにまとめたものです。

　さて，この授業プランは旧版（といっても内容はほぼ同じ）のときから私が毎年「出会いの授業」として行っていて，生徒さんに大変好評です。上田サークルの人達も主に「出会いの授業」としてやってくれていて，おおむね好評のようです。本格的な仮説実験授業をやる前のウォーミングアップとして，また仮説実験授業の紹介用として，「出会いの授業」にはピッタリだと思います。

　また，予想に手が挙がりにくい高校生の場合には，この授業をやってから「〈見れども見えず〉にならないために，仮説実験授業では実験の前に予想を立ててもらうことにしています。ですから予想には必ず手を挙げてくださいね」というような話をしておくと，その後もかなり挙手率がいいようです。

　最初の時間なので〈理由の発表〉や〈討論〉の時間は少なめにして――「ほんとうは理由や討論をしてほしいんだけど，きょうは時間がないのでどんどん進めさせてもらいます」などと言って――予想分布だけを集計して時間内にピッタリ終わるように進めてもらうといいと思います。もちろん，評価と感想は聞いてくださいね。

高校でなら,ほぼ1時間でやれると思いますが,小学校や中学校でやる場合や,あまりいそがずにじっくりやりたいときには〈理由の発表〉や〈討論〉の時間も十分にとって,2時間かけてやってもらってもいいと思います。

　「1時間ものの〈出会いの授業〉プランとしてはなかなかおもしろいのではないか」と前々から自分で思っていたところに,上田サークルのみなさんから「ぜひこの授業書案は公にした方がいい」というご助言を受けたので,踏ん切りがついてこの度発表することにしました。

授業プラン　**〈見れども見えず〉**
問いかけなければ認識できない

板倉聖宣原作,宮地祐司構成,
春原文好改定,増田伸夫再改定　1997. 4 版

〔問題1〕

　次の図のア～キのうち,月の満ち欠けによって実際に見られる月はどれか(月食などのときは除く)。見られると思う月の記号に○をつけなさい。

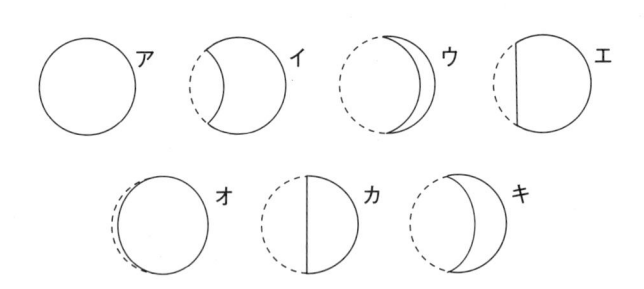

結果 ☐

― 1 ―

〔問題2〕

アリの足は何本か。アリの体はいくつの部分に分かれているか。足はどこから出ているか。以上のことに注意して右にアリの絵を描きなさい。

結果

― 2 ―

〔問題3〕

電気回路図では，電池は下の図のようにあらわされる。

$\ominus$ ┤┠ $\oplus$　または　$\ominus$ ┤├ $\oplus$

それでは，家庭のコンセントの穴の長さは，右図のどちらか。

結果 ☐

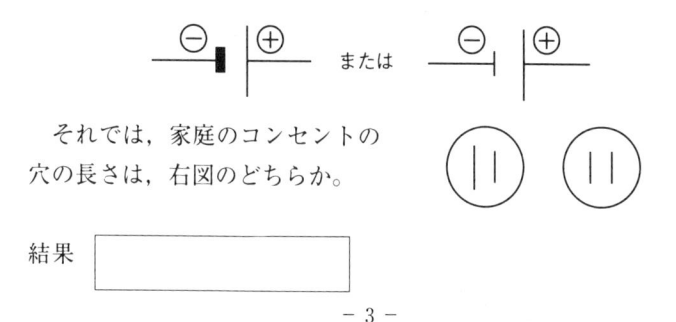

― 3 ―

〔注意〕新しいテーブルタップの場合，穴の長さが等しいものがあります。校舎などのビルのコンセントなら大丈夫でしょうが，新しい個

人住宅のコンセントも，最近では穴の長さが等しいものがあるかもしれません。

〔問題4〕
みなさんは道路にある信号機を何度も見ていると思います。ところで，赤信号は信号機（横型信号機）のどこにあるでしょうか。

ア．左端
イ．真ん中
ウ．右端
エ．信号機によってまちまち。

結果 ☐

― 4 ―

見れども見えず

「月なんて何回も見ているのに，なかなか予想が当たらなかったなぁ」と思った人が少なからずいたのではないかと思います。人間は何回も見ているものについてなら，正しく答えられるものなのでしょうか。　　　　〔問題1。答えはア，ウ，カ〕

板倉聖宣という科学者は，科学的認識の成立条件（科学的な見方や考え方はどうしたら身につくかということ）について，次のように言っています。

「科学的認識は，目的意識的な
実践・実験によってのみ成立する」

つまり，「単なる経験をいくら積み重ねたところで，科学的な

100

見方や考え方は身につきませんよ」「〈予想をもって問いかける〉ことをしないと本当のことは見えてきませんよ」と言うのです。

　ふつう,〈実験〉というと,それは何か器具を動かすことだと思っている人がいるようです。ビーカーを振ったり試験管に触ったりしていると,何か〈実験〉をやっているような気分になるようです。

　しかし,もしそれを〈実験〉というのなら,チンパンジーがビーカーを振っていても赤ちゃんが試験管に触っていても〈実験〉と言わなければなりません。でもそれは本当の意味の〈実験〉とは言えません。なぜなら,それはチンパンジーや赤ちゃんは〈予想をもって問いかけ〉ていないからです。〈実験〉はある問題に対しどういう考えが正しいのか決着をつけるために行うものです。チンパンジーや赤ちゃんの場合はそういうことを考えてやっていないのです。

　だから,人間は何度も月やコンセントを見ていても,〈予想をもって問いかける〉という意味の〈実験〉をしない限り,問題に対して正しく答えられないのです。まさに「見れども見えず」です。

　皆さんだけがそうなのではなくて,人間一般がそうなのです。次に,板倉聖宣さんが東京大学（教育学部）で講義したときの記録をのせておきます。自分たちのクラスの予想分布と比べながら読んでください。〔問題2。アリの胴は3節。足はまん中から6本〕

　　（先の〔問題3〕と同じ問題を出して）
　　　コンセントを見たことないという人,いませんね。コンセントの穴の長さは同じかそれとも違うか,どうでしょう。
　　　　アの「長さがちがう」……2人。
　　　　イで「同じ」という人……17人。
　　　この教室のコンセントは……ここにあります,あそこにも

ありますね。誰か，ちょっと見てくださいませんか。……どうですか。(「これは長さが違うように思います」)

アのようになっている？　東大のはおかしいのかな（笑い）。東大は予算がないからへんてこなコンセントをつけている（笑い）。普通のコンセントを家で見てもらえばいいですが，どれも長さが違うはずです。見ているけど，見ていないわけです。だってね，どういうふうに差し込んでも爆発するなんていうことはないから，問題意識をもって見ていないものね。「月の形」や「アリの絵」はできた人でも，これができた人は2人しかいません。問題意識がないとそういうことになります。(板倉聖宣『科学と教育』キリン館，1990)

こういうことを見てくると，皆さんの中には「なぁんだ，人間はいつも見ているものについてさえちゃんと正しく答えられないのか，人間というのは情けない動物だなぁ」と思った人もいるかもしれません。でも，本当にそうでしょうか。

確かに人間は目的意識的に〈予想をもって問いかけ〉ない限り，いつも見ているものについてさえ正しく答えられないくせに，ひとたび目的意識的に〈予想をもって問いかけ〉さえすれば，小さすぎて見えないような原子・分子のことも正しく知ることができるし，また大きすぎて目で見ることができないような宇宙のことも正しく知ることができるのです。

科学者はそのように〈予想をもって問いかける〉ことによって，地球の運動や宇宙の成り立ち，生物の進化の歴史や原子・分子の振る舞いなど，直接目で確かめることができないようなことについても正しい考えをもてるようになったのです。人間って，すごいと思いませんか。

(おわり)

－5〜6－

卵立てをやってみませんか

中野香代子
熊本・上益城郡浜町小学校（当時／矢部中学校）

●やってみなけりゃ
わからないこともある

私が初めて「卵立ての授業」に出会ったのは，4年ほど前，『たのしい授業プラン国語』（仮説社）にあった大橋辰也さんの「入学式には卵が立つ」という文章を読んだ時でした。しかし，その時は，「卵を立てることがそんなに楽しいことなのだろうか」「子どもは〈卵を立てて何になるの〉としらけないだろうか」と思って，その楽しさが想像できませんでした。

その後，板倉聖宣著『科学的とはどういうことか』（仮説社）で再び卵立ての話を読むのですが，「ふ～ん」と思っただけで，自分自身で卵立てに挑戦しようという気はやはり起こりませんでした。

そんな私が〈卵立てをやってみよう〉という気になったのは，仮説実験授業がおもしろくなり始めた3年ほど前のことです。

子どもたちと仮説実験授業を楽しみ始めていた私は，〈「科学」というものをしっかり勉強し直したい〉という思いがあって，『科学的とはどういうことか』を再び読み始めていました。前に一度読んだことがあった卵立ての話でしたが，もっとじっくりと読んでみました。読んでいるうちに，〈やはり卵立てを自分でもやってみた方が，本の内容をもっともっと深く感動をもって読めるのではないか〉という気がしてきたのです。

そこで私は自宅で卵立てに挑戦してみました。すごくすごく難しくて，何度もやめようと思いました。でも〈だまされたと思ってがんばってみよう〉と考え，30分ほどねばった末，やっと立てることができました。本当に感動！！――でした。その上，静かにしていれば，ずーっと立ち続けているのですね。りりしく，スッと立ち続ける卵……。感動でした。弟を呼んできて，「見て，見て！」と言いました。20代も半ばにさしかかった姉のはしゃぎようにあきれつつも，

弟は「すごいね」と言ってくれました。

　私は,基本的には「やってみないとわからないよ」という言い方は,ちょっと注意して使った方がいいと思っています。それはある面では真理だと思うけれど,「やってみないとわからない」ということで何でもかんでも片づけてしまうのは,時におしつけがましく聞こえると思うのです。自分の体験のみを絶対とする姿勢や,言葉によってわかりやすく伝えようとする努力の欠如,できない人ややりたくない人への批判・お説教などがかくされているような気がするからです。

　だけど,卵立ての場合は例外でした。私にとってはまさしく「やってみないとわからない感動」「やってみて初めてしみじみと感じることができた感動」でした。だから,いつか私も子どもたちと卵立ての授業をやってみたいと思っていました。

●突然の卵立ての授業

　私は今回,中学3年生の子どもたちと卵立ての授業をやってみました。週に1時間の「選択美術」の時間にです。本当はこの時間,避難訓練が予定されていて「選択美術」はつぶれるはずだったのですが,雨で避難訓練は突然延期になりました。通常通り選択美術の授業が入ってきたのですが,当日になっての延期ですので,子どもたちは当然,絵の具などの準備ができていません。こんな時,卵さえあればできる卵立ての授業はピッタリです。休み時間に近くのスーパーへ行き,卵を買いこんできました。

　「今日の美術はちょっと変わったことをしま〜す」と言いながら,いよいよ卵立ての授業です。やり方は三本正行さんの「わあ,きゃーッ,卵が立った!」(『たのしい授業』No.136)を参考にしました。『科学的とはどういうことか』から「コロンブスの卵」のお話を読み,卵が立つかどうかの予想をしてもらいました。

　㋐きっと立つと思う。
　㋑ひょっとすると立つかもしれない。
　㋒おそらく立たないだろう。
　㋓絶対,立たない。

のうち,3分の2くらいの子どもたちが「㋑ひょっとすると立つかもしれない」を選びました。残りの3分の1くらいが「㋐きっと立

つと思う」「㋐おそらく立たないだろう」で，これは同じくらいの数でした。「㋑絶対，立たない」は1人もいませんでした。

●カメラの効果

　大橋辰也さんも三本正行さんも，卵が立ったときの記念写真をとっていらっしゃいます。私もカメラを用意して，「卵が立った人は写真とるから，私を呼んでね〜」と子どもたちに言いました。そしたら，これがまたよかったですね。子どもたち，大笑いして，俄然，卵立てに熱を入れ始めたようです。

　そして，思わぬカメラの効果がもう1つありました。子どもたちとのコミュニケーションが，とても自然にとれたということです。

　卵を立てることができた子どもたちが先をあらそって，「先生，先生。早く来て写真とってよ〜」「お〜い，先生。おれのところにも来てくれよ〜」と次々と言ってくるのです。幼い子どもならいざ知らず，中3の子どもたちです。「先生，先生!!」なんて自分の方から言うのは恥ずかしい子もいるわけです。

　でも「写真をとる」という目的があると，人なつっこい子だけでなく，ちょっとツッパッてる子やひっこみ思案の子でも自然に「先生，先生!!」って言えるみたいです。私も日頃，あんまり話さないような子にも，安心してニコニコ顔で「お〜，すごいね〜。写真とるぞ〜」って言えるわけです。これはすごく楽しかったです。

　この「目的がある」というのは，いいですね。先生と生徒の人間関係をスムーズにはこぶ1つの方法という気がします。ものづくりをやっている時も気付いていたのですが，日頃はなかなか，先生と生徒が仲良くなるチャンスはありません。でも，「ものづくりを手伝う」という目的があると，お互い自然に近づけるし，コミュニケーションできるし，笑い合える。今回のカメラも，同じような効果があったようです。

●楽しい授業は私らしい授業!?

　授業の感想もすごくよかったんですよ。「今日の授業はいかがでしたか」の問いに，26人中20人が「A．楽しかった」を，6人が「C．どちらともいえない」を選んでいて，「B．いやだった」は1人もいませんでした。

　感想文もいいのがたくさんあっ

たんですが，中でも私が大感激したのが，次の２つです。

選択美術の授業はこんなにたのしいとは思わなかった。
（田辺さとる君）

この田辺君，「やる気がない」「態度が悪い」と先生たちから言われている子どもです。授業が始まっても，机の上に何も出さずに，腕をくんでボーッとしていたり，机につっぷしてねていたりしていることも多いようです。「提出物を全く出さない」といって嘆いている先生もいました。「やれば出来るのにね〜，あの子」という声がおおかたの先生の評価でした。体がでっかくて「無愛想なくまさん」という感じの田辺君。そういえば今回は，友だちといっぱいはしゃいでいました。「元気で明るいくまさん」に変身していたみたいです。

もう１つうれしかった感想文。

先生らしい授業だと思った。楽しい時間をありがとう。
（上田真由美さん）

わ〜，うれしいな，うれしいな。

かわいいイラストまで入っています。彼女の授業の評価は「Ａ．楽しかった」だから，「楽しい授業は先生らしい授業」だってこと？
楽しい授業が私らしい授業だと子どもに評価してもらえるなんて，先生に対するほめ言葉の中では最上級の部類に入るんじゃないかな。

他にも素敵な感想文があるので，紹介しておきたいと思います。

□今日の授業は，とても楽しかったからすぐに時間がたったような気がする。卵が立つなんて思わなかったから立ったのを見た時はなかなか感動でした。
　　　（堀　修子さん）
□とにかく楽しくて，自分にもできたのがなによりだった。これからもよろしくお願いします。
　　　（本田佳江さん）
□卵立てなんかあまりしないからおもしろかった。でも立たなくてくやしかったなぁ〜。また，こんなのを授業でして下さい♡
　　　（野中奈美さん）
□卵を立てようと，皆，チャレンジ精神でがんばっていて，楽しい授業だった。こういう授業を多くとり入れてほしい。
　　　（村山幸一君）
〔文中の生徒名は一部仮名です〕

〈卵立て〉がおすすめです
●子どもたちのステキな写真を撮りたいときに

滝本　恵　埼玉・川越市城南中学校

笑顔の写真ってむずかしい

みなさんは,カメラに向かってニッコリ笑顔を向けられますか? 私はそういうのがまったく苦手。「さぁ,撮るよ〜」なんてカメラを向けられると,急にかくれたくなってしまいます。とくに子どもの頃はそうだったなー。小・中・高校生の頃の笑顔の写真なんて,まずないんじゃないかしら。

今の子どもたちの中にだって,きっとそういう子はいるはず。プリクラがはやっているご時世ですが,カメラに向かってすぐにステキな笑顔を作ることができる子って,そんなに多くないような気がします。

でも今,私の手元には,私が授業で教えている中学3年生の子どもたちの〈とびきりステキな笑顔の写真〉がいっぱいあります。

現像をお願いした写真屋さんのお姉さんも,「ステキな写真ばっかりですねー。私,中学生ってもっと怖い顔してるのかと思ってました。え? 中3なんですかー?! ウソみたい! 男の子も女の子もかわいいですねー」なんて言ってくれたんですよ。ほんとに,いい顔してるんです,みんな。

最初の授業で

でも,そんな写真が撮れたのは,べつに私の腕がいいからではなく,それは〈卵立て〉のおかげなんです。(板倉聖宣『科学的とはどういうことか』仮説社,の中のお話を元に大橋辰也さんが作ったプラン。『たのしい授業プラン国語1』同,に収録)

中学3年の彼らとは3年目のつきあいですが(私は副担任デス),昨年は,4月の最初の理科の授業に〈卵立て〉をやりました。

「コロンブスの卵」というプリントを読んでから,一人に一個ずつ生卵を配り,机の上に立てられるかどうか挑戦してもらうのです。

そして,ここで一言,こういっておきます。

（もしも卵がホントに立ったら私を呼んでください……写真を撮りま～す。）

はじめの5～10分くらいは、だーれも立てられなくて、時にはイライラした感じになったりもするのですが、そのうち誰かが、

（たったぁ～！）

……なんて叫んでくれると、あとは連鎖反応のように

（あ、立った..）（やり～）
（センセ、早く早く2つ立った～）

ってなことになり、私はカメラを持って教室の中をかけまわることになるのです（4クラス、どこもそんな感じでした）。

なが～い（?）苦労の末、やっと卵が立った時の子どもたちは、ほんとにうれしそう！ 普段おとなしい子でも「ピースサイン」なんかしてくれるし、普段からハイな子は、ますますノリノリになってくれます。「先生、先生、早く来てー！」と大騒ぎです。

けれど、なかなか全員の卵が立つというわけにもいかないので、後半は、「誰かの卵が立ったら、周りの子も一緒に写真を撮っちゃおう」と声をかけるといいみたいです。なるべくたくさんの子どもたちの写真を撮りたいですから。

〈卵立て〉をはさめば

子どもたちの笑顔って、プロの写真屋さんでもそんなに撮れるものではないそうです。でも、見事に立った卵を前に、カメラをまっすぐ見つめたアップの写真は、どれもとってもイイカンジ！ だから、この写真、卒業アルバムにもとても役に立つんですよ。

楽しみごとを間にはさんで、みんなが笑顔になれる、そんな〈卵立て〉、おすすめします。ちょうど仮説実験授業で実験結果が出た瞬間のように、子どもたちのステキな笑顔にたくさん出会えますよ！

あっ、もちろん写真を撮るのが一番の目的ではありません。「楽しい1時間を過ごしたいな」っていうときに、とってもいいプランなんです。

かわいい笑顔にいっぱい出会えて、子どもたちのこと、もっと好きになっちゃうかもしれません。

やりかた

〈卵立て〉の成功率は，新品の卵を使う最初のクラスだと3～4割。その卵を使って他のクラスでやると，6～7割くらいに上がります。黄身の移動で重心が下がって，立ちやすくなるのかな？

成功させるためには，卵を振るのもいいみたい。卵によって立ちやすいものとそうでないものがあるので，なかなか立たない子には「立った子に，卵貸してもらうといいよ」なんて声をかけました。

用意するもの
・生卵……一人に1個。割れたときのために，1クラス10個くらい予備があると安心。
・カメラとフィルム
・ティッシュペーパー・ビニール袋……卵が割れたときに役立つ
・感想文用紙……立った子も，立たなかった子もどちらも楽しんでくれたことがわかってホッとできると思います。

子どもたちの感想

♣立てるまで苦労したけど，立ったら何回も続けてできた。立った時は感動！(三上真祐子さん)

♣生卵がピタッ。と立った時は，「えっほんと！」「うぁっ，すごーい！」ってかんじでしたね。ひそかに幸せかんじました。
　　　　　　　　(安部尚美さん)

♣ぜんぜん立たないー。すっごいくやしいー。くやしくて×2食べてしまいたくなるわ!!っていうか，おうち帰ってもっかいやる。(篠崎紘子さん。翌日，「家でやったら立った」と教えてくれました)

♣卵は立ったっ!! すごくうれしい。の図。(小島絵里子さん)

♣卵が立つなんて，そんなことは絶対にない!!と思っていたが，本当に立ったときはおどろいた。自分で卵は立つと証明してしまったんだなぁ……。
　　　　　　　　(石川礼子さん)

♣いっけん不可能のように思えることも，じつはできるんだとかんじました。きっと世界中，宇宙中で，みおとしてしまっていることも同じようにある気がしました。すごいことでも可能にじつはできることあると思いました。立ったのでよかったです。
　　　　　　　　(工藤愛子さん)

新学期 親・子・教師が仲好くなる季節

(No.63, 88・4)

佐々木邦道
千葉・柏市大津々丘第二小学校

●出会いはいつも，仮説実験授業

4月，新しい子どもとの出会いの時です。持ち上がりの時は別として，子どもたち，そして親は，「今度の先生はどんな先生かな？」と興味津々です。教師の方は，「どんな出会いをしようか」と，少なからず頭を悩ませる時期だと思います。出会いは第一印象が大切です。

「あ，この先生なら一年間楽しくやっていけそうだぞ」

「なんか，ほかの先生がやらないことをやってくれそうだ」

と思ってくれれば最高です。やっぱりそのためには，「楽しい授業」が一番です。なかでも，「仮説実験授業」を私は選びます。「ものづくり」なども入れていきますが，頭を使う満足感を知ってもらいたいし，授業に対する見方もいろいろ教えることが出来るので，仮説実験授業を選ぶわけです。

●授業参観で仮説実験授業

でも，子どもたちだけに楽しんでもらうのではもったいないです。子どもたちは，家に帰って仮説実験授業のことを親に話すでしょう。親は，子どもたちが「授業が楽しいと言っている。それなら安心」と思うでしょうが，それではもったいない。仮説実験授業は大人が受けても楽しい授業になるのだから，いっそのこと，親に対しても授業をしてしまったらどうだろうと思いました。大人は学校の勉強から遠ざかっていますから，意外に，問題に対して，新鮮な印象があるようです。そこで，授業参観時に，子どもたちと一緒に仮説実験授業に参加してもらい，子どもたちとは別に予想分布表を作って，スリルを味わってもらうことにしました。

ご両親は子どもたちと一緒に授業に参加することによって，小学校時代を思い出すようです。子どもの心の中の動きや手を挙げない子の気持ち，手を挙げていないのに「指されるのではないか」という不安な気持ちなど，子どもの身になって考えてあげられる授業参観になります。ふつう，授業参観

というと，どうしても終わった後で「何で今日は手を挙げなかったの」とか，「何であんなところを間違えたの」というように，子どもが責められる場になってしまいます。しかし，仮説実験授業の場合は，その関係が逆転することがしばしばあります。

とにかく，授業参観に，子どもたちと一緒に仮説実験授業を受けてもらい，授業の楽しさを味わってもらえれば幸いです。

●懇談会でも仮説実験授業

以上のように初めての授業参観で仮説実験授業をやり，雰囲気を味わってもらうのですが，私は懇談会でも，授業書をやりながら話を進めていきます。こんどは親同士の〈科学の勉強会〉といったところです。初めての懇談会は教師の方針や考え方を紹介する場だと思います。そこで，私は言葉で説明するよりも，授業書を体験してもらうなかで，自分の考え方をわかってもらうことにしています。

一番短時間で，仮説実験授業を体験できるものとして，授業書案〈電気を通すもの・通さないもの〉を行います。この授業書は「１円玉や10円玉が電気を通すか，通さないか」を予想して実験していくなかで，「金属光沢のある物は電気を通す」「金属は電気を通す」ということを理解させるものです。「金属光沢を持つ物は，電気を通しますね」とまとめた後で，「では，ジンタンはどうでしょう」という問題を出しますと，前にまとめていながら，かなりの人がまた間違えます。この実験を通して「まとめをいくらかさねても使える知識にならないんだ」ということを実感してもらいます。そして，仮説実験授業の概要をお話しします。

このように，仮説実験授業の楽しさや考え方を理解してもらっておけば，それから先の「楽しい授業」がとってもやりやすくなってきます。また，ご両親も授業の楽しさが理解でき，体験を通して教師の教育観を理解することができるので，「子ども―教師―親」の３者の関係が，以後スムーズに流れるようになっていきます。これは，仮説実験授業の思想のなかに含まれる〈押しつけの排除〉〈楽しさの追求〉ということが影響しているのではないかと思います。

●学校は楽しいところ

懇談会というと，なにか「子どもについて文句を言われるところ」「先生の説教を聞きに行くところ」などというように，親にとって苦痛でたまらないところという

感じがします。でも、「学校は楽しいところだ！」という感じを親に持ってもらい、「あー、きてよかったなぁ。この次はどんなことをしてくれるのかなぁ」と、お母さんとウキウキするような会にしたいと思います。まぁ、問題のある時は、いやな話をしなければならない時もありますが、基本的には、「公民館・教育講座」という感じで、会を進めていきたいです。

● お母さんの感想文

　以上のように、４月、初めての授業参観と懇談会を利用して、子どもと、親と、ともに良い関係でスタートをきっていくわけです。そこで、２回目からの懇談会では感想文をとるようにしてみました。懇談会が「楽しいもの」になっているかどうかを判断するためです。無記名にしましたが、みなさん、記名で出してくれました。

遊佐さん：(懇談会を)ドキドキしながら楽しく過ごしました。学校での様子もよく分かりました。実験を通してものごとを理解できる子どもたちは幸せです。このような授業を時間の許す限りお願い致します。晃子も楽しみにしています。

中井さん：理科の実験をワクワクしながら見ました。子どもたちも、きっと同じような気持ちで見ているのでしょう。楽しい授業をこれからもお願いします。

若松さん：先生が子どもに教えていることがそのまま私に伝わっていることがよくわかりました。授業内容を話している時の子どもは、とても生き生きしています。生活環境、学校生活、すべて前とは違い、楽しいこともありましたが、かなりつらいこともあったようです。でも、くじけずよく頑張ったと思います。先生にはいつも感謝しています。

　若松さんは、９月に転校してきた子です。初め、かなりいろいろな面で戸惑っていたようですが、やっとなれてきました。懇談会の時、お母さんは、「英里は、とにかく学校であったことをよく話すんです。理科でやった問題を私に出して、よく教えてくれます」といっていました。

　４月から行っている仮説実験授業を中心にした懇談会、なかなか予想どうりに進行して好評です。

　やっぱり、出会いの楽しさが１年をきめるのかもしれないなぁ!!

4月, 最初の出会いは爆発だ

(No.49, 87・3)

● 高校生も「投票方式」なら予想をたててくれます

大阪・加納高校 吉村 烈

出会いは激しく

 4月というのは,何となく心ウキウキする季節です。でも,一方で「最初の授業をどうするかナ。うまく生徒たちと出会えるかな」という不安なトキでもあります。

 僕も今年は,去年教えた生徒たちと一緒に2年に進級。生物を教えることになりました。

 生物とはあまり関係がないのですが,今年は〈燃焼〉をやってみたいなと,去年から思っていました。実験ですっきり結果はでるし,「燃える＝酸素と結びつくこと」というのがノーミソの中にきっちりイメージできるし,それに実験がハデだしね。まさに「科学」という感じがするでしょ！

 それで,3月(1986年)末,兵庫での「たのしい授業ゼミナール」と東京での「たのしい授業フェスティバル」で,〈燃焼〉の関係のところをウロウロしたのですが,その結果,「〈燃焼〉をやる前には〈もしも原子がみえたなら〉とか〈いろいろな気体〉をやった方がいい」ということがわかりました。〈燃焼〉で最初から,「わーっ,

へーっ，すごい！」という授業をしようと思っていたのですが，そうすると「酸素分子が飛びまわったり，くっついたりするというイメージがふくらみきらずに，もったいないなぁ」と思ったのです。

そこで，〈燃焼〉の前に〈もしも 原子 がみえたなら〉をやることにしました。でも，〈もしも 原子 がみえたなら〉は少しジミだし，仮説実験授業の授業書にしては問題も実験もなくて，少しやりにくそうです。

その時，フェスティバルで見せてもらって，とてもビックリして買いこんだ「圧電ポン」のことを思いだしました。でも，これだけだと「わーッ！（びっくりしたー）」でオシマイ。「やっぱり予想をたてて，ノーミソを動かして，最後にポンできめたいなぁ」と思って探すと……，ありました。静岡 の 高村紀久男さんの〈爆発〉のプラン（『たの授』No.4 収録）。これだ！　きっと高2の連中も喜んでくれるにちがいありません。(『ものづくりハンドブック1』参照)

* 　* 　*

この〈爆発〉のプランを1時間でやるために，8ページの小冊子にすることにしました。
(「先生，ヒマやなぁ」という声もありましたが……)「お話のところを少しけずったので，少しわかりずらいかな」とも思ったのですが，好評でした。

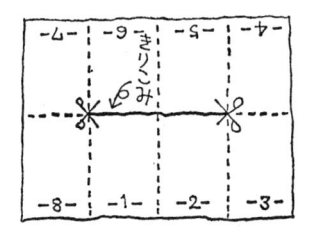

最初は お互い緊張 して，借りてきた猫の対面 みたいな ものですが，質問が先に行くにつれ，リラックス。高校生との出会いのミニ記録，一緒に楽しんでください。

爆　発——ミニ授業記録

吉村　今日から生物の授業をやります。去年僕の授業をうけた人は知ってると思うけど，授業は二通りのやり方でやります。一つは「テストに出る授業」。テスト前になったら教科書を使って，大事なところに線をひいてもらって，テストに出るところをやります。もう一つはプリントを使って，予想をたててもらったり実験をする授業で，「仮説実験授業」といいます。

　教科書の方はわかると思うけど，プリントを使う方はどんなことをするのかよくわからないと思うからね，今からこのプリントをやります。(といって配ります)

　えーっと，このプリントをこう折って(折り方を説明)，こうすると，8ページの小さなパンフレットになります。中を読むなよー。じゃ，1ページ。題は後で入れます。

　では〔質問1〕，誰か読んでくれなーい？　じゃ，僕が読みまーす。

タイトル「　　　　　　　　　　　」(題は後で入れます)

〔**質問1**〕
でんぷん粉(コーンスターチ)を小さなお皿にとって，マッチで火をつけたら，どんなふうに燃えるでしょうか。
予想
　ア．うまく燃えない。
　イ．おだやかに燃える。
　ウ．はげしく燃える。
結果

吉村　はい，予想を立てて下さい。自分の予想に〇をつけてなー。
　それで，去年は手をあげてもらったんだけど，恥ずかしいとか言う人もいるから，今度はこんな投票用紙みたいなのを作ってみました。このア，イ，ウのどこかに〇印をつけてね。よかったら理由を書いて下さい。

予想投票方式

　この「予想投票」方式。最初は「やりたい」と思わなかったのです。予想をたてるタノシミの一つに「誰がどの予想をたてているか」というのがあると思うのですが，「それを なくして しまうことになる」と思ったからです。

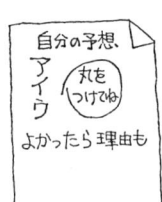

　でも，この授業で，最初のクラスは手をあげてもらっていたのですが，十数人からだんだん減って，〔質問5〕ではなんと5人！になってしまったのです。「仮説をやる時には，予想をたてるところまでは束縛したい。それより先は自由でよい」というふうに僕は考えているのですが，「〈予想をたてる〉ということで束縛するには，この予想投票の方式がよいのではないか」というように考えるようになりました。

吉村　はい，じゃ悪いけど，うしろの人から集めてきて下さい。
——集めた用紙は，一枚ずつ「ア」とか「イ」とかと読んで，「正」の字で黒板に表を作ります。理由も黒板に書くと，わりと読んでくれます。（予想の集計は2年5組のものです）

　予想分布　ア. 14人　イ. 17人　ウ. 3人
　㋐の理由　「でんぷんが燃えたら，天ぷらの時，危なくてしょうがない」「台所に置いてあるから，燃えるとあぶない」
　㋑の理由　「たんぱく質だと思うから」
　㋒の理由　「かん」「ピンときたから」

吉村　はい，こんなふうになった。アが14人，イが17人，ウが3人。意見変わりたい人とか，特に何か言いたいっていう人ない？

　　　　じゃ，実験をやります。

　　　　蒸発皿の中にでんぷんを入れて，マッチの火を近づけます。その瞬間は，みごとなほどシーンとなります。

吉村　な，わかった？　答えはア！（「えー！」「実はそう思っててん」などなど）

　　「結果」のところに⑦だった人は「予想通り」，その他の人は「うまく燃えない」と書きなさい。じゃ，次いくどー。

〔質問2〕

でんぷん粉をバラバラにして，空気と混ぜて火をつけたらどうでしょう。

予想

　ア．うまく燃えない。
　イ．おだやかに燃える。
　ウ．はげしく燃える。

結果

吉村　〔質問2〕。今のでんぷん粉をこうやって……。（と言って，ストローの奥の方にでんぷんを入れて，フッと吹きます）こう，……ブワッとなるな。

　　このブワッとしたのを，絵の通り三本持ってきたけど，「このろうそくのところへ吹きかけるとどうなるか」というのが問題です。

ほな，さっきと同じように予想をたてて書いてな。

（ザワザワ。「こんどは燃えるやろ」「イやで」「ウやで」など）

予想分布　ア．12人　イ．16人　ウ．6人

⑦の理由　「教室で実験するぐらいだから」

④の理由　「6組のやつに聞いたから」「ローソクがきれい」

⑦の理由　「空気とまぜると燃えるから」

吉村　えーっ，こんなふうになりました。何かいいたいことある？
　　特にない？　じゃやってみます。（シーン！）聞こえた？

生徒たち　えー？　何？

吉村　もっかいやるぞ。静かにして，シーッ！　耳を澄ませるんやで。じゃ，やるぞ。（かすかに「パチパチッ」の音）

生徒たち　聞こえへーん！

吉村　聞こえたな，なッ！（といって前にすわっている子の同意を求めます）はい，どれかな？　ウ……ウ？　イかな？　ウにしとくか。はい，答えはウ！（このへんはオシツケだなぁ）

　この実験，本当の答えは⑦だと思うのですが，うまくいかないのです。一回目は……ろうそくの近くで吹きつけて消してしまいました。

　二回目以降は，そうならないように，ブワッとなったところがろうそくの上にくるようにしたら，パチパチという音はするのですが，「はげしく」というふうには言えません。

　雨がつづいたのでデンプンがしめったのかなぁ。

（編集部注：追試してみました。湿っていても火力を増せば大丈夫です）

吉村　じゃ，次のページ読むよ。誰か読んでくれなーい？
　　　うーむ，じゃ読みます……。

> **ものが燃える**
> 　ものが燃えるとは，空気の中の酸素と反応することです。でんぷん粉が集まっている時は，表面の空気にふれている部分から徐々に反応していきます。
> 　燃えるものが細かくて空気とよく混じっていると，短時間に全体が反応するので，激しく，あるいは爆発的に燃えます。

吉村　わかる？　じゃ次にいきます。
　　　〔質問3〕。今まではでんぷん粉やったけど，これからアルコールを使ってやります。

> **〔質問3〕**
> 　アルコールを小さじ2はいほど，小さいお皿に入れて火をつけたら，どんなふうに燃えるでしょう。
> **予想**
> 　ア．うまく燃えない。
> 　イ．おだやかに燃える。
> 　ウ．はげしく燃える。
> **結果**

吉村　えー，小さじがないので，このフタに半分くらい入れて，このお皿（蒸発皿）に入れます。「それに火をつけたら，どうなるか」というのが問題。
　　　はい，自分の予想に○をつけてね。よかったら，理由も書いといてな。

せや,「はげしく」と「おだやかに」をどう区別しよう。こう, ブワッと上まで火がきたら⑦で, このへんやったら④いうようにしようか。(といって, 手でだいたいの高さを示しておきます) そしたら, 集めてきてー。

予想分布　ア．4人　イ．16人　ウ．13人
⑦の理由　「燃えたら熱カンができん」「やったことある」
④の理由　「ぼくはＵＦＯを見た」「ローソクたらし」
⑦の理由　「アルコールだから」「だいたい先生の根性からすると次はウだから」

少しほかのクラスの理由を紹介すると……
⑦の理由　「どっかのプロレスラーがやっとった」
④の理由　「アルコールは燃えやすい」「アルコールランプと同じやから, おだやかに燃えると思う」
⑦の理由　「料理なんかでよく使うから」

こういうふうに「投票用紙」方式だと, 理由まで書いてくれて, うれしいもんです。もっとも「ＵＦＯを見たから」とか, ふざけた理由も出てきます。正直いって弾圧したい気分だし,「ア．〇人」って黒板に書いている時は無視したりもします。

でも, 一方では迷う気持ちもあるのです。というのも, 去年教えていた1年10組というクラスがわりとそういうオドケの連中が多くて, 去年の記録にも書いたのですが,「先生, オレ理由いいたい！」とか言って手をあげるので,「よしッ」って感じで当てると,「ハイ, 今日アサメシ食ってきたからー!!」なんて言うのです。山路さん（山路敏英：東京・葛飾区金町中学校）に学んだ笑顔もピクピクとひきつってしまうのです。でも, その一方で, とてもちゃんとした理由を言ってくれるクラスでもあって,「理由がいえるようになる過渡期として, こういうふざけた理由の出る時期があるのかなぁ」と思っています, う〜む……。

吉村　はい，何か言いたいことある人いるか？　ほなやってまう
　　で。ほれ！（と言って火をつける。少し青い炎がたって，きれいで
　　す）
　　　はい，これは……（「イヤ！」「おだやかにやね」なんて生徒は話
　　しています）おだやかに燃えるやな。答えはイ！
　　　イに○をした人は「予想通り」とか「私はカシコイ」と書き
　　なさい。その他の人は「おだやかに燃える」と書いてな。
　　　じゃ，次。どんどんいきます。〔質問4〕。読むよ。

〔質問4〕

アルコールを細かい粒にして空気と混ぜて火をつけたら，ど
んなふうに燃えるでしょう。

細かい粒（霧状）にして空
気と混ぜるには，霧吹きで空
気中に吹き出せばよいのです。

予想
　ア．うまく燃えない。
　イ．おだやかに燃える。
　ウ．はげしく燃える。
結果

吉村　「アルコールを細かい粒にして」，はい，ここにこれをもっ
　　てきました。（といって霧吹きを見せる。そしてアルコールを入れ
　　て，黒板の前で霧にして見せます）
　　　はい，「この霧を火のところにシュッと吹きかけるとどうな
　　るか」というのが問題です。わかった？
　　　はい，自分の予想に○をつけて下さい。こんどはアルコール
　　を霧みたいにするとどうなるか……ということね。

予想分布　ア．2人　イ．17人　ウ．16人

このへんの問題になると，「ふつうにして燃えるから，空気にふれるともっと燃える」とか「なるほど」という理由がふえてきます。黒板にそれを書き写す僕もニコニコ。

吉村　じゃあ，やってみるよ。意見かえたいって言う人いない？

　　　じゃ，やります。（二三回，空中にキリがうまく吹き出すのを確かめた後，ろうそくに向かって吹きつけると，ボウッと大きな音をたてて「火の海」という感じになります）

生徒たち　ワーッ！　やったー！　先生，もっかいやってー！

吉村　はい，ということで答えはウ！　ウに○した人は「予想通り」，その他の人は「はげしく燃える」と書きなさい。

　　　じゃ，最後の問題。〔質問5〕，誰か読んでくれなーい？

　　誰も読んでくれなーい？　じゃ僕が読みます。

〔質問5〕

　アルコールは放っておくと，どんどん蒸発していきます。蒸発するというのは，アルコールの分子が一つひとつバラバラになって飛び出し，空気の分子の間に混じっていくということです。アルコール分子の一つひとつは霧吹きでできた粒などより，けた違いに小さいのです。

　さて，アルコールの蒸気が空気と混じっているところに火をつけたらどうなるでしょう。

予想

　ア．うまく燃えない。

　イ．おだやかに燃える。

　ウ．はげしく燃える。

結果

吉村　「アルコールは放っておくと，どんどん蒸発していきます。……火をつけたらどうなるでしょう」というので，こういうものを作ってきました。（といって，プリントの7ページ目に載せておいた「圧電ポン」を見せます）

　これに，これぐらいアルコールを入れます。

──と言って，綿に含ませたアルコールでフィルムケースの口のところを軽く拭くようにします。雨がふって空気がジト〜ッとしてる時は，うまく「ポン」といってくれないので，少したっぷりめに。（何回か練習してみるといいでしょう）

　で，こう（パチッ）とふたをして，この黒いのがライターの圧電素子。カチッ押すと，この木ネジの間を火花が飛ぶんだけど，そうしたらどうなるか……というのが問題です。

生徒たち　ザワザワ。「ふたをしめてしまうんやろー，これはあかんで……」など。

吉村　じゃ，さっきと同じように自分の予想をたててな。

　予想分布　ア．12人　イ．12人　ウ．13人

　㋐の理由　「あぶないもん」「ウやったらフィルムケースがとけるゾっと」「ふたをしたら酸素がなくなるから」

　㋑の理由　「皆木さんが言った」「先生，おもしろくって，好きだよ」

　㋒の理由　「うちのヒーターもこんな装置やから」「フィルムケースが爆発する（フタが飛ぶ）」「10組かどっかで見た」

吉村　はい。こんなふうやな。（一応，全部の意見をもう一度読みます）

　何か言いたいことある人いるか？　まぁ，こういうのはやるに限るな。はい，やりまーす。（シーン）

ポン　　　生徒たち　わー！　きゃー！　えーっ!!
　　　　　　　　なにーっ!!!
　　　　この一瞬がダイゴ味。2回カチッとやってうまくつかなかったクラスでも3回目にはポン！

吉村　はい，ということで答えのウ！（まだ生徒たちは興奮がさめな
　　い様子でザワザワ）最後のページいくぞー。じゃ読むよ。

爆発

　アルコールも，でんぷん粉と同じように細かい粒にして空気と混ぜて火をつけると，はげしく爆発的に燃えます。アルコールは放っておくと，どんどん蒸発していきます。蒸発するというのは アルコール分子が一つひとつばらばらになって飛び出し，空気の分子の間に混じっていくことです。ですから，これに火をつけると瞬間的に全体が反応し，たいへん激しい爆発になります。

吉村　はい，というふうにアルコールも分子一つひとつばらばらに
　　なって空気と混ざると爆発するわけです。
　　　誰か理由でも書いてたけど，これはエンジンといっしょな。
　　ガソリンを細かくして火花を飛ばすと，爆発してエンジンが動
　　くわけや。
　　　えーっと，じゃあこれからもこんなふうなやり方でやってい
　　いか……っていうことも知りたいから，このアンケート書いて
　　みて下さい。

　　　　　　　　　　＊　　＊　　＊

　このアンケートの結果がとてもステキだったのです。去年からこの学年を教えてよかったなぁーという感じです。
■先生の授業は1年の時からすごい好きです。（畔柳さん）

■1年の時も先生はおもしろかったけど，これからもおもしろい先生でいてください。今日のじっけん，おもしろかったよー。（阪本さん）

いろんな感想

　感想とともに5段階で授業の評価を書いてもらいました。5が「たいへんたのしかった」，続いて「たのしかった，ふつう，あまりたのしくなかった，ぜんぜんたのしくなかった」の順です。

■はっきりいって心臓にわるいです！　心臓にふたんのない実験だったらいいよ！（5：元山）

■ふつうの授業よりたのしいけど，うち，今日，むっちゃだるいからふつうです。先生，おもしろいからさいこーや！（3：木本）

■さいごはびっくりしたわー！　でも，おもしろかった。こんなんやったら毎日やりたい。こんなんやったら，むずかしい勉強もたのしく覚えられる。ありがとう！　またきてね！（5：きよみ）

■中学の時も理科の先生はやさしくてたのしかったけど，こんな授業ははじめてでとてもたのしかった。こんな授業があると，すごくたのしいのになーっと思った。最後に，たのしそうな先生と思った。（5：黒木）

■今までの授業とちがってたのしかった。きっと好きになれるだろう。1年間こんな授業がつづけばいいと思う。実験もたのしかった。（4：植田）

　他にもいっぱい書いてくれました。「ひとこと」の欄にこれほどたくさん書いてくれたのもうれしかったし，「よかったら名前……」と書いておいたら，自分の名前をわざわざ書いてくれた子が多かったのも感動でした。先生になってから，ずっと「小学校っていいなぁ」と思っていたけど，「これなら高校の先生もやっぱり捨てがたいなぁ」という感じです。

最初の授業が終わって

一つ気になっていたのは，やはり，予想をとる時に「投票用紙」を使ったことです。高校生を相手に仮説実験授業をやると，僕なんかはやっぱり手をあげてくれないのが気になります。2度，3度と手をあげてもらっても，数が増えずに減ったりすると本当に情けなくなります。だからといって，「くええかげんにせぇよ！〉と怒って手をあげさすなんて，仮説じゃないよなぁ」とも思います。他に，「一人ひとりの名前を呼んで手をあげてもらう」というやり方もあると思うのですが，いろいろ考えた末，僕は紙に予想（と理由）を書いてもらうことにしました。

というのも，「高校生が手をあげないのは，間違うのがこわかったり恥ずかしいからではないか」と思ったからです。だから，「自分が何を予想しているのか，他人にわからないようにすれば，自分の予想が何かを表明してくれるだろう」と思ったのです。

紙に自分の予想を書いてもらうということは，この〈予想を確かめる一つの実験〉という面もありました。

実際，このやり方をすると，ほぼ100％の生徒が予想をたててくれます。驚いたことには「よかったら理由も」と書いてある欄に理由も書いてくれる生徒もわりといたのです。

しかし，「生徒は本当に喜んでくれているのか」というのは最後まで不安でした。何せ，ただでさえたんたんと進む仮説実験授業が，「たんたんそのもの」という感じになってしまうのです。

記録を読んでいただくとわかると思いますが，僕のしゃべっているところが多いです。というより，生徒の声がほとんどないというありさまです。

だがしかし，感想文を読んでとてもほっとしたことは，このやり方についての不満（去年は12クラス中7クラスで仮説をやったので，今年教えてる生徒の半分ほどは仮説を受けてきた子ですが）はありません

でした。「紙がもったいない」という子が一人いた他は,「手をあげる方がいい」という子はいませんでした。よかったぁ。

でも,正直言って,やっぱりこのやり方は邪道じゃないのかなぁ。「はい,アの男子!」とか言った時に手をあげて意見言ってくれると,意見はともかく手さえあげてくれればウレシイんだがな……ということは感じます。だから,このやり方(「なのに」かな?),少しとことん使ってみて,限界がどこにあるのか,どういう時には使ってよくて,どんな時にはダメなのか……ということを知りたいと思っています。

* * *

1学期がはじまって,もう2週間たちました。この「出会い」の授業の後,生物Aで〈生物と細胞〉(本誌№45参照)をやってみました。これもすごくたんたんと進みました。僕自身不安だったのですが,アンケートをとるとわりといい感じです。生物Bの方では,学校が発泡スチロールを2万5千円分も買ってくれたので,模型を作りながら〈もしも原子がみえたなら〉ができそうです。

━━━━━━━━━━━━━━━━━━━━━━━━圧電素子を扱います

圧電ポンに使う「圧電素子」を仮説社で扱います。これはガスレンジやガス湯沸器などの発火装置に使われているものですが,単品としても電気部品屋(パーツ屋)さんでは扱っています。

圧電素子1つ300円。

お申込みはお電話か電子メールでお願いします。価格は2000年現在のものです。別途,消費税と送料がかかります。

なお,圧電ポンの作り方は『ものづくりハンドブック1』(仮説社)にくわしくのっています。

(No.63, 88・4)
● 小学校1年生の4月，〈足はなんぼん？〉の授業

学校って勉強するとこじゃないの？

岡山・赤磐郡山陽西小学校　中原智子

ガ〜ン，1年生の担任だなんて

1987年4月1日，うららかとは言えない花びえの日。校庭の三分咲きの桜をながめながら，新年度の担任発表がありました。

〈今年は仮説実験授業をいっぱいして，カシコクなろう！〉と考えてた私の担任希望は，もちろん高学年。

さて，校長の発表が始まりました。教頭・教務・専科担当とつづき，そして，「1年生 ── 中原智子教諭」と呼ぶ校長の声。

えっ？　うっそぉ〜！

〈あー，1年生の担任になってしまった。これじゃ仮説実験授業ができないんじゃないか。せっかく仮説とめぐりあえたのに……〉なんというエイプリルフールの日のマジな会。オシッコの失敗，しつけの山，学校のきまり，いろいろあるなあ。あ，字も書けない。私の言葉のイミなんてわかるのかなぁ。給食もめんどうだろうナ。──グルグルと思い浮かぶのはやっかいなことばかり。

かくして，〈いっぱい仮説をやるぞ〉というタクラミは今年1年消えさり，小学1年生のおもりをすることになったのです。

センセー，いつ勉強はじめるの

　1987年4月7日，入学式がやってきました。35人のガキとの出会いの日。1年D組。男子17人，女子18人。なんとか教室にすわっています。式もおわり，期待いっぱいの親にもあいさつ。

　こうして，1年生との生活が始まりました。

　とはいうものの，ランドセルをしょってやってきた子どもたちの期待とはうらはらに，次の日やったのは，道具の出し入れ，トイレの使い方，地区児童会の説明。その次の日は給食の説明。するとうまいんだよねえ。きちんとおかずも入れるし，牛乳びんも割らない。うひょ〜。去年の3年の子よりうまいよ。子どもに「すごいね〜」と言うと，平然と「だって，保育園でやったモン」。少し見直しました。

　それから，交通教室，身体検査，学校めぐり，合同体育……と結局えんぴつを一度ももたないまま，1週間が過ぎていきます。学校へいきいきとした目をしてやってきた子どもたちが，「センセー，字もかかんから，エンピツけずらんでもよかったなあ」って言うんですよね。ランドセル，空なんだけど持ってきたり。「センセー，いつ勉強はじめるのー」と聞いてくる子どももだんだん出てきました。実は，このときには教科書の勉強も始まっていたんですが，算数は〈おはじきならべ〉だし，国語なんかは話づくりとか想像したことの発表ばっかり。「学校って勉強するとこじゃないの？」と子どもたちに言われると，〈そうそう，そうなんだよね〉と思います。授業をしてカシコクなりに来てるのに，それをウラギルようなことしちゃ，ワルいよね。毎日がめずらしいこととか，ちょっとかわったことしたりして，適当に楽しめていたって，やっぱ勉強をしたいヨクボウの方が大きいみたいです。

　〈もう待てない！　私はアレをやるぞ〜〉——気がつくと，やっぱり授業書をさがしていたのです。

〈足はなんぼん？〉ついにはじまる

 4月17日（金）2校時，ついに，ピッカピカ1年ボウズと仮説実験授業の出会いのときがやってきました。

 まだ，字（ひらがな）が全部読めるかどうか，書けるかどうかも知らないのです。数字だってち～っとも習っていません。

 〈こんな小1のボウズと本当に仮説ができるんだろうか〉っていう不安がうずまきます。「よそう」とか「りゆう」とか言ったって，意味がわかるだろうか。それに予想をたてるとき，ちゃんと手があげられるだろうか。まだ，クラスのお互いの子の名前も知らないし，ろくすっぽ発表の仕方もしらないし……。

 だけど，これ以上毎日毎日「〇〇のきまり」「〇〇の仕方」なんてやっていく元気も根性もありません。こうなりゃ，「何をするにも仮説・実験」です。前の日にやろうと決めた〈足はなんぼん？〉がフフフ，ついにとうとう始まるのであります！

*

 黒板に〈あしはなんぼん？〉と書くと，子どもたちが口々に声を出して「アシハナンボン」と言っています。でも，「は」をワと読まずに，ハのままで読んでます。そこで一言，「ハと読みたいところだけどね，これはワと読むんだよ」と私。思わぬところで日本語の勉強ができました。また，子どもは「？」はハテナと読んでいます。おうおう，よく知っているねェ。

 プリントした授業書を配ります。1列に7人すわっているので，7枚をいちばん前の子に渡します。オットー。そうすると，いちばん前の子，7枚全部をうしろへ回しちゃうんです。それで，「先生，ありませ～ん」。実はいちばんうしろの子が7枚もってるという，最初はそんな感じです。

 手にとった子どもらは，「知っとるー」とか「わあー」とか言ってます。

足はなんぼん？

【しつもん】このえの中には，へんなどうぶつがいます。どこがまちがっているのでしょう。わかりますか。足のかずはどうですか。

何も言わないうちから，「あんなへんなやつがおる〜」とさわいでます。

中原 「しつもん」っていうのはね，みんなに聞いているんだよ。
　　　だから，みんなで考えてみようね。

—— 読んでみたいというガキもいて，なかなかコーフンぎみです。はじめてなので，みんなで声をそろえて読みました。こうなりゃ，となりの教室へ聞こえても，もういいですョ。ホント。

読み終えるや

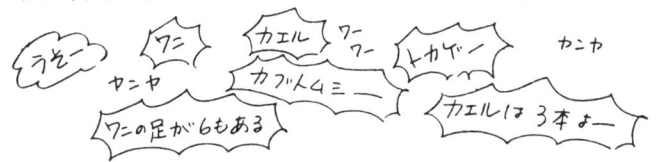

うそー　ワニ　ヤンヤ　カエル　ワーワー　カブトムシー　トカゲー　ワンヤ　ワニの足が6もある　カエルは3本よー

うわ〜。説明もいらない。授業書を一回読んだだけですご〜い。しばらく感激していました。

中原 発表するときは，手をあげてしましょう。

ハイ　ハイ　ハイ

土橋君　カエル。
中原　カエルがちがうの？
吉田君　3本じゃなくて2本！
中原　土橋くんに言ってもらうんよ。
土橋君　4本だよ。
中原　どうも，どうも。
吉田君　カエルの足は2本です。
吉井さん　ワニの足が3本もある！
──ん!?　片方だけ見ているんだな，両方あわせて6本あるのに。
鳥塚さん　ワニは4本よ！
吉田君　あわせて4本よ！　右と左と前と後ろとで4本。
──すごいフォロー。私の出るマクなし。
中原　他の動物でもいいよ。
──だんだんもりあがってきます。
両金君　トカゲ。
中原　トカゲがちがうの？　トカゲの足，何本だろうねェ。
鴨野さん　2本です。
〈ちがう〉〈えーっ〉〈同じでーす〉
山本ヤスヒロ君　トカゲの足は4本です。
〈同じでーす〉〈同じでーす〉
──ムム，片方だけ，数えてんのかなあ。2対ということかなあ。
塩谷君　カブトムシの足は3本なの

仮説実験授業のことをもう少し詳しく知りたいと思っているすべての人に

仮説実験授業

授業書〈ばねと力〉によるその具体化

板倉聖宣著

「この論文は私（板倉）の研究所における仮説実験授業に関する最初の公式論文なので，〈ばねと力〉という一つの授業書による授業が全面に出ているとはいえ，仮説実験授業の考え方がいたるところで具体的に提出する形をとっています」〈前書きより〉
【内容】仮説実験授業と授業書の一般論／授業運営法／仮説実験授業の実施とその成果／子ども感想／終論と課題

2500円（税別）

仮説社

に……これ4こしかない。

〈えっ〉 〈ぜんぶでよー〉 〈りょうほうびよー〉 〈6とかちがうー!?〉

中原　手をあげて言ってほしい～!!
── すると、「ハイ，ハイ，ハイ」って声がいっぱい。
花房君　6本です。
吉田君　カブトムシの足は2本でーす。
小坂君　カブトムシの足は4本です。
中原　もう，いいかな〜？　あと……ゲンゴロウはいい？
森本君　ゲンゴロウの足は4本です！
鳥塚さん　これで，あっとるよー!!
── プリントに足をつけたしたり，よぶんな足に×をつけたり，あっているのに○をつけたり……。子どもたちはえんぴつをもって，プリントにチェックしています。

　それを集計してみると……。

	○	×
ワ　ニ	5	4本23　3本3　2本2
カブトムシ	12	6本15　3本6
カ エ ル	2	4本21　2本7　3本3
ト カ ゲ	4	4本25　2本2　8本1　5本1
ゲンゴロウ	6	4本27

集計は私がプリントを一たん回収して大急ぎでやりました。だって，まだ数がわかってないのがいるからね。「4本！」と口で言っているのに，プリントには6本と書いてたりで，〈こりゃ，先が思いやられるワ！〉という気がします。それでも，おどろいたことに，ちゃんと足を対にして考えている偶数の答が多かったのです。そうして，6本足のワニとかトカゲの，よぶんな足をちゃんと両方1ケずつけしたりできている。ウ〜ム，1年生にして，なかなかやるナ！

*

中原　じゃあ，今度はちがう動物のを配るけど，それにもちょう

せんしてくれる？

ワンイヌヨ？ ナニナニ!? まだかってやる オレはやる気になった 吉田くん あー たのしい 岡りさん

中原　じゃあ，配るよー！

ただしいどうぶつのえは，つぎのページにかいてあります。

	○	×
カ　　メ	3	4本30
ツ　　ル	24	4本5　1本4
ア　ヒ　ル	2	2本31
ク　　マ	33	0
ダチョウ	33	0

——2枚めのプリントを配って，1枚目と同じ要領でやっていきました。集計結果はこうです。

中原　じゃあ，正しいのを配るよ。あっているかなー!?
吉岡君　よっしゃー，うけてたつ!!
岡山さん　○つけてもいい？
中原　う～ん，いいよぉ，赤えんぴつで○つけたっていいよ。
浜君　花マルつけよう。
——言うことがかわゆいねエ。

足のかずがおかしいのです。ほんとうは，このえのほうがただしい

のです。トカゲとカエルの足は4本です。カブトムシの足は6本です。

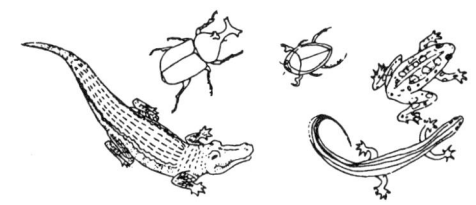

　それぞれ楽しんで見てくれています。プリントを配るスピードもついてきました。全員で文章を読みます。動物の足を「1，2，3」と数えては，「ウワ～イ」「ヘエー」とみていきました。

カメの足は4本で，アヒルの足は2本です。ツルの足は2本ですが，ツルはよく1本足でたっています。1本の足はもちあげているのです。

　さっきと同じように，1つずつ足を数えます。子どもらは「ラッキー」を連発しています。うれしいねエ。
中原　またまたしつもんなんだけど，うけてたってくれるかナ。

〈イイトモ〉　〈イイトモ〉

——黒板に「アリ」とカタカナで書きました。みんな読めるんだよ。「アリンコのアリ」というと，「ああ」とわかった様子。

135

> 1 ア リ
> 【しつもん】アリの足は，なん本あるでしょう。あなたは，アリのえや，ほんもののアリをみないで，アリのえをかくことができますか。からだはいくつにわかれていますか。あしはどこからでていますか。大きくかいてみてください。
>
> ほんとうのアリや，ズカンのアリをみたりして，たしかめましょう。ただしいアリのえを，かいておきましょう。
> （ただしいアリのえは，つぎのページにあります）

なんてったって，ひらがなも習っていないガキだぞ！ それを「うけてたつ！」といきごんでみごとにかいてくれたアリンコの絵。もう，かけたら，一人ひとり見せに来てくれて，まいったヨ。では，一部ですが，子どもの描いたアリンコをごらん下さい。

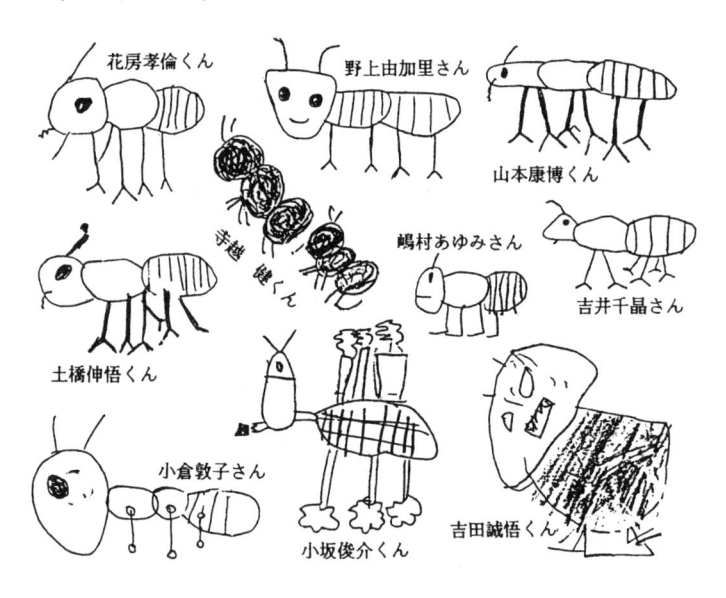

花房孝倫くん
野上由加里さん
山本康博くん
寺越健くん
嶋村あゆみさん
吉井千晶さん
土橋伸悟くん
小倉敦子さん
小坂俊介くん
吉田誠悟くん

授業書のワクいっぱいにアリをかいています。どうして，こんなに夢中でアリがかけるのでしょうか。それに，頭・ムネ・腹部と3つに分け，しかも6本の足がムネのとこから出ている子が2人。予想以上に，かなりマトモな絵が描けていました。
　プリントを集めているうちにチャイムが鳴っています。ウ〜ン，とってもうれしい時間でした。だから，子どもたちの感想が知りたくなります。
　ところが，字は読めるらしいが，とても感想を書くなんて。しかし，カセットテープレコーダーというシロモノがあるこの時代。これを利用すりゃあ，ヨイのだ！　ということに気付き……。
中原　今ね，勉強したこのプリントについてどう思ったか教えて。
　　　かんそう知りたいんだけど……。
子どもら　カンソウ！？？？
中原　あのね，勉強して思ったこと。
──ハイ，ハイ，ハイという声が出ます。（つうじた！）
岡山さん　とってもたのしかった。
吉田君　おもしろかった。
山本コウイチロウ君　アリがうまくかけた。
安東君　どうぶつがでてきた。
中原　とっても楽しかった人

　　　　楽しかった人

　　　　ふつうだった人

　　　　あんまりおもしろくなかった人

　　　　おもしろくなかった人

　　　　またつづきをしたい人

勉強って楽しいよね

　というところで，第1回目の仮説実験授業が終わりました。

　うれしくって……うれしくって……。1年生,それもピッカピッカの1年生が仮説実験授業をしたんだモン。びっくりするくらい授業書の質問のイミが理解できていた。それに，問題を読むことができる子がたくさんいた。授業にすご〜い興味を示していた。べつに1年担任になったからといって，死にそうなくらいおちこむこともなかったナ。これも授業書をしてみてわかりました。やっぱり，「何をするにも仮説・実験」ですね。

　それと，アリの絵を見てくださいましたか？　もし，アナタがこの〈足はなんぼん？〉をされたことがあったら，比べてほしいです。というのは，去年，3年生にこの授業書をやったんですが，そのとき描いてもらったアリの絵と，たいした差がないからなんです。また，体が3つに分かれていて，足が6本とも胸部から出ているという正解者は去年の子の方が多かったですけど，それでも，2年の差を感じさせません。どうしてだろお。

　アリなんて，日頃くつの下でびちょっとふんづけてるかもしれない生き物です。そんなアリを1ぴきていねいに絵にするなんて，本当はとってもむずかしい質問だと思います。だけど，こうしてアリについて考えて，認識をふかめていくことは，1年生にとっても3年生にとっても，ハッとするできごとだと思うのです。

　思えば，勉強がしたくて学校へ来はじめた1年生に，ずいぶん失礼なことを数々してきたなあという気がしました。字がよめなくったって,数を習ってなくったって,ホンモノの楽しさはよ〜くわかります。ひらがなをなぞったり，きまりをたくさん覚えさせられたりで本当の楽しさを見失いそうにならないうちに，仮説実験授業をして，学ぶ楽しさを味わってもらおうと思っています。

　1年生は元気です！

出会いも演出したい！

どーぞよろしくですっ

4の1の先生
らくらくたろう
楽々太郎

(No.165, 96・3)
最初の出会いは名刺でどーも

谷水　聡　東京・学習院初等科（理科専科）

●ネタには全然困ってないけど

「新学年」，新鮮な響きですね。新しい子どもさんたちとのおつきあいが始まります。

これから一年間，楽しく過ごせたらいいなーと私も思います。幸いなことに，『たのしい授業』や『ものづくりハンドブック』など仮説実験授業関係の本には楽しい出会いについてのネタが豊富に揃っているので，困ることは全然ありません。「吹き矢」(『ものハン1』)，「爆発」(本書113ぺ参照)，「着地ネコ」(『ものハン2』)，「コロコロコロちゃん」(『たのしい授業』1995年3月号No.151)，「20のとびら」(『教室の定番ゲーム』)……もういくらでもありますなぁ。

そんなメニューの一つに私が入れているものがあるので紹介したいと思います。

●大人が嬉しいんだから

みなさんは，初めて名刺をもらった時，どんな気持ちがしましたか？　私はすごく嬉しかったです（いつだったか忘れちゃったけど）。〈認められてるんだな〉とか，〈一目おかれてるんだな〉とか，勝手に思っちゃったりして，ちょっぴり偉くなったような気がしました。秋葉原の電気店でも，店員さんから名刺をもらうと悪い気はしません。

8年ほど前に自分の名刺を作ったとき，〈そうだ，子どもさんにも名刺をあげたら，きっと喜んでくれるだろうなー〉と思って，自己紹介を兼ねた名刺をワープロで作ってみました。

```
理科の先生

　谷　水　聡
　（たに）（みず）（さとし）

すき な子：目がキラキラしている子
きらいな子：耳がふさがっている子

しゅみ：山登り,ハイキング,キャンプ,XCスキー,ピクニック
すきな食べ物：カレー,ラーメン,シュークリーム,牛どん,天ぷらそば
```

　そして4月,最初の出会いの時に3年生の子どもさんたちに渡してみたのです（あぁ,なつかしき8年前）。当時は,〈仮説〉や『たのしい授業』など全く知らない私でしたから,「理科室の物を勝手にさわらない」といった注意や席決め,プリントを挟むファイルの配布など,事務的なことをして過ごしていました。"楽しみごと"という発想もありませんでした。でも,〈イイ気持ちでスタートしたい〉とは思っていたのでしょうね。だから名刺なんて作ってみたのでしょう（〈仮説〉に夢中になる素質はあったのかな？）。

● やっぱり喜んでくれた

　子どもさんたちの反応は,私が思っていた以上にGOODでした。どうして分かったかって？　それは,筆箱や定期券入れに名刺をしまっておいて,1年後や2年後,ひょんな時に「ほら先生,名刺まだ持ってるんだよー」なんて見せてくれたり,「自分の机にしまってあるよ」なんて言ってくれる子どもさんがいたからです。

　「へぇー,よく持ってるねぇ……」と話をしていると,「僕もとってあるよ」とか「ホラ！　わたしもね」なんて話が広がって,嬉しくなることもありました。卒業間近になっても名刺のことが話題になることがあったので,〈最初の出会いの名刺というのは,子どもたちにとってなかなか印象深いものがあるのだなぁ〉と思ったのでした。だって4年間も名刺を大事にしてくれる子どもさんがいたなんて,それだけで超ハッピー,スーパーハッピーなことだと思いませんか？

　私は理科専科で,3年生で受け持ったら卒業まで4年間,その学年を受け持ちます。理科専科はもう一人いるので,1年おきに新3年生と出会うことになります。今年の卒業生にも今の5年生にも,名刺を渡しました。

● 2代目はアクロスティック付きだ！

　そして,今年の新3年生には,私がパソコンを扱えるようになったこともあって,モデルチェンジをし

てみました。西多摩仮説サークルで配ってみたらとても好評でした。イラストを入れたり，名前の横にアクロスティックをつけてみました。『たのしい授業プラン国語2』に載っていた松井美紀さんの「最初の授業は〈アクロスティックで自己紹介〉」を読んで，〈そうか，こんなノリでやれば自分の名前でもできそうだな〉と思ったのが名刺のモデルチェンジのきっかけになったのです。

●最初の授業もアクロスティックで

　始業のチャイムが鳴って教室に入ります。3年生はキンチョーして席に着いています。私（谷水）は，いきなり「今日ね，おもしろいお話を考えてきたんだ」と言いながら，黒板にしこしこと書き始めます。

　たぬきが
　にやにや　わらってる
　みみずが
　ずるずる　はっている
　さるは
　といれで
　しりをふく

　「わかったー！」という声に，「シー！まだナイショにしててね！」

　たいやきと
　にくまんと
　みかんを　まぜて
　ずずずうっと　のむと
　さあ　たいへんだ
　とらは　げりして
　しょっくで　きぜつ

　と書いてから，みんなで一緒に読んでもらいました。途中でケラケラ笑い声が聞こえてきます。もうニッコニコ顔。「**たにみずさとし**といいます」と挨拶して消そうとしたら，

　「あー，とっといてー！」

という叫び声。担任の先生にも見せてあげたいそうです。そこで，これを見たら担任の先生は「あきれる」「わらう」「おこる」のどれになるか予想してもらいました。どのクラスでも，「わらう」という予想が多かったです。その後，子どもさんたちを理科室に連れていって，あらかじめ決めておいた席にすわってもらいました。それから……

　　　　　　　＊

谷水　ええと，もう皆さんは，（自分を指さして）この人，私の名前は分かったんですよね。でも，忘れちゃう人がいるかもしれないし，名前の他にも〈この先生は，こんな人なんだな〉って知ってほしいことがあ

るので，名刺を配ります。
子どもたち ええー！めいしー！（わいわい……，教室でのアクロスティックで，最初の授業だという緊張感は無くなっていたみたいです）
谷水 （ちょっと仰々しく）大人の世界ではねぇ，初めて出会った人で，〈自分のことを覚えておいてほしいな〉って思った時には，名刺っていうカードを渡すんです。
誰か うちのお父さん持ってるー。
子どもたち 知ってる，知ってる！
谷水 今日は，私は皆さんと初めて授業で出会ったわけでしょ。そして，私のことを覚えておいてほしいので，名刺を渡すんです。

子どもたち へぇ～。ワーイ！わいわい，がやがや，早くチョーダイ。
谷水 ほんとは一人ずつ手渡したいけど，時間がかかっちゃうから配るね。

*

　さて，この２代目の名刺も反応は上々でした。なぜそう思えたかって？　いつもの年のように，自分で作った名刺でお返しをしてくれる子がたくさんいたからでーす！（小さな紙きれに小さな字でコチャコチャ書いてあって，解読不能のも多いのですが）
　今まで私がもらった子どもさんたちの名刺を紹介しまーす！

いかがなものでしょうか？ 私が特に要求したわけでもないのに，3年生の子どもが私のために作ってくれた名刺です。私が手渡ししてくれるときの顔が，ちょっとかしこまっていて，それも可愛らしいのです。GOOD, GOOD♡

●時間がたつ程に味わい深いです

私は子どもさんたちからもらった名刺を，よく使う引き出しに入れておきます。引き出しを開けるたびに名刺がちらちらと目に入ります。時々ふと読んでみるのですが，1年後，2年後と時間がたつほど"あの時の出会い"が思い出されてほのぼのとした気持ちになります。

●気楽に作ってみませんか

名刺の大きさは，9cm×5.5cmが標準のようです。その大きさで，とりあえず普通の紙に1枚書いてみて，気に入ったのができたらそれをコピーして原稿にします（A4用紙1枚で名刺が10枚分とれます）。あとは，それを画用紙やケント紙にコピーして，ちょっと手間がかかりますが切り離してできあがりです。

イラストが入ったりカラー印刷だと，もちろん子どもさんたちは喜んでくれますが，さほど重要ではないようです。私の印象では〈先生が名刺をくれた！〉ということが，ものすごく大きなことみたいで，文字だけの白黒印刷（8年前）でも喜んでくれました。

最初の出会いに，「名刺」も加えてみてはいかがでしょうか♥

●後日談

この話をお友達の音田輝元さん（大阪・氷野小学校）に読んでもらったところ，次のようなアドバイスをいただきました。

それは，「〈好きな子〉とあるのだから，〈きらいな子〉なんて書かないで，〈もっと好きな子：いつも元気で笑顔の子〉としたらどうでしょうか」というものです。

う～ん，その通り！最初の出会いで渡す名刺なのですから，〈きらいな子〉なんていらないですよね。〈仮説〉で唱えている〈児童中心主義〉が，また一つ身につきました。

＊

ところで，あの黒板を見た担任の先生はどういう反応をしたと思いますか。結果は，学年3クラスのうち2クラスでは「わらう」で，1クラスでは「無視して消した」だったそうです。

(No.165, 96・3)
あたらしく○○先生のクラスになる人たちへ
● 新しいクラスに向けて紹介状を書いてもらいませんか

東京・五日市小学校 小川 洋

新しいクラスで

4月，新しいクラスの子どもたちとの出会いの時です。始業式には子どもたちの前で自己紹介をしなければなりませんね。

この自己紹介，あなたはどんなふうにしていますか。ボクは，前のクラスの子どもたちに「小川センセーってこんな人だよ」という紹介文をあらかじめ書いておいてもらい，自己紹介のかわりにそれを読むことがあります。

> 新しく小川先生のクラスになる人たちへ——宮野美奈子
> 　新しく小川先生のクラスになる人は，こわいと思うけれど，それはみかけだけで，朝自習だけきちんとやっていれはだいじょうぶです。
> 　小川先生は，いろんな遊びを教えてくれるおもしろい先生です。授業は他のクラスとはぜんぜんちがう授業で，すごくおもしろいです。でも，ときどきおもしろくないシャレをいってクラスがしらけるけど，小川先生のクラスでみんなよかったと思います。

新しいクラスの子どもたちは興味シンシン，目を丸くして真剣に聞いてくれます。読んであげた紹介文は，その日，学級通信にして家にも持ち帰ってもらいました。家の人も「なんかおもしろいことをやってくれそうな先生みたいでヨカッタねー」と喜んでくれたそうです。この自己紹介で，子どもたちもニコニコ，ボクもニコニコで1年のスタートをきることができるのです。

初対面の時はボクも緊張しますが，子どもたちはもっと緊張して

いるでしょう。そんなとき「この先生とならうまくやれそうだな」という先入観をもってもらうことはとても大切だと思うのです。

そのために、この「前のクラスの子どもたちからの紹介文」はなかなか効き目があります。同じ子ども同士の情報だから、信用度がバツグンなのですね。

「紹介文を書いてもらう」ということは、すでに多くの人がやっていることかもしれませんが、ボクは村田栄一さんの『学級通信ガリバー』(社会評論社)を読んで知りました。ボクのやり方をもう少し具体的に紹介しましょう。

ボクってどんな先生？

もうすぐ目の前にいる6年生の子どもたちともお別れ、という3月の終わりのある日。ボクは子どもたちにこんなお願いをしてみました。

ボク「俺ってあんまり第一印象がよくないみたいでさ、初めて持ったクラスの子どもたち、けっこうこわがるんだよね」

子ども「小川センセーってさ、なんか細かいことにウルサそうに見えたよな」

子ども「そうそう、アタシ、男の先生って初めてだったから、なんか怖い感じがしたのよね」

ボク「そこでお願いなんだけど、〈小川先生ってこんなひとだよ〉っての、簡単でいいから書いてくんないかな。みんなが書いてくれたものを始業式の日に新しいクラスで読みたいんだよ。

それでさ、〈だいじょうぶ、こわくないよ〉だけだと信用してもらえないから、具体的に〈こんなところがとてもいい〉とか、〈こういうことだけはウルサイ〉とか、〈これを守れば、あとは安心してもいいよ〉っていうふうに書いてくれると助かりますよ。題は〈はじめて小川先生のクラスになる人たちへ〉としてください」

こんなボクのお願いに対して、「おもしろそう！」「巨人が負けた次の朝は機嫌悪いんだよな」なんて、子どもたち、ワイワイガヤガヤ楽しく盛り上がりました。先生の紹介文を書くなんてめったにないことなので、みんな、はりきって書いてくれました。

こういうお願いって、クラスの雰囲気が悪いときはできませんね。幸いボクは仮説実験授業などのおかげで、子どもたちからの評価に

はチョッピリ自信がありました。やっぱりそのことがぼくの強みになっているのです。

子どもたちの気持ちもわかる

書いてもらうときには、「具体的に」と頼むといいですね。ぼくのクラスの子どもたちは、こんなふうに書いてくれました。

新しく小川先生のクラスに
　なる人たちへ ── 橋本　潤

　小川先生の顔は、メガネをはずすと、人がかわるけどふつうはこわくないぞよ。

　こういうことはおこられる、というのを今から書くからまちたまえ。

　一つ、朝じしゅうはちゃんとやる。二つ、人をさべつしてはいけない。三つ、へやの中でボールをけってはいけない。いじょうのことがまもれるなら、小川先生は、ぜんぜんこわくないぞよ。

うん、ありがたい。なんと、後輩たちに「しつけ」までしてくれるのですからね。

潤君が書いた中に「差別」のことが出てきたのには、ボクもビックリしました。道徳の授業なんてまともにやったことのないボク。そういえば、タチの悪いイジメがあったときに一〜二度「そういうのは〈差別〉といって、やってはいけない」とイカったことがあります。それを覚えていてくれたんだね、きっと。

　　　　　── 佐々木朋美

　私は小川先生の担任でよかったと思う。5、6年生は勉強が難しくなるので心配だったけど、小川先生の勉強は少しちがった。私はあまり理科は好きじゃなかった。でも、小川先生の授業はとってもたのしかった。実験ではドキドキすることやおもしろいことがいっぱいあった。今は理科が大好きです。

う〜ん、嬉しいなー。新しいクラスの子どもたちも、こんな推薦状を読んだら、仮説実験授業にとても期待してくれそうですよね。

こんなふうにクラスの子どもたちにボクの紹介文を書いてもらうことは、新しいクラスで役に立つというのはもちろんなのですが、目の前にいる子どもたちが、ボク

をどういうふうに評価してくれていたのかということがわかって、じつはそれもなかなかの快感なのです。

子どもたちからの推薦状

次の森田さんの文を読んで、思わず目頭がジワーッと熱くなりました。この子はけっこうワガママで、何度かボクを悩ませた女の子なんです。

―― 森田智美

> 私は、小川先生のクラスになって、ほかの先生とちがうやりかたの遊び、ふつうではおしえてくれない勉強をおしえてくれました。
>
> 朝自習にはけっこうきびしいけど、ほかのことにはそんなにおこらない。でも、じぶんがきげんがわるいときは、ちょっぴりおこるかな。でも人をみためではんだんしたらだめだと思う。一人一人のことをかんがえてくれてる先生だと思う。

ボクが「ひとりひとりの生徒のこと」を考えるのは、授業のときだけです。あと、智美ちゃんのようにハメをはずしがちな子には、ときたまこっそり「ね、あれ、ちょっとマズイんじゃないかな。みんなに悪く思われたら損だし、気をつけようよ」とアドバイスするくらいでした。それだって、「よけいなこと言っちゃったかな」と気にしていたくらいです。それなのに、「ひとりひとりのことを考えてくれる先生」という最高の誉め言葉がもらえるなんて……。ほんと、うれしかったのです。

お別れしていく子どもたちから、こんなステキなメッセージをもらえるというのは、ほんとうにうれしいことですよね。

そしてこんな紹介文が、始業式の日には「小川先生ってこんなふうにスバラシイ先生ですよ」っていう子どもたちからの推薦状になるのですから、ね、いいと思いませんか。

なお、中学教師の中一夫さんからは、「1年生に書いてもらったものを2年生のクラスで読んでみたら、クラスの雰囲気がなごんで、とってもよかったよ」という、うれしい報告もいただいています。

子どもたちとイイ雰囲気にあるアナタも、よかったら自分の紹介文をクラスのみんなに書いてもらってみませんか。

授業びらきに 自己紹介問題集を (No.102, 91・4)

● 最初っからたのしむ1時間

竹内徹也　大阪・扇町商業高校

●自己紹介ミニ問題集

　ボクは新任の頃から，4月の最初の授業がおっくうでした。40数人の瞳が注目するなかをガラガラッと教室の戸をあけるとき，ドキドキしたものです。みんなボクを知らない。ボクもみんなを知らない。知らない同士が何かの縁で出会うんだけど，こちらはたった一人だから，ヒジョーに心細いわけです。それに，自己紹介など大の苦手。身の上話をペラペラとしゃべる先生を，うらやましく思っていました（ほんとはケイベツしてたりして）。

　ところで，数年前のことですが，「自己紹介を問題にして，生徒の予想を聞いていったらおもしろい」のを知りました（本誌No.36，時哲朗「時先生」）。それからというもの，4月の最初の時間が楽しみになってきたのです。これで，「生徒に自己紹介させておいて，自分のことは話さない」という気おくれもなくなりました。

　教室に入って「お早うございます」と言ったあと，すぐ黒板に「問題」と大きく書いたカードを5つと，「ア・イ・ウ・エ・オ」のカードを5組貼っていくのです。

はじめまして！
──ミニ問題集──

〔**問題1**〕ボクは，これから1年間みなさんに「日本史」の授業をすることになったタケウチ先生です。では，ボクの名前は何というのでしょうか。

予　想　　ア．竹内清和　　イ．竹内三郎　　ウ．竹内まりや
　　　　　エ．竹内理三　　オ．竹内徹也

〔**問題2**〕「仮説実験授業」という言葉を聞いたことがありますか。右の絵は仮説実験授業研究会と仮説社（出版社）のシンボルマークです。では，このマークのまん中にいる動物は何だと思いますか？

予　想　　ア．オオカミ　　イ．ヤマネコ　　ウ．ハイエナ
　　　　　エ．ヒョウ　　　オ．イヌ

〔**問題3**〕ボクはこのハンコをウレシソーによく押します。このマークはもともと「リンチェイ・アカデミー」という団体の紋章だったのですが，それはどんな団体だったと思いますか？

予　想　　ア．古代ギリシアの哲学者プラトンが開いた学園。
　　　　　イ．17世紀に科学者ガリレオが所属した学会。
　　　　　ウ．19世紀に科学者ダーウィンが始めた研究会。
　　　　　エ．イギリス貴族のハンターの同好会。
　　　　　オ．20世紀初めの野生動物愛護運動の組織。

〔**問題4**〕仮説社が発行している教育雑誌の名前は何でしょうか。

予　想　　ア．『明日の授業』　イ．『きびしい授業』
　　　　　ウ．『わかる授業』　エ．『たのしい授業』
　　　　　オ．『ためになる授業』

〔**問題5**〕東京の国立第4小学校の伊藤恵さんが仮説社から出した本の題名は？

予　想　　ア．『3年B組メグミ先生』　イ．『先生は素敵な商売』
　　　　　ウ．『教育とは学校とは』　　エ．『伊藤先生の新任日記』
　　　　　オ．『メグちゃんは授業する女の子』

予想の集計を黒板に書くときに,「これから1年間,いろんな予想をたててもらうから,その練習のつもりでネ」みたいなことを言います。ていねいに人数を数えて「正」の字で集計していくと,「エーッ」「わぁー」という声があがりました。

　このときは,答え(説明)を「日本史通信(いまどきのにほんし)」の第1号にも書いておいたのですが,時間中に一つずつ答えながら,問題に出てくるハンコや本をとりだして紹介していきました。「ははは」と笑っている子もいます。「こーゆーこと(つまり仮説実験授業)に出会うのは初めてなんだな〜」とボクは思います。こうして,自然な笑顔で最初の50分間を過ごすことができました(ヨカッタ‼)

〔答〕1オ,2イ,3イ,4エ,5オ。**解説例**——「リンチェイ・アカデミー(山猫学会)」というのは〈山猫のような鋭い目で科学を研究するものの集まり〉という意味で,その中心はローマにありました。地動説やふりこの研究で有名なガリレオは,1611年,47歳のときにこの学会の会員となり,自分の本にこの紋章を入れたり,肩書に「山猫学会会員」と書くなど,誇りにしていました。ボクもこのハンコをつかうのが,とてもウレシーわけです。

　さて,次の時間には仮説実験授業について簡単に説明し,「授業の正しい受け方」というプリントを配ります。これはもっぱら山路敏英さんや新居信正さんに負っています(山路「出会いの4月・新学期」本誌№13,新居「学級びらきですること」№25)。

───────── 授業の正しい受け方 ─────────
①一人でするのは独学。生徒たちだけなら自習。一人の生徒に一人の先生だったら家庭教師。先生がたくさんの生徒に聴かせるのは講義と呼ぶ。じゃあ「授業」ってなーに? ボクは,〈そこにいるたくさんのヒトのノーミソの交通のなかで,知るネウチのあることを学ぶこと〉と考える。キャストは教室のみんな。その手助けを上手にするのがスタッフ(裏方)としての先生の仕事。

②50分の授業時間はノーミソの働きを授業に集中させ，他のことは考えるな。もし「邪念」が生じたらそれを自分で嚙みしめ，間違っても他人に及ぼすな。他の教科の宿題をしたりコソッて漫画を開いたりする等は厳禁。

授業の名前 （別名）	仮説実験授業 （プリントの授業）	教科書の授業 （キビシイ授業）
めあて	カシコク楽しむ	試験でイイ点をとる
予 習	絶対してはいけない	したほうがヨイ
復 習	必要に応じて	必ずする！
気 分	リラックス	キンチョー
発 言	したい時はどんどん	しゃべってはならぬ
用意するモノ	元気なノーミソ 筆記用具・色鉛筆 B5のファイル クラスの人びと	おぼえるノーミソ 筆記用具 B5判のノート 教科書・資料集
いらないモノ	教科書・資料集 くさったノーミソ	疑いのココロ 旺盛な好奇心

●日本史の授業は
「略年表」で始めます

　まず，「平安時代と江戸時代とどっちが長い？」「どれぐらい長い？」ということを聞いてみます。「江戸時代の方が長い」という方に半分以上の手があがります。そのあと略年表カードを貼って，答えを知らせます。これだけでも，生徒自身が「中学校では大まかなイメージを効果的に教わらなかったなぁ」ってことがわかります。そこで，高村紀久男さんや松崎重広さんの開発した「略年表」を教えます。「〈木を見て森を見ないバカ〉にならないように」ということは，口で言うよりずっと生徒は感じとってくれるようです。この「略年表」を知ると，生徒たちは「ひとつかしこくなったなぁ」という感想を書いてくれることが多いのですが，たった1時間でそう思ってもらえたらウレシイ。そういう意味でも，これはいいプランだと思っています。

＊なお，ボクのところでいろいろなガリ本・教材教具を扱っています。問い合わせ・通販カタログ請求は「〒537-0025　大阪市東成区中道4-13-20　TEL：090-9216-0231　竹内徹也」まで。

これは重宝！　日本歴史の略年表
——日本史年表をフリーハンドで書く法——

高村紀久男さん＋松崎重広さんによる（『ものハン1』,『プラン歴史』）

　地理的な話をするときに，よくおおまかな日本地図や世界地図を書いて,「このあたりだよ」などと話します。同じように, 歴史の話をするときにも，おおまかな年表をサーッと書いて,「このあたりだよ」と言えるようになりたいですね。

〔質問〕あなたは,〈日本史の略年表〉をサーッと書けますか？　一度, 下に書いてみてください。(スペース省略)

〔ヒント〕日本の歴史を大きく分けると，①古代，②中世，③近世，④近・現代，の4つになります。それぞれの時代の分かれ目となるできごとは何でしょうか。

　うまく書けましたか。まわりの人とくらべてみましょう。

時代区分

● 4つの時代の区切り方

①古代▶一般に奈良・平安時代をさし，大和政権時代をふくめる場合もある。また，古代はどこまでさかのぼっても古代。そこでこの時間には天皇制国家の形が整う645年の「大化の改新」以後を古代として扱う。

②中世▶源頼朝が全国に守護・地頭を置く1185年を中世の始まりとする見方もあるが，ここでは幕府開設の1192年をとる。

③近世▶江戸幕府開設は1603年。また，信長・秀吉時代を近世の始まりとする見方も一般的だが，ここでは徳川政権確立の1600年(関が原の戦い)以後を近世としておく。

④近代▶1868年の明治維新から第2次世界大戦の終結まで。

⑤現代▶第2次世界大戦以後，つまり1945年よりあとの時代。

〔**時代のイメージ**〕

古　代〔天皇勝った奈良時代〕奈良・平安時代は天皇・貴族(藤原氏)を中心に政治が動いていた。

中　世〔両者が接近鎌倉時代〕鎌倉・室町時代の政治は二重構造で, 武士の政権と天皇の政権の2つがあり，均衡状態だった。つまり, 妥協の時代。

近　世〔武士の天下江戸時代〕安土・桃山時代から江戸時代にかけて武
　　　　　　　　　　　　　　　士が完全に政権をにぎり，天皇や貴族は
　　　　　　　　　　　　　　　抑えられた。
近現代〔四民平等の明治時代〕明治時代になると，それまでの身分制社
　　　　　　　　　　　　　　　会から資本主義社会に。

4つの時代の長さ

　日本史の年表は，おおざっぱに見ると，近・現代の長さを1とすると，近世・中世・古代は，それぞれ，1：2：3：4の長さになっているように見えます。「まさか，そんなうまい話があるはずがない」と思いながらも，ちょっと計算をしてみましょう。

　でも，考えてみると「現代」は今も続いているわけです。それなら，いっそのこと，まだ途中である近代・現代をのぞいて，645〜1868年の1223年間を9で割り（1223÷9＝136），計算してみると，

　○古代　547年間(1192−645)　　136×4＝544　　　＋3
　○中世　408年間(1600−1192)　　136×3＝408　　　±0
　○近世　268年間(1868−1600)　　136×2＝272　　　−4

と，まさにピッタリです。もしこの規則でいくとしたら，近現代はあと何年つづくことになるのでしょうか。

　○近現代136年間(136×1＝136)　　1868−136＝2004年

　近現代は2004年でおしまい。大革命か大きな社会変動がおこり，そのあとには新しい時代が来る，というわけです。そして，次のその時代はどれぐらいつづくのでしょうか。「大予言」ではありませんが，あんまりピッタシなので，ついへんな事を考えてみたくなります。

　さて，次はいよいよ〈略年表の書き方〉です。

略年表の正しい書き方

〔1〕横に1本直線を書く。これが基本の直線となる。この上と下に付け加えて，略年表を完成します。

〔2〕右のはしから指一本ぐらいの幅で，1：2：3：4になるように仕切りを入れる。

〔3〕つないで時代区分を入れる。

〔4〕時代の区切り目となる次の8つの年号はおぼえる。
 ①645年　大化の改新　　　大化の改新虫５匹
 ②710年　奈良に都　　　　平城京は奈良と決め
 ③794年　京都に都　　　　鳴くよウグイス平安京
 ④1192年　鎌倉幕府できる　頼朝はいい国作ると幕府たて
 ⑤1333年　鎌倉幕府滅ぶ　　一味散々北条氏
 ⑥1467年　応仁の乱　　　　人の世虚しい応仁の乱
 ⑦1600年　関が原の戦い　　ヒーローわーわー関が原
 ⑧1868年　明治維新　　　　イヤロッパ（ヨーロッパ）さんと肩ならべ

 このおぼえた年号を拠り所に，詳しい時代区分と年を入れます。

1 a　2000年と1600年の区切りを下にのばし，むすぶ。
  b　その間は400年だから，100年ごとに区切る。
  c　近現代の区切りをおろして1868年を書く。
  d　江戸と戦前・戦後を入れる。
2 a　同様に，中世の区切りを下にのばし，むすぶ。
  b　1192(1200)を書き，100年の区切りを入れる。
  c　上の区切りを下におろす。そこに，1333・1467と書く。
  d　鎌倉・室町・戦国，と入れる。
3 a　古代から3つ目をおろし，794(800)とする。
  b　ここが平安。ここを100年ごとに区切る。
  c　その100年の幅で710(700)をとる。
  d　古代の区切り，645年を入れる。

〔目盛り入りと目盛りなしの直線を書いた練習用ページは省略〕

近き時代はより詳しく！
近・現代の略年表　　　　　　　　（松崎重広さんによる）

〔年号（各種の戦争など）の覚え方〕

1894	日清戦争	1900の前の4（死）のつく年。
1904	日露戦争	1900の後の4（死）のつく年。
1914	第1次世界大戦	そのあとの4（死）のつく年。
1941	太平洋戦争	14を入れ換えて41。
1931	満州事変	1941年の10年前。
1868	明治維新	イヤロッパ（ヨーロッパ）で1868。
1858	開国（通商条約）	1868年の10年前。

〔**略年表の書き方**〕

①10〜15cmくらいの直線を引き、3等分する。

②今と敗戦（●，1945年）を書く。この間が40年で基本となる。

③敗戦の40年前は日露を中心に3つの勝った戦争（○，日清・1次大戦）

④その40年前は，江戸幕府があぶない。原因は開国（◉）で，結果は明治維新（◎）。

⑤戦争などのできごととその年号を入れる。

　第2次世界大戦（太平洋戦争・大東亜戦争）は，別名を「十五年戦争」ともいい，真のスタートはもう10年前。

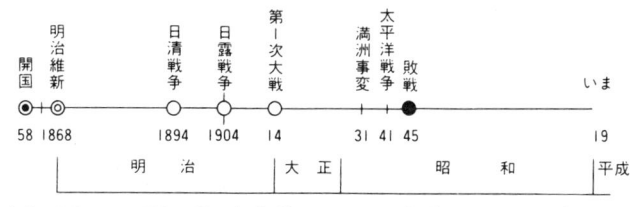

```
開国 明治維新        日清戦争 日露戦争  第1次大戦    満州事変 太平洋戦争 敗戦                いま
 ◉── ◎────────○───○──┼──┼──●────────
 58  1868      1894 1904  14     31 41 45               19
       明　　治        大　正       昭　　　和        平成
```

⑥時代区分――明治は第1次大戦（1914）の1年前まで，あと大正に昭和。このあたりは適当に仕切る。

〔目盛り入りと目盛りなし直線を書いた練習ページは省略〕

おわり

(No.195, 98・4)

出会いの時期に
わたしの定番

笑いのおこる
たのしいイメージを伝えるクイズ
先生の自己紹介

木下富美子
東京・練馬区緑小学校

　子どもたちには「1分間スピーチ」を課題に出したり，「3分で自己紹介して」などといってるわりには，教師（私）の話はダラダラしてしまうことが多いように思います。

　しかし，せめて4月出会いの自己紹介は，印象的にきめたい。

　そこで，笑いもおこって，子どもたちと話のきっかけにもなるような「クイズで自己紹介」を作ってみました。前に読んだ，時哲朗さんの「時先生」（『たのしい授業』No36，1986年3月号）から思いついたことです。

　「自己紹介」といっても，自分のことを全部知らせるなんて，もともと無理だし，意味のないことです。子どもたちがまず知りたいことは私の経歴なんかではなく，「この先生，話せる人かな？オレたちの味方かな？」ってことじゃないでしょか。だから，「この先生，おもしろいな」と思ってもらえたら大成功だと思っています。

　ここに紹介するのは，去年の4月，5年生を担任したときの「問題」です。ばかばかしいことのような気もするのですが，私にとってはこれをヤルとヤラナイとでは大違いなのです。それで去年，これを狭山のサークルで紹介してみました。すると，あっと言う間に広がって，「あれ，よかったよ」といってもらえたのです。

　問題文を自分で一からつくるとなると，けっこう面倒で，しかも堅苦しくなりがちです。でも，私のものをたたき台にしてアレンジすれば，10分もかからず，明日の準備ができるでしょう。よかった

ら，みなさんも，ぜひやってみてください。

やりかたは簡単。各「問題」ごとにざっと手をあげてもらってから，私が「正解」を言っていくだけです。すべて口頭（メモは見るけど）で，印刷物は使いません。

＊＊＊

みなさんと，はやく仲良くなりたいです。どうぞよろしくお願いします。そこで，先生のことを問題にしてみました。

1．私の好きな食べ物は，次の3つのうち，どれでしょう。
  ア．ラーメン
  イ．味噌汁
  ウ．アイスクリーム
  （ざっと手を上げてもらって，すぐに答えを言う。以下同じ）

答えは「味噌汁」です。疲れたときとか，旅行にでかける朝など，必ず，だしをしっかりとった，豆腐とわかめの味噌汁をのみます。すると，元気がわいてくるんです。みなさんの好物はなんですか？
  （ちょっと会話をしてから，次にすすむ。以下同じ）

2．私のいちばん得意なことは，
  次の3つのうち，どれでしょう。
  ア．レスリング（この選択肢を言うと，笑いがおこる）
  イ．なわとび
  ウ．卓球

じつは，去年から卓球をはじめて，けっこうおもしろくって，今，はまっています。みんなも，今度いっしょにやりましょう。おしえてあげるね。

3．私の生まれたところは，どこでしょう。
  ア．火星
  イ．かぐや姫と同じ，竹やぶ
  ウ．東京

東京です。いなかがないからつまんないんだよ。みんなのいなかはどこ？

4．私の得意科目は，次のどれでしょう。
  ア．理科
  イ．体育
  ウ．国語

皆さんは，なんの科目が一番すきですか。私は理科が得意。楽しい授業をしますから，期待してていいよ。

5．私がなってみたいおひめさまはどれでしょう。
  ア．シンデレラひめ
  イ．うりこひめ
  ウ．しらゆきひめ

どれもいいけど，白雪姫になっ

て小人と森で遊んでみたいな。み
んなだったら，どれがいい？
6．私がタイムマシンで行ってみ
　たい時代はいつ？
　ア．原始時代
　イ．平安時代
　ウ．未来（子どもたちの中から，
　　「未来がいい！」なんて叫び
　　が聞こえました）
　じつは，平安時代で，十二単(じゅうにひとえ)を
着てみたい。そしてお姫様が使っ
ていたという「箱のトイレ」を見
てみたい。（「それって，身分の高
い人しか着れないんでしょ」なん
て声も聞こえます）
7．ドラえもんの〈どこでもドア〉
　で私が行ってみたい外国は？
　ア．エジプト
　イ．フランス
　ウ．ハワイ
　エジプトで王の墓も見たいし，
フランスでフランスパンも食べて
みたいし……でも，常夏の島ハワ
イに行きたい。（すかさず「行っ
たことある」という声がかかりま
した）
8．○×クイズ
・小学校のとき，立たされたこと
　がある。○×
……○。6年生のとき，おしゃべ
りしていて，廊下に立たされた。
友だちと二人でランドセルを置い
て帰っちゃったことがあります。
・子どものころ，夏休みといえば，
　セミとりをしていた。○×
……○。近所には男の子が多くて，
10人くらいで，しょっちゅうセミ
とりや，どぶ川を飛び越すあそび
をしてたよ。
・中学校時代に新聞の一面にのっ
　たことがある。○×
……○。上野動物園に春休みに遊
びにいきました。お弁当をひろげ
ていると新聞社の人がきて，一枝
咲いている桜の花を紐でひっぱっ
て，アップで桜をとって，「桜の
下でお弁当をひらく中学生たち」
という見出しで夕刊の一面にのっ
たのでした。
・小学校のときは泣き虫だった。
　○×
……×。男の子と毎日遊んでいて，
すごいおてんばだった。
　　　　　　＊＊＊
　この自己紹介のいいところは，
私のことを話しながら，いっしょ
におしゃべりタイムという気楽さ
で，子どもたちにも話題を提供し
ていくところでしょう。終わって，
休み時間になったら，子どもたち
が机のまわりにきて，おしゃべり
をしていきました。

出会いの時期に
わたしの定番

転任のあいさつは
始業式，全校児童へ前で
「なぞなぞ」で

時　哲朗（とき）

大阪・枚方市長尾小学校

●みんなに覚えてもらいたい

1997年4月，僕は転勤しました。

新学期っていろいろあって忙しいんですが，転勤に付きものの「あいさつ」というのも，なかなか大変です。そして，新しい学校では，始業式の日，〈転任してきた先生の紹介〉というのがあって，子どもたち全員の前で「あいさつ」をしなければなりません。

6年生とは入学式でちょっとだけ顔をあわせていましたが，ほとんどの子どもたちとは始業式で顔をあわせるわけです。そんなとき，堅苦しいあいさつはしたくありません。できることなら子どもたちと仲良くなれるような話，顔と名前を覚えてもらえるような話，お互いに悪い先入観を持たないですむような話……そんな話を，それもなるべく短くできたらいいなあと思っていました。

ふりかえってみると，新任のときは，ちょうどアニメの「銀河鉄道999（スリーナイン）」がはやっている頃だったので，朝礼台の上で僕は，「〈銀河鉄道999〉のホシノテツロウ……ではなくて，時哲朗です」とかなんとか言って，子どもたちに顔と名前を覚えてもらったことがあります。それから，この前の学校の転任のあいさつは，体育館に集まった子どもたちに僕の年齢を選択肢の中から予想してもらい，「答えは……またのお楽しみ」ということで終わりました。こんな「あいさつ」はそれまでなかったらしく，子どもたちは楽しそうにつきあってくれました（けっきょく「正解」も言わずにまた転勤してしまったのですが）。

●あいさつは「なぞなぞ」で

で，今回はどうしようかなって思ったんですが，始業式の前の晩，ふと，やってみようと思ったのが「なぞなぞ」。これ，僕のことを覚

えてもらえるだけでなく，いい関係になるためのきっかけにもできそうで，「なかなかいいアイディアだ」と思いました。そう思うと，なんか始業式でのあいさつが楽しみになってきました。

さて，翌日。全校児童750名ほどが運動場に集まって始業式が始まりました。

転任してきたのは，僕を含めて6人です。しかし，僕が〈なぞなぞ〉なんかを出したら，けっこうざわめくでしょう。「そうすると後の先生には迷惑だろうから，あいさつは最後がいいな」と思いました。それで，あいさつ待ちの列の最後に並んだのですが，幸い，紹介役の教頭先生は，その並んだ順に紹介してくれました。よかったよかった，これで一安心。

いよいよ僕に順番がまわってきました。

まず，「これで最後です。おはようございます」と言ったら，子どもたち，元気に「おはようございます！」とあいさつを返してくれました。けっこうここまで長かったのに，元気にあいさつしてくれて，僕はうれしくなりました。

「今度，桜丘北小学校からこの学校へ来ました，時哲朗といいます。〈時〉っていうのは時間の〈じ〉です。簡単な名前だし，珍しい名前なので覚えやすいと思います」

そんなことを話したあと，「では，なぞなぞを出します」と切り出しました。「鼻の長〜い動物は……ゾウですね。で，耳の長〜い動物は……ウサギです。ここで問題！　それでは，〈め〉の長〜い動物は……さて，何でしょう？　答えがわかった人は，あとで時先生のところまで言いに来てくださいね。では，これで終わります。ありがとう」

最後の「ありがとう」は予定していた言葉でありませんでした。元気にあいさつしてくれたこと，僕の話をよく聞いてくれたことで僕はうれしくなっていたので，つい言ってしまったのです。

僕が朝礼台から降りても，子どもたち，ワイワイガヤガヤ，ざわめいています。やっぱりあいさつは最後でよかったと思いました。

● 「なぞなぞ」をきっかけに

始業式の後は，クラス替えの発表です。僕は5年2組を担任することになっていました。子どもたちは，どの先生になるのかちょっ

とドキドキって感じです。クラスの名前を読み上げながらみんなのの表情を見ていると、けっこうニコニコしています。「ああ、悪い感じをもっていないなあ」とうれしくなり、また安心もしました。

そして、新しく5年2組になった子どもたちと教室へ。そこでもう一度クラスの子どもたちとあいさつをしたとき、「さっきのなぞなぞ、わかった？」ということから話が始まりました。なんだかんだと子どもたちは答えをいいますが、みんなハズレ。そこで僕が正解を言うと、「なぁ〜んだ」という声。なぞなぞですから、答えはばかばかしい。で、また、なぞなぞを出したり。なんか、なぞなぞだけでけっこう時間がすぎていってしまいました。

（このなぞなぞ、じつは通信販売の「カタログハウス」が発行しているカタログ雑誌『通販生活』の郵送用の帯の裏に連載さている「なぞなぞおばさん」に出ていたものです。答えは後に）

じつは、その後、2週間ぐらいの間に、いろんな学年の子どもたちが、僕のところに答えを言いに来てくれました。「時先生、なぞなぞの答えはカタツムリ？」とか

ね。なんかうれしいですね。新しい学校で、それも違うクラスの子や学年の子どもたちまで来てくれるなんて。「その場では答えを言わない」というアイディアも、なかなかよかったようです。

さらにその後、第一回目の地区児童会（集団登校の班の集まり）のときも、まず始業式のときのなぞなぞが話題になったので、「やっぱり、〈なぞなぞ〉はよかったなあ」と思いました。

ところで、この〈なぞなぞ〉の正解ですが、なかなかわかりづらいと思います。その場ですぐに答えがわかるような問題でもいいんですが、「なかなかわからない」というのもけっこうよかったようです。先生たちだって、わからない人がほとんどでした。それでよかったのかもしれません。

で、答えですけど、〈め〉の長〜い動物ですから、〈め〜〉と長くのばして言うと……ヤギかヒツジです。

始業式が終わったとき、同じ学年の先生が、「今度転勤したとき、使わせてもらうわ」と言ってくれました。先生たちにも興味をもってもらえてうれしいです。

私の名前を
漢字でおぼえてね
●6年生の人名漢字先生

山田　環(たまき)　大阪・四條畷学園小学校

　4月のゲジゲジサークル（於大阪・四條畷学園小学校）の例会で耳よりの話を聞いた。山本正次さんが編集会議〔『仮説実験授業研究・第8集』〕で東京に出かけたとき板倉聖宣さんから聞いてきたという話である。

　子どもたちが順ぐりに先生になって，各自の名前（漢字）を級友がちゃんと書いてくれるように指導する，いってみれば漢字小先生のすすめである。

　「自分の名前をクラスのみんながちゃんと漢字で書いてくれるというのはうれしいと思うね。それに，本人だったら，"ちゃんとおぼえろ"という権利があるしね，おぼえる気にもなるでしょ。1クラスで100字くらいにはなるでしょう。教育漢字以外の字だっておぼえちゃうかもしれない」。そんな趣旨であったように思う。

　板倉さんはこういうプランをだいぶ前からもっていたということであるが，私は山本さんの口からはじめて聞いて，おもしろそうだなと思った。

　ちょうど6年の新学期がはじまったばかりで，漢字先生をやっ

ても不自然ではない。それに、5月には山本さんが〈授業研究の会〉を始めた記念（？）に、大阪で「漢字研究会」を開くという計画もあった。すぐに授業をやってみれば、そこに話題提供もできるだろう。

　——そんなわけで、さっそく教室にもちかえってみたわけである。

　5年からの持ち上がりであるにもかかわらず、自分の名前を正しく書いてくれる人が意外に少なくて、多くの子どもがショックを受けたらしい。したがって、「指導案」を用意するやら、テストをするやら、途中ハプニングもあって、「先生」も生徒も、6時間の漢字学習をおおいに楽しむことができた。

第1限（4月16日）　　**調査**

　更紙を児童に配って、「6年3組の級友について、みなさんは人によっては5年間、6年になって転入した泉さんをのぞけば全員、少なくとも一年間のお馴染みですね」といえば、ニヤニヤ顔がうなずく。

　「今から私が出席番号を言いますから、自分の番号を呼ばれた人は立ってください。みなさんは立った人が誰かわかったら、ハイといってくださいね。ハイの声を聞いたら、立った人も座って、その人の姓名を番号の下に書くのです。漢字も知っていたら、正しいと思う字で書いてください。もちろん、ひらがなだけでもけっこうですよ」

　更紙上部に1～34の番号を打った後、教室には、出席番号を唱える教師の声と、「アレ？」「エライコッチャ、ダレヤッタ？」「オイ、オマエ、オッタカ？」「イヤーッ！」と、ひやかしに似た声がさんざめいて……。

第2限（4月17日）　少なすぎる！

「昨日，友達の名前を書いてもらったのですが，"私の名前を正しく書いたのは大体，このぐらいだろう"と，予想立てられるかなあ？」

児童達は，「うん，うん」と大喜びで，首をかしげたりもしながら，黒板の出席番号の横に，自分の予想数を書き込んだ。

「では，今から正しく書いた人数を発表します。が，その前に，自分の予想より，（ア）少しは下だろう，（イ）ちょっと多いだろう，──あなたの本音をきかせてください」。

		（実際は）
ア．予想より少ないと思う	１６人	２６人
イ．多い	１２人	５人
ウ．予想どおり	５人	０人

（欠席 3 名）

〔感想〕

□中田薫里（予想15，実際１）

　私はショックです。私ひとりだなんて。私の字は，よくよく見ればかんたんですよ。みんな，思った以上に少ない。なんとかして，私の字をおぼえてもらわなければ！（ひっし）

　なんにもいうことはありません。

　ただ，ショックです。

□政田久子（予想15，実際23，但し，彼女は昨日出席していたので，実際の数はこのときはまだ，知らなかった）

　みんなの予想（発表）を見ていると，「私の名前，書けなかった人，多いんじゃあ……？」って思う。

　女の子は13人くらい書けていると思うけど，男の子は１人から５人ぐらいまでと思う。ドキ，ドキ！

□竹中昌子（予想30，実際18）

私は,もっといるだろうと思っていたのに,こんなに少ないとは!
　　私は,自分の名前はかんたんで,おぼえやすいと思っていました。
　　でも,私のとなりの井上君はこう言っています。
　「竹中昌子って,ちゃんと書けたけど,ひらがなで,"たけなかまさこ"って,かいてしまってん!」
　　私の名前はおぼえやすいが,昌子でまちがっている人もいるのかな?
□井岡和美(予想20,実際19)
　　20人以上と予想していたのに,19人だったので,びっくりしました。もっとたくさんの人が書けると思っていました。
　　私の字はかんたんと思っていても,私だけがかんたんなのかもしれません。なにしろ私は,みんなの名前を少ししか書けませんでしたので。
□藤野隆志(予想25,実際2)
　　ぼくの漢字は予想より23人もかけなかったので,ぼくのかんじはいがいとむつかしいのかな? と思った。
□田中美智子(予想10,実際11)
　　私は,とてもおしかった。10人と予想していたけれども,発表を聞くと11人だという。でも,あんなカンタンな字なのに,ちょっと少なすぎるなあ。
　　みんなは,美智子の「智」でこまっているみたい。私としては,とてもカンタンに思えるけど,知らない人は,男の子が多いんじゃないかなあ。
□藤田修司(予想7,実際2)
　「藤田君,ふたーり!」
と聞いた時,「そんなにむずかしいのかなあ」と思った。

ふたりのうち, ひとりはぼくで, もうひとりは平田君だ。

おそらく, 修司の修がわからないのだろう。

□平田晋也（予想18, 実際3）

ぼくは, 18人以上と思ったのに, 3人だけだから, 少なすぎる。

平田晋也という字, せんが少なくてかんたんなのに, ほとんど書いてない。

□柿葉寛継（予想5, 実際3）

すくなすぎる。ぼくの字はむずかしいと思った。

□井上利男（予想30, 実際10）

ぼくの名前は, すごーくかんたんなのに, たった10人だけしかわからないんだって。なぜか, はらがたつ。

□川崎初美（予想23, 実際15）

そんなにむずかしいかな。少なすぎると思った。15人だなんて。予想が23だから半分ぐらいだ。8人もはずれちゃった。

……子どもたち,「びっくりした」「少なすぎる」「一人だけとは, ぜんぜん思わなかった」等々, 意外性をボヤクことしきり。

しかし, 絶対数が少なくても, 予想のたてかたで, よろこぶこともできるらしい。

□岡内 理（予想26, 実際25）

自分の字が, たんじゅんだと思った。みんながかけたので, 両親にかんしゃしている。

□鶴原園子（予想3, 実際8）

鶴原の鶴っていう字, むずかしいから, まさか8人も書くなんて, 思ってもみなかった。のり子にケンタに藤野君だけだと思ってたら, 8人も書いてくれて……。うれし!!

□新井和子（予想26, 実際23）

私は, 予想より3人はずれました。自分でも, 中田菫里と

書いたりして，テンをわすれたり字をまちがったりしました。ほんとうに，おしいという気持ちです。でも，23人も私の名前をおぼえててくれたんだから，いいです!!
□佐藤典子（予想10，実際15）
　「やっぱり，予想ぐらい」と思った。だって，藤って漢字，むずかしいもん。でも，予想より多くてよかった。少しでもわかっていたら，やりやすい。

　感想を書いた後，「漢字先生」の予告をする。
　「どんなやり方でもけっこうです。"クラス全員が，自分の名前を正しく書けるようになる"これをねらいにして，漢字先生になりましょう。考えといてください」
　「ようし！　ムチを用意して……」と，森君の野次がとぶ。
　このあと，4月20日の「自学帳」をみていると，井岡和美さんのものに「漢字（名前）指導案」という文字がでてきて，思わずニヤリ，としてしまった。そこで彼女のノートを丸写しさせてもらう。
（1）漢字に読みがなをつけて，井岡和美と黒板に書く。
（2）ひととおり，字の意味を説明。
　　（国語辞典にて）
　　　井＝地をほって，地中の水をくみ出せるようにした物（井戸）
　　　岡＝少し高い土地。山の低いもの。同訓〈丘〉
　　　和＝おだやか。ほどよい。
　　　美＝字のとおりうつくしいという意味
（3）書き順。（できればノートに……）
（4）覚えたかどうか。（読み方，書き順）
　　　　　　　　　　　　　　　　　　　　　以上

第3，4，5限（3月23, 26, 28）　漢字先生大フントウ！
　わたし　「さて，どなたから始めてもらいましょうか？」
　声のおわりを待ちかねたかのように，「ハイ，わたし。わたしにやらして！」と，中田さんが名乗り出てくる。
　以下，運営も児童にまかせきることにして担任は記録専一。
　6年生の漢字先生は各人各様で，担任としてはそのひとりひとりに学ぶものがあって，楽しいこと限りなし，といったところだが……その二，三を紹介してみよう。

（A）中田薫里先生
　わたし，1人だけやったでしょう？　すごいショックやねん。みんな，絶対に憶えてね！　たのむよ。
　まず，ノートを出してください。
　中田（なかた）は，みんな書けるやろ？──「ウン」
　問題は，名前やね？──「ウン」
　まず，クサカンムリを書きます〔板書〕。みんな，いっしょにノートに書いて！（みんな，いわれるとおりに動く）
　次に点（、を板書）です。そして，横線（-）。その下にクロ（黒）を書いたらええねん。かんたんやろ？
　そして，もうひとつは，今書いた黒の下のヨッテンのないサト（里）を書いて，「リ」と読むの。
　ここで，たのみたいのは，上のこの字は，1字では「カオル」という字だから，「カオリ」と読むためには，どうしても，里がないとあかんねん。──「アッ，ソウカ！」忘れんといてな！──「ウン」
　そしたら，みんな，もう一度ノートにカオリと書いて。──「ヨッシャ」「ワカッタ」　　薫里
　では，テストをします。

……更紙を1/8に切ったのを配る。「キビシーッ」とわめきながらも全員,自分の名前もいっしょに書きこんでいた。

　中田さんがテスト用紙を集め終わったころ,鶴原さん,ちょっと遠慮加減で,「ジャンボ(中田さんのあだ名。身長158cm体重約60kgのみごとな体格と開放的な性格は,まさにピッタリのニックネームではある),質問していい?」と立ち上がる。

中田「ああ,そうやった。質問,どうぞ」

鶴原「あのネ,私の妹は"かおる"で一字なんだけど,その字はクサカンムリにオモイという字で,ヨッツテンなの。辞典にも,そう書いてあるんやけど,ジャンボの字はそれとはちがうの?」

中田「そうやねん。私もおかしいと思うて聞いてんけど,お父さんお母さんも,テン,ヨコイチにクロや,いうのよ」

(それまで,辞典をひろげて調べていたらしい4,5人の男子の中から,声があがる)

　「ホンマヤ。辞典には,"かおる"は,オモイにヨッツテンやぞ」「アレ?"かおる"いうのは,まだ他にもあんねんな。香,馨,こんな字やて」(指先で宙に書いてみせたのは,谷垣君)「先生,ジャンボの字は,まちがいではないの?」。

　わたし「たしかに,"かおる"という漢字としては,ジャンボのいう字はありませんね。ただ,しかし,みなさん,知ってるかな? 赤ちゃんが生まれたら,役所の戸籍課というところに行って,"○月△日,私の家に子どもが生まれました。その子の名前は,こういう字を書きます"と,届けるのですよ。そのときに,うっかり,字を書きまちがえて届けたとすると,辞典にない字でも,そのとおり書かなければならないというきまりがあるらしいのですが……。ジャンボ,もう一度,お父さんお母さんに,ゆっくり落ち着いて聞いてみたら? なぜ,辞典とは違う字を書くのか,その理由をね」

私もあまり自信がないので、歯切れがわるい。

しかし、翌朝のジャンボ。

教室に入るなり、「ミンナ、ゴメン！」頭をかかえたり、手をふったり、大きな身体を折り曲げ、かがめ、何とも形容のしがたいまでのジャンボの恐縮ぶり。

「わたしは、人の話をていねいに聞かん悪いくせが、どんなにはずかしいか、よう、わかったワ。ゴメンゴメン、ほんとうにゴメンな。辞典の字のとおりやねん。たのむから、昨日の字、忘れてな。

訂正します。クサカンムリにオモイでレッカです」

「イイカラ、イイカラ。ソンナニ頼マレナクテモ、モウトックニ、ケロリト忘レテルンダカラ」と、大笑い。

「スミマセン。それで、あの、昨日テストしたの、返します」

中田さんは、ひとりひとりに「ゴメンナ」をくり返しながら、テスト用紙を配った。その1枚ずつに、担任に借りた赤のソフトペンで大きな○をし、薫と書いて、その横に「ゴメンネ」。鶴原さんのにだけは◎が書かれていた。

（B）谷垣龍次先生

ぼくの字で問題なのは、リュウジのリュウやと思うねん。むずかしいから、お母さんにいわれて、2年生まではボク、竜、この字を書いててん。

3年生から、正しいリュウを書いてるつもりやってんけど……。「へん」は、文句ないねん。タツ、ツキと重ねて書くんや、わかるやろ？……こう、な。──「ウン」

次はなあ……──「ヨコ線トチガウ？」

うん。ヨコ線、それから、ユミのナナメカギそしてヨコ線でツリバリにするねん。

それから、ボクは点三つを書いててんけど、藤田君が、"ヨコ線三本や"いうねん。ボクもヨコ線三本の方が正しいと思うワ。
　国語辞典で調べたら、龍は"身体は蛇に似ていて4本足、想像上の動物で、天に昇る"ねんて。——「アッ。タツ年生マレヤカラカ？」「ソレネ、オ兄チャンガイテテ次ヲツケテ龍次？」「ウソ、ソウカ？」
　どうも、そういうことらしいな。これでわかったやろ？

（C）政田久子先生
　みんなの教え方と、ちょっとちがうねん。笑わんといてや。エヘ……

政　正しいといううどん屋があって、その横にノ・イチ・メナガ
田　がかいてるの。
久　その人は、田んぼをもってるねん。
子　その人のおくさんが、くるった子を生んで久子。政田久子。
——「マサダ、クルッテル子ニシイヤ」

（D）柿葉寛継先生
　まず、みんな、正しく書きましょう！　——「オウッ！」
　"柿葉"これは、みんな、知ってるな？　国語の時間に「カキの木のある家」で、やったばっかりや。——「ソウイエバ、ソンナキモスル」
　名前がややこしいねん。
　ウカンムリ。その下にクサカンムリ、そして、見ル。——「ナンヤ、フジヤマカシビカ」
　次、行くで、"ツグ"という字。イトヘン書いて、コメヅクリ、そして、米をカギでかこむ。——「米が先？」
　うん。かんたんやろ？　ノートに書いて！

第6限 (4月30日)
わたし 「さて,漢字先生も終わりました。今日は,漢字先生をためす意味で,もう一度,みなさんの名前を書いてもらいましょうか。はじめと同じように,私が出席番号をいいますから,その人は立ってくださいね」
「オーイ,タノムゾ!」
「オレニ,ハジ,カカサントイテクレヨ,ナ」
にぎやかな声のとびかう中で,楽し気に書き進んだ。
心なしか,全児童の文字の点,画が,バッチリきまって,キリキリッとひきしまった見事な文字が並んでいた。

〔名前で思うこと——自学帳から〕
森　泰一……
ぼくの泰(タイ,やす)という字は,「天下泰平」という字です。
ぼくが思うには,父や母は,ぼくに,「世界を平和に治めるような人間になってほしい」んじゃないだろうか?
長男。はじめに生まれたから——。
森泰一(もりやすかず)。きたいにこたえて,「ガンバラナクッチャ」

竹中昌子……
竹中昌子(氏名)の意味を調べた。
①竹
・いね科の多年生植物。紙のかわりに用いた。
・象形,竹の生えている形を表した物。
・また,昔は竹の皮に字を書いたので,書物を表す字に応用する。
②中
・まん中。中心。中央。

・天地の正しい気。試験に合格する。
・物をつらぬくことを表わす。

③昌
・りっぱなことば。
・日と日を合わせた字。日は明るいこと。昌は，明るいことば。はっきりしたことば。

④子
・女子の名につけて用いる。
・子とする。わが子のように愛する。
・わが子として，親にしたがわせる。
・象形。万物が生長してしげるさま。
　また，子どもの頭と手足の形ともいう。

私が思ったこと。

竹の意味は，氏名にどういういみでつけたかわかりません。ですけど，中は，試験に合格し，物をつらぬいて。

昌子は，明るい子に育ってほしいという意味だと思う。

あとからお母さんに聞いてみると，「そうよ，そうよ！」といった。

私もこれから，みんなに好かれて，明るい子どもに育って，試験にも合格しなくては！　こういう子どもに育たなければネ！

（初出『仮説実験授業研究・第9集』仮説社，1976年）

小さな授業テクニック
生徒の顔を覚える法

談：細井心円（現在，東養寺住職）

　私は，現在は教員を退職して，家業の「住職」をしていますが，昔からもの覚えが悪く(？)，生徒の顔がなかなか覚えられませんでした。

　学校にいれば名札や座席表があって助かるのですが，ある年(1956年)に担任になった6年生では，5月に修学旅行があり，とても困りました。親から「ウチの子はおねしょをするかもしれないから，気をつけて下さいね」と言われても，顔がわからなければ注意のしようがないわけです。

　また，当時は1クラスの人数がとても多く，一学年全体どのクラスも62名以上いなければクラス増にならない時代で，その修学旅行を迎えたクラスも61名の子どもがいました。同じ地域の同じ学年ですから，似たような顔つきの子もが多く，「旅行までには子どもの顔を覚えなくてはならないなぁ」と，ほとほと困りました。

　そんな時，「子どもの顔写真を撮ったらどうだろう」と思いつきました。写真はモノクロで，ベタ焼きにすればそんなに高くありません。さっそく生徒を並べて顔写真（一人一枚）を撮りました。

　できあがったベタ焼きの裏側に子どもの名前を書いて，女房に子どもの名前を読みあげてもらい，私が写真を取る……というカルタ風にして覚えたものです。

　「内助の功」とでもいうのでしょうか，これがなかなか具合よく，退職するまでずっとこの方法で覚えていました。

　カルタ取りをするのは，学年がかわって新しい子どもたちを迎えた時だけですが，毎年4月の私の行事として，顔写真だけは撮っていました。新入生の時と卒業前には親子で写真を撮ってあげて，卒業時にその2枚をあわせてプレゼントしたりしました。

　人数の少ない田舎の小学校だからそんなに苦労はなかったのですが，好評でした。

（文責，編集部）

楽しさと感激の「名前覚え」

(No.195, 98・4)

朝日　均　北海道・千歳市東千歳中学校校長

●生徒との接触がない

　私は昨年（1997年）8月，校長として，生徒数34名の，自然に恵まれた小さな中学校に赴任しました。今の私の願いは，ただひたすら「たのしい学校づくり」です。初めての校長職で，どんなことをしようかとはりきっています。

　「楽しいこと」をあれこれ考えていると，ふと教頭時代の「たのしい，そして感激した名前覚え」を思い出します。

＊

　教頭職は，「猛烈に忙しかった，でも楽しかった」というのが正直な実感です。前任校は生徒数764名，教職員が46名の大規模校で，教頭職2校目の私は戸惑うことが数々ありました。

　朝7時30分からの，休みなしの電話の取次から始まって，来校者への応対，外部との渉外，各種文書づくりと記録，教職員との接触（相談や連絡調整），校地・校舎の管理……などで，1日があっというまに過ぎていきました。

　疲れるけど楽しい毎日でした。しかし，どこかものたりなかった。これでいいのだろうか……と感じていたのです。そのわけが，「そうか，〈生徒との接触がない〉からだ」と気づくのに，時間はかかりませんでした。

　そこで，翌年（1996年）4月中旬から，次の2つのことを実行することにしました。

　「生徒全員の名前をフルネームで覚えよう。そして，話しかけるときは〈下の名前〉で呼ぼう」
　「昼休みは生徒と遊ぼう」

　生徒の名前は，次のような方法で，毎日毎日必死で覚えました。
① 職員室に生徒がやってくる。すぐに「写真入り生徒名簿」と照らし合わせる。

② 生徒会活動や部活に顔を出し、見学とともに名前を覚える。
③ 授業を積極的に参観し、名前を覚える（先生方は、みんな喜んで私を迎え入れてくれた）。
④ 覚えた生徒は名簿に丸をつける。
⑤ 一回覚えても忘れてしまう。「もう大丈夫」と確信できる生徒には赤丸をつける。
⑥ 赤丸をつけた生徒には、話しかける。

だんだん赤丸が増えていくと、覚えることが苦でなくなるのが不思議でした。それどころか、むしろ楽しくなりました。こうして10月には764名、全員覚えることができたのです。

また、昼休みには、用事のない限り、生徒とともに遊びました。女子とは主としてバレーボール、男子とはバスケット。中学の2～3年生男子ともなると、さすがについていけません。しかし、生徒は優しい。ボールを意識的に投げてくれます。

●新鮮な体験

こうしていく中で、私にとって予想もしなかった発見がありました。

☆生徒は名前を覚えられることに、特に下の名前で呼ばれることにものすごく感激する。
☆一緒に遊ぶことは、私も楽しいし、生徒も楽しいと言ってくれる。

下の名前で話しかけると、多くの生徒は驚きます。そして、その嬉しかった気持ちを担任の先生に伝えてくれ、それをまた担任が私に伝えてくれたりしました。

また、自習の時間に監督としていった時は、はじめに全員の下の名前を一人ずつあてていきました。そして、最後に「この時間を大切にしよう」と言うと、拍手が起こったことが何度かありました。

でも、この時はさすがに緊張しました。一人でも間違ったり、覚えていないと、その生徒の心を傷つけることになると思ったからです。だから、全員呼び終わるまで、心に余裕がありません。それだけに、拍手が起きると何とも言えない気持ちになりました。

その年，年度途中でその学校を去ることになり，多数の生徒から手紙をもらいました。保護者からも数通いただきましたが，PTAの送別会での親との会話は例外なく「名前」のことで，親としての嬉しい気持ちを話してくださいました。

　手紙から，少し紹介します。

◇私の名前をよんでくれてありがとう。うれしかったです。
◇廊下で私を呼んで下さり，「元気か」と言われたりしたことが，とてもうれしかった。
◇昼休み遊んでくれてありがとう。いつも楽しくてストレスが解消しました。
◇私のことを気づかってくれてうれしかったです。気持ちが沈んでいる時も，先生に呼ばれると元気が出てきました。
◇生徒というものは，下の名前でよばれると，それはそれはうれしいものです。娘はそのことをいつも話してくれます。ありがとうございました。（母）

　このような手紙ばかりで，私は，一つ一つの手紙を読みながら，涙が出てきました。私にとって，新鮮な体験でした。

●名前を呼びかけるだけで

　はじめは「名前を覚えること」がそれほど相手の心に響くものとは思っていなかったし，またそのことに期待もしていませんでした。ただ，「教頭であっても，生徒との会話が大切なのではないか」……と思って始めたことにすぎなかったのです。

　昼休みの遊びにしても，思いついたもとをいえば，「自分の健康のため」でした。これを「思わぬ波及効果」というのでしょうか。

　ただ名前を覚え，呼びかけるだけで，生徒はとても喜んでくれた──「一人の人間として，自分の存在を認められた」ことに対する喜びなのでしょうか。なんだか大切なことを教えられたような気がしました。

　この体験は，「校長職として，何ができるか，何をするのか」を考える時の一つのヒントとして，いつも何かを考える時に思い起こす出来事です。（1998.1.27）

学級びらきですること

新居信正

徳島・千松小学校

私は4月当初の「学級びらき」では，次のようなことを子どもたちに話すのを慣しとしている。

0．カシコクなりたければ，まず「カシコクなりたい」と思え。そしてカシコそうな自分の姿を思いうかべよ。
1．シアワセなら態度に示せ。
2．他人の考えをきいたら反対のことも考えろ。
3．わからなければ，わかるまで質問しろ。
4．マチガイを大切にしろ。マチガイは，恥や不名誉や悪ではない。マチガイを恐れるよりも「マチガイを恐れて勉強ギライになる」ことを恐れよ。
5．他人サマが納得するように説明しろ。

　　　　＊　　　＊　　　＊

これは黒板に書いて説明し，子どもたちにはノートに書き写させるのである。そして次の3項目を紙に書いて正面に貼る。

---

①諸君，書くことを嫌がってはならぬ。カシコクなりたければ，書くことを嫌がってはならぬ。
②落ちこぼれることを恐れるよりも，「落ちこぼれることを恐れること」を恐れよ。
③科学は，たくましい想像力と議論から出発し，実験で終わる。
（板倉聖宣氏）

なお私の場合，この文字は岡山県の「まるみえアートセンター所長」（賀川敦雄君・岡山古都小）による。

その他に教えること

○朝のあいさつは「きょうもカシコクなりましょう。みなさんおはようございます」，帰りのあいさつは「きょうもカシコクなりました。みなさんさようなら」と唱和すること，

○「おトイレ」などという気色の悪い言葉を使ってはいけない。我々日本人のご先祖様が使った上品な「お手水（オチョウズ）」という日本語を使うこと，

○消しゴムは学校へ持ってくるな。マチガイは2本線をひいて消せ。なぜならマチガイの歴史がよくわかるからだ——ということ，

○エンピツけずり器は使うな。エンビツはナイフで削れ。そのために「肥後の守」を親に買ってもらえ——ということ，

○何事も人間は上品に奥床しくあらねばならぬ。それで下品なガサツな奴は「修行」させる——ということ，

○何をするにも，うれしそうに，ものすごく喜んでいっしょうけんめいする——ということ，

○給食はほしくなければ残すこと。但し捨てるのはもったいないから貿易をせよ——ということ，

○たとえ遅刻しても学校へは堂々とこい——ということ，

○「〜してください」は「〜してくんさい」ということ，

などを教える。だがしかしだがしかし（と2度くり返すところがミソ），1年の計は元旦にあるとしても，「学級びらき」で以上のようなことを話したからといって，学級がうまくいくはずもない。「学級びらき」に度はずれの期待をするのは，ちょうど「勉強をせずにいて，ネコ神様に合格祈願のお百度をふむ受験生」みたいなものである。

「学級びらき」で子どもたちが

「あれッ，こんどの担任はおもしろそうだぞ」

「ヘェーッ，妙なことを平気で言う先生だなあ」

「今までの先生と一味ちがうぞー」などと思ってくれればよいわけである。

そして毎日の授業で

「マチガエてもいいんだよ。マチガエてもともとなんだよ」

「先生の答えをあてようとするな。まず自分の頭で考えてみよ」

「例をあげるとウマクいくはずだよ」

「キミは遅刻しても堂々と学校へきたね。立派だ」

などと，4月当初のスローガンがウソでなかったことを証明していくのである。また，言いたくなければ言わなくてもいいが，頭の中では「ソラ，オカシイ」「私ハコウ思ウ」「私ナラコウスル」などと自問自答するよう勧める。

まさに「授業運営・学級運営とは教師の人生観・授業観・子ども観そのものの現れである」といわれる所以である。　　　ああ非情（未完）

●編集後日談

本文に「肥後の守」とあるが，これを何と読む？　30才前後（？）までは堂々と「ひごのまもり」と読む。正しくは「ひごのかみ」，昔なつかしいナイフの名前である。ああ非情

新居(にい)流
しつけの極意
を学ぶ
「朝の会」の巻

荒井公毅
東京・文京区関口台町小学校

●**師匠に出会う前と後**

十年が〈ひと昔〉であれば、ふた昔ごろ、この教育業界では〈子どもの人権を認め、管理よりも自由の教育を〉といった思想が叫ばれていた。そのころ大学生だったぼくは〈学校革命〉ということば（そういう題名の本があった）に憧れ、〈造反有理〉のスローガンに対する愛好とも相まって、かなり過激に「子ども中心で、そして自由な教育」を考え、考えたことを実行に移していた。

たとえば、子どもたちが「トイレへ行ってもいいですか」などということを禁じた。子どもの生理現象について教師が許可を出すなんてナンセンスである、と。そこで、「トイレへ行きたくなったら、いつでも黙ってトイレに行きなさい」と教育したのである。すると子どもたちは、授業がつまらなくなると、どんどんトイレへ行ってしまった。これは、どう理屈をつけようが、教師の敗北である。その敗北は、素直に認めざるを得なかった。教育における基本的矛盾であるところの〈自由と束縛〉がわかっていなかったのである。

そんなとき、徳島の小学校教師であった新居信正さんの学級を見る機会があった。そして「管理をしているのに、子どもたちが生き生きしている」ことに驚き、「こういう〈しつけ〉をすればいいのだな」と、真似をすることにした。

やるときはトコトンやるほうなので、徳島に通いつめるだけでなく、親代々東京生まれのぼくが徳島弁でしゃべるという、今から考えると、まるで咄家に弟子入りをしたような真似の仕方だった。おかげで、よく「関西の方ですか」と他人から問われるようになったが、嬉しいような恥ずかしいような、何とも複雑な気持ちである。まあ、呆れる人も多いだろうが、自分では〈徹底的に学びたい〉と思っていたわけだ。

そんなぼくが学んだことのうち特に「4月はじめの朝の会」について簡単に紹介しておこう。

● 4日間に教える「ことば」

第1日目——

①「人間は、うれしそうに喜んで学校へいきます」

　まず、このことばを教える。具体的なモノを示し、〈学校にはカシコクなるために来る〉ことを徹底させるのである。文句なく面白くてタメになるもの、たとえば、高学年ならば〈さそりの標本〉(『ものづくりハンドブック①』参照)、低学年ならば〈ピコピコカプセル〉(同②)を見せるとよい。そして「世の中には、こんなおもしろいものがあるのです。こういうことを知ることがカシコクなることです。君たちは、馬や鹿や猿山のサルではなく人間ですから、カシコクなりたいでしょう。学校へ来ればピコピコカプセルの作り方を知ってカシコクなれるのですから、うれしそうに、喜んで来なさい。いいですか、あした家を出るときに、お家の人に聞こえるように、うれしそうに喜んで、〈学校へ行ってきま～す〉といって出てらっしゃい。これは宿題です」といった具合である。

第2日目——

②「人間は、上品にします」

　このことばは、「食べ物を口に入れながら歩いたり、大きな声でわめいたりする」といった下品な例をあげて(〈上品〉の定義はしないで)、「馬や鹿や猿山のサルのようなことをしてはいけない」と教える。このことばの応用範囲はなかなか広くて重宝だ。「遠足で電車に乗るとき、下品な子はどうしますか」などと聞いて上品に振る舞うことを教えることもできる。

　高学年であれば、以下のことばも2日目にすべて教えることができる。しかし、低学年では、〈上品〉と〈正直〉とは語感が似ているので、混乱を防ぐために日を違えておくこと。

第3日目——

③「人間は、はきはきします」

　返事をするときに、蚊の鳴くような声や、首を動かすだけといった気のない返事をしてはいけないのである。「はきはきいうと、君たち自身も先生も互いに気持ちがいいのです」と教える。

第4日目——

④「人間は、正直にします」

⑤「人間は、すすんで仕事をします」

⑥「人間は、親孝行をします」

　4日目には、この3つをまとめて教える。「君たちはすばらしい

子どもたちであるから，3ついっぺんに覚えられるだろう。さあ，教えるから覚えてしまおう」といえばよい。このとき，「君たちは覚えられるかな」などと聞いてはいけない。「覚えられない」というアマノジャクが現れたら，ヒサンな押しつけになるに決まっているのだ。〈しつけのことば〉は断定的にいうことが重要である。

● 運用の妙

この「人間は〜」は，毎朝（担任の間はずっと）全員で唱和させる。2通の時間割（家庭用・ランドセル用）にもきちんと印刷しておいて，いつでも見ることができるようにしておく。

なお，以上の6項目以外に，臨時のオマケを付け加えてもよい。教師が〈特にこの時期，この学級では必要だ〉と判断した項目である。たとえば，わが学級には登校途中に遊びにいったモサがいた。このモサのために，特別に「人間は，蒸発しません」という項目を作って加えた。また，神奈川の齊藤祐輝子さんの学級では，すぐに人の顔などをひっかく者がいたので「人間は，ひっかきません」という項目を加えたそうだ。要するに，教師も子どもも，スカッとたのしめればよいのである。

なお，学習については，「勉強は，うれしそうに喜んでしましょう。いやいやしては身につかないのです」ということ（ことば）を教える。ただし，教師の方は「いやいや学習する状態」にならないよう，よほど考えておかなければならない。場合によっては「今日はおしまい」と，さっさと授業をやめてしまうことも必要になる。そのくらいの覚悟がなければ，教師の信用は守れないのだ。

最後になるが，4月の1〜2週間の間に，「新しい先生は今までの先生とは違うぞ」とか「こんどの先生は，たのしいことをやってくれる」などのいい印象を与えてしまうことが重要である。あとは，この印象が1年間持続するように教育活動をしていけばよいのである。具体的には，仮説実験授業をするとか，子どもと遊びくれるとか，それぞれの力量や趣味・嗜好にあわせて実践すればよいだろう。ただし，何事も「生兵法は大怪我のもと」であることを肝に銘じてほしい。子どもたちがみんなトイレに行ってしまうようなことがないように。では，お元気で。

> 楽しい1日に
> # 朝の会・終わりの会
>
> 時　哲朗
> 大阪・桜丘北小学校

●気分悪くサヨナラはイヤ

 小学校につきものなのが〈朝の会〉〈終わりの会〉。この二つ、みんなどうやっているんだろう？　時々気になって、近くの人に聞こうと思う時があるのだが、授業とは関係ないし、別にまともにしなくてもすむからやってない人もいるだろうし……結局、取り立てて聞くこともせずにいた。

 〈終わりの会〉の方は、今日1日の反省をやることが多いのではないかと思う。しかし、それだと「○○君がこんなことをして困る」とか「××が掃除をさぼった」とか、そういうのがいっぱい出てくる。すると、それなりに対処しなくてはならなくなって、その場で注意でもしたとしたら、クラスの雰囲気も悪くなる。また、お互いにチクリ合いが始まってしまうような気がする。「あいつもや」とか「お前もやないか」なんてネ。

 だから、僕は〈終わりの会〉なるものをほとんどしてこなかった。明日の連絡を黒板に書いたり、話したりでオシマイ。これは〈終わりの会〉とは言わないのだろうけど。

 「反省を言う」ようなものでないものとしては、みんなで歌を歌ってサヨナラをするとか、たて笛を吹いて終わるとか、詩を読んで終わるなんていうのもあるようだ。音楽でサヨナラするのは、これはいい感じがする（特に歌はいいんじゃないかな）。

 〈朝の会〉の方はどうだろう。「朝のあいさつ」をして、今日の予定を話すなんていう感じかな。

 僕のクラスも、チャイムが鳴って僕が教室に行くまでは、学習係というのがあって、「朝の学習」ということで、宿題の答え合わせをしたり、漢字の練習や本読みなんかをやっているが、ここでいう〈朝の会〉はそういう朝の学習ではなく、教師が教室に入ってからのことである。

●「楽しかったこと」を発表

 一昨年、1年生を担任したとき

から、〈朝の会〉と〈終わりの会〉を僕なりにするようになった。

　朝、子どもたちに会ってあいさつ。そして、ちょっと僕がしゃべって授業——というのも少しあっけない。1年生を見ていると、ちょっとガヤガヤとしたくなるようだし。それで、〈朝の会〉を始めたのだ。

　1年生の4月当初は、まず「楽しかったこと」を言いたい子に言ってもらった。「楽しかったこと」を言うのは楽しいし、聞いているのも楽しい。だから、やっぱり「楽しかったこと」が一番いい。

　「楽しかったこと」は「昨日〈さようなら〉をしてから今日〈おはようございます〉をするまでの間にあったことだったらなんでもいい」ことにした。これ、言ってくれる子は結構いた。僕は、子どもたちの話を聞いてうなずいているだけ。時々、僕も手をあげて、日直さんに当ててもらって言うこともある。そうすると、子どもたちも、「何？」という感じでよく聞くね。

　2年生になってからは、「楽しかったこと」につけ加えて「ニュース」も言ってもらうことにした。ニュースというのは、発言した子にとってニュースであればなんでもいい。「こんなことがあったよ」ということでいいわけだ。結構オモシロイ情報が入ることもある。

　〈終わりの会〉は、これもまた「今日、学校で楽しかったことを言ってください」ということだけ。司会は日直。「楽しかったこと」以外は受けつけない。「掃除をさぼった」とか「○○君がいじめる」などは、直接僕のところに言いにくるように言ってある。その方がクラスの雰囲気は悪くならない。

　「そういう楽しくないことでも、全員に言わなくてはならないなあ」と僕が判断したら、〈終わりの会〉で言うが、一日の終わりにわざわざ言うようなことはめったにない。気分悪くサヨナラするのは、やっぱりイヤだもん。楽しいことがあったという確認は、一日のしめくくりとしては気持ちいいし、気分よくサヨナラできる。

●日直マニュアル

　今年は3年生。「朝の会」「終わりの会」で日直が言うことをこちらで紙に書いて、それを透明の下敷きにはさんでおいて、日直がそれを順番に読んで進めている。このマニュアル化は、藤原和泉さん

（大阪・開成小学校）がやっていたので僕もやりだした。日直がすぐに言うことを忘れるので、いちいち教えるのが面倒臭くなったのだ。これだったら、僕がいなくてもいつもどおりできるし、楽しくないことが次々出てくるということもない（楽しいことは出てくるだろうけど）。

そうそう、3年生当初には、〈終わりの会〉で「楽しかったこと」を誰も言わないことがあった。それで、僕は「えっ！ 学校で何にも楽しいことなかったの！ それはさみしいなあ！」とでっかい声で言った。まあ、発言するのが面倒なのはよくわかるので、なければないでいいのだが、「気分よく終わるために2～3人は言ってほしいなあ」と思っていたからだ。10人も言いだすと、〈終わりの会〉が長引いてなかなか帰れないという悪い雰囲気になるけどネ（今は6～7人くらいが言ってる）。

下のメモは、今やっている「朝の会」「終わりの会」のマニュアルで、日直がこれを読みながら進めている。

●朝の会
①きりつ！ 気をつけ！
おはようございます！
ちゃくせき。
②これから、朝の会をはじめます。昨日（このまえ）さよならしてから、きょうの朝の会がはじまるまでで楽しかったことや、ニュースを言ってください。
③ほかにありませんか？
④なければ、次は先生からのれんらくです。
⑤これで朝の会をおわります。きょうも笑顔で元気にすごしましょう。1時間目は〔　　〕です。

●おわりの会
①これから、おわりの会をはじめます。
②きょう学校で楽しかったことを言ってください。
③ほかにありませんか？
④なければ先生からのれんらくです。
⑤水とうをロッカーの上においている人、とってください。
⑥これで、おわりの会をおわります。明日（○曜日）も笑顔で元気に登校しましょう。
きりつ！ 気をつけ！
さようなら！

(No.150, 95・2)

ラクしてキレイに掲示したい！

クリヤーポケット
を使おう

岩瀬直樹
埼玉・飯能市美杉台小学校

教室掲示，ボクは大の苦手です。第一，メンドクサイ！　かといって，子どもに任せると……

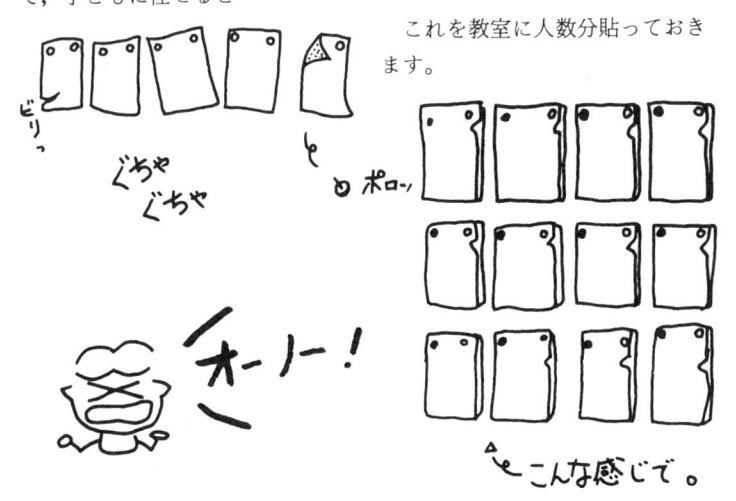

ぐちゃぐちゃ

ビリッ

ポロッ

オー！

「なにかいい方法はないかな〜！」と思いつつ，ぐちゃぐちゃ掲示の中で生活していました。そんなある日，吉松さん（埼玉・大畑小）に，「クリアファイル」を使う方法を教えてもらいました。「クリアファイル」とは，１枚70円ぐらいの文具で，書類等をはさんでおくものです。

こんなやつです。

これを教室に人数分貼っておきます。

こんな感じで。

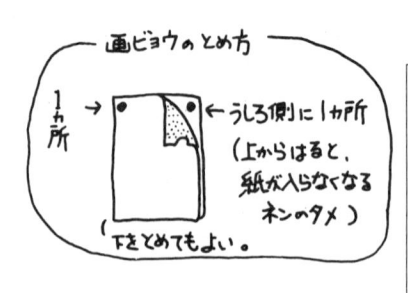

画ビョウのとめ方
1ヶ所 → ←うしろ側に1ヶ所
（上からはると、紙が入らなくなるネンのタメ）
下をとめてもよい。

あとは，掲示したいものを子どもに直接入れてもらうだけ。とても簡単です（吉松さんは，1年生の生活科の観察カードを入れているそうです）。ぼくも早速やってみようと思ったのですが，

70円×30人＝2100円

は，ちょっと高い。何か代わりになるものないかなーと思って，いろいろと探し歩いていたらホームセンターで，「P．P．クリヤーポケット」（リヒト）というのを見つけました。これは，普通のファイルに綴じることができるものです。

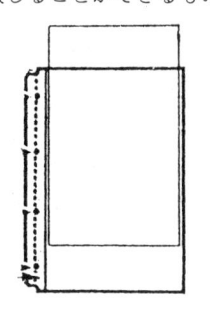

これのよいところは，

①安い（10枚で300円弱）。
②ポケットになっているのでクリアファイルより落ちにくい。
③サイズがいろいろあるので選べる。

の3点です。

早速教室に貼って子どもに掲示物を入れてもらいました。なかなかキレイです。何といっても，はりかえの手間いらずで掲示物を替えられ，しかも掲示物が汚れないところがいいです。小学校の低学年でも，自分でできるところがいいなあと思います。

（吉松さんは，同じ学校の先生のマネをしたそうです。もしかしたら，意外とやっている人が多いのかもしれません）

＊

「P．P．クリヤーポケット」の価格は次の通りです。

B5　10枚　290円
A4　10枚　330円
B4　10枚　480円

また，別売りでカラーの台紙や方眼罫の入ったものもあります。

● 4月に1～2時間がんばって1年間快適に (No.194, 98・3)

教室掲示はインテリア

中林典子　東京・稲城市第三中学校

ひな祭りのタペストリー

まじめに学級掲示をやるようになったワケ

　私は，新任の頃から5～6年の間，学級掲示についてほとんど無関心で，必要最低限のことしかやっていませんでした。

　その理由は二つあって，一つは学校が荒れていて，まじめに掲示をしてもいつの間にかはがされてなくなってしまい，やりがいがなかったから。そしてもう一つは，「学校はやはり中身が大事。器（掲示）より中身（授業）をしっかりやろう，いい教材を少しでも提供していこう」と考えていたからです。

　そんな私の考えを変えてくれたのは，次に転任した養護学校での経験でした。そこは，中学部だけで10クラスもある，養護学校としては大きな学校でした。その学校で，私はおもしろいことに気づいたのです。休み時間になると，何となく生徒がよく出入りするクラスと，あまり人が出入りしないクラスがあるのです。「先生が教室にいる・いないに関わらず」です。「8組には生徒がよく入るなぁ」と予想を立てて見ていると，やっぱり8組には生徒がよく行く。それで，「なぜだろう」と改めて自分も足を踏み

入れてみると、その教室にはなんとなく明るくてあったかい雰囲気があるように感じました。

その理由はすぐわかりました。教室の中に空き缶で作ったおもちゃがつるしてあったり、ぶどうの絵などの掲示物が貼ってあったのです。「そうか、掲示物はインテリアだったんだ！」……その時、私はこのことに気づいたのでした。

「学級掲示はインテリアだ」と思うようになった私は、次に普通中学校へ転任した時から、まじめに掲示物を作って貼るようになりました。「教室は生徒が学校の中で一番長くいる場所。だから、明るい雰囲気にしよう」と心がけながら。でも、こんな当たり前のことに気づくのに、ずいぶん時間がかかったものです。

私の学級掲示——基本方針

さて、それからというもの、私の教室掲示は、生徒たちからも先生方からも、なかなかよい評価をもらえるようになりました。そこで、私の教室の様子を、ちょっと紹介してみようと思います。

私はまず次のことを基本方針として考えています。

①役に立つこと——「必要なことが一目でわかる」ということが、まずは大切だと思います。

②明るい雰囲気を作ること——「今年はピンクにしよう」などというふうに、台紙を明るめな色に決めて統一すると、落ち着いた雰囲気になります。

③賞状は目立つところに貼ること——自分のクラスに誇りを持ってほしいですからね。

④時間をかけないこと——作るときだけでなく、その後もラクに掲示を続けられるように考えています。4月に基本の部分を作ったら、それを1年間もたせるのです。月ごとに変わるプリントなどは、クリアーポケットに入れて貼るといいです。その後、

部分的に変えるときは,学活の前や給食の配膳中などの,ちょっとした時間を使うようにし,掲示のためにわざわざ教室に出向くようなことはしないことにしています。

(実際の教室には,次ページのように掲示しています)

私の学級掲示――工夫していること

①掲示物には台紙・タイトルを。

こうするとやっぱりきれいです。行事予定表,献立表などの月ごとに変わるものは,クリアーポケットや作品展示ポケットを使うといいでしょう(岩瀬直樹さんのまねをさせていただきました。本書187ペ参照)。私はたくさん使う予定があったので,消耗品として,「作品展示ポケット(横八つ切りセット50枚ロール,1ケース4500円,教文・教材総合カタログ)」を買いました。

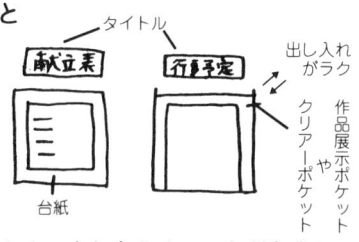

②「担任の願い」をもぞう紙に書いて貼る。

山路敏英さん(東京・足立第13中学校)に教えていただきました。文章も山路さんのものをそっくりまねさせていただいています(『たの授』No.98)。

```
0.生きてるだけでシメたもの
1.毎日,学校に来てほしい
2.楽しく過ごしてほしい
3.自分のイイところを一つでも見つけてほしい
4.お互いのイイところを見つけてほしい
5.自分の不機嫌をまわりに伝染させないでほしい
```

③行事にちなんだ市販のタペストリー(壁掛け)を貼る。

「ひな祭り」や「クリスマス」などの行事の1ヶ月くらい前から,教室の目立つ所に貼っています。自分の子どもの保育園に行

教室掲示の様子

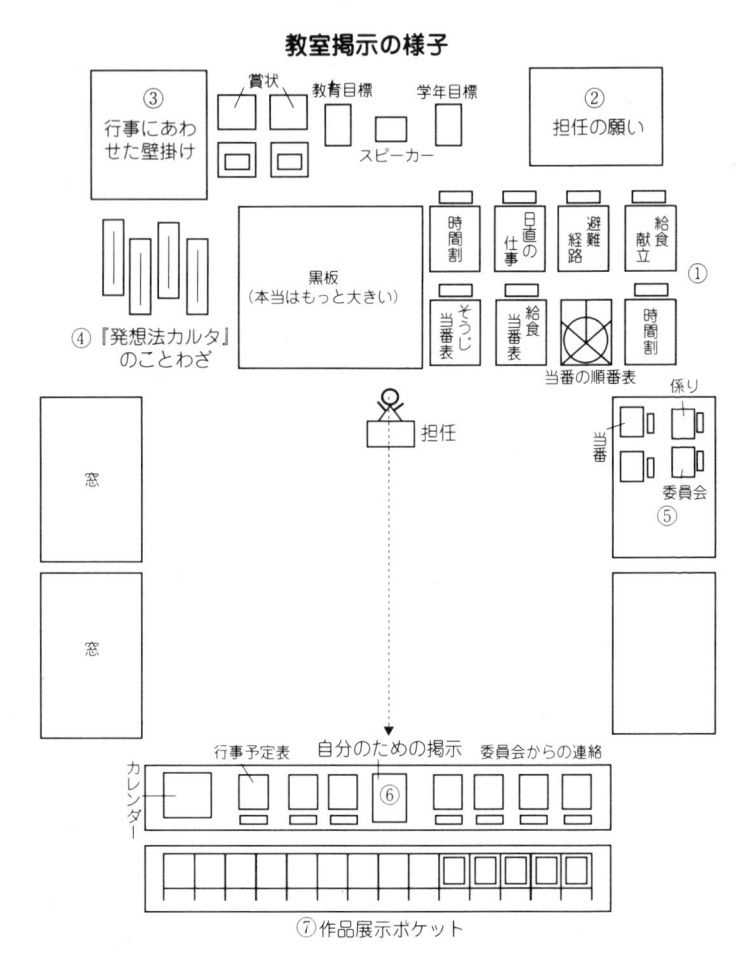

```
③行事にあわせた壁掛け　賞状　教育目標　学年目標
　　　　　　　　　　　　　　　スピーカー　　　　②担任の願い

　　　　　　　　　　時間割　日直の仕事　避難経路　給食献立
　　　　黒板　　　　　　　　　　　　　　　　　　　　　　①
　　（本当はもっと大きい）
④『発想法カルタ』　そうじ当番表　給食当番表　　　時間割
　　のことわざ　　　　　　　　当番の順番表

　　　　　　　　　　　　　　　　　　　　　　係り
窓　　　　　　　　　　　　　　　　　　　　　当番
　　　　　　　　　　　　↓担任　　　　　　　委員会
　　　　　　　　　　　　　　　　　　　　　　⑤
窓

　　　　　行事予定表　　自分のための掲示　委員会からの連絡
カレンダー　　　　　　　　　⑥
　　　　　　　　　　　⑦作品展示ポケット
```

く度に，季節ごとの楽しい掲示を「イイなぁ」と思って見ていました。そして，「タペストリーを貼るだけなら私にもまねできる」と思い，スーパーマーケットで探したところ，1×1mほどの布製のものが，1枚1500〜3000円で売っていました。その行事が近くなると値下げするので，その時期をねらって買うといいです。

余談ですが、私が買ったクリスマスツリーのタペストリーは、夜光塗料が塗ってあるものでした。学活の時、「真っ暗になると光るよ」と生徒に話すと、部活が終わった後、わざわざ見に来る生徒もいました。また、校長先生がこのタペストリーを見ていたら、2年生の生徒が、「校長先生、これは夜になると光るんですよ」と自慢げに言っていたそうです。

この掲示は、予想以上に好評でした。中学校は季節感がないところなので、こういう工夫をするのもいいのかもしれません。お金は少しかかるけど、ずっと使えるものなので、私は教員を続ける限り買い足していこうと思っています。

④板倉聖宣『発想法カルタ』(仮説社) から好きなことわざを。

　本の中から自分の好きなものを選び、色画用紙を短冊状に切ったものに書いて貼るのです(どなたかのレポートを読んで、まねしています)。ことわざの意味を学級通信に載せて話すこともあります。私の教室には右のものが貼ってあります。

「満員バス、乗ってしまえばもうおすな」
「真理は多数決では決まらない」
「どちらに転んでもシメタ！」
「束縛によって得られる自由もある」

⑤「係り、委員会の表」の上手な作り方。

　以前は「一覧表を模造紙1枚に納めよう」と考えて作っていたのですが、これだと「一枠○cm」と計算するのが面倒だし、紙が足りなくなったり、余ってしまったりすることも。そこで今では、「一つの係り(委員)は5cm幅に書く」と決めて、「紙が足りなかったら貼り足し、余ったら切る」とい

う方法でやっています。これはキミ子方式から学んだ知恵。後から係りや委員が増えたら，5cm幅の紙に書いて貼り足せばOK。

⑥**自分のための掲示。**

　教室にいるときに私がいつも心に留めておきたいと思っていることを，学活や授業で生徒の前に立ったときに一番自分の目に付きやすいところに貼っておきます（木下富美子さんも『たの授』No.167に書かれていました）。疲れているときでも，〈いつも笑顔で元気です〉（犬塚清和さん（愛知・平坂中学校）の言葉）を見て「ああ，そうだった」と思ったり，生徒が落ち着かないときなどには，板倉聖宣さんがよく講演会などで言われている〈人間関係も作用と反作用〉という言葉を読み，「私は何かよくない作用をしたかな？」と考えたりするきっかけにしています。

⑦**作品展示ポケット――4月には生徒たちの写真を！**

　4月，教室の後ろには，生徒たちの小さい頃の写真を貼っています。最初は名前を明かさずに貼っておくので，生徒たちは「これ，誰だろう？」「あれは〇〇くんだ」と楽しんで見てくれます。私はこのアイディアを小原茂巳さん（東京・立川第四中学校）に教えてもらったのですが，小原さんは自分のお子さんの担任の先生がやられているのをまねされたということです。

　中学2年のクラスだったので，「写真は半分の人が持ってきてくれたら成功だな。まぁ，10人ぐらいでも仕方がないか」と思っていましたが，36人中30人の生徒が持ってきてくれました。10日間くらいしてから持ってくる生徒もパラパラいました。

　他学年の生徒からも，「先生のクラスに1枚だけ白黒の古い写真が貼ってあるけど，あれは誰？」（私の写真）と言われました。わざわざ見に来てくれているようでした。

☆やり方
1. 右図のような台紙を配る。写真を貼る場所には，4カ所に切り込みを入れる。
2. 台紙には自分の小さい頃の写真を差し込み，「自分がその頃どんな子だったか」を家族に聞いて，書き添えてもらう。
3. 掲示する。2～4週間飾ったら，答えを台紙に書く。
4. さらに1～2週間飾っておいてから，お礼を言って返す。

☆気をつけること
・写真は大切なものなので，いたずら書きなど絶対しないようにお願いする。いたずらされるようなら，早めに掲示をやめる。
・貼る場所は上の方がいたずらされにくくてよい。台紙のまま貼ってもよいが，展示ポケットに入れた方がいたずらが防げる。
・写真は，できれば顔が大きく写っているものを持ってきてもらう。顔が小さく写っているものは，下の方に貼る。
・持ってきてもらうときは，「他の学校でやったら，とってもおもしろかったということなので，私のクラスでもやりたいの。お願いします」という感じで。強制はしない。恥ずかしいので持ってこないという生徒もいる。
・お願いするのは始業式後すぐの学活がよい。気持ちが新鮮なうちにお願いした方が，持ってきてくれる公算が大きい。

☆生徒の感想
石井さん……おもしろかった。楽しかった。もっとやりたいと思うほど。みんなの小さい頃がわかっていいネ。
太田くん……僕はあの写真をはずかしくて出せなかったけど，みんなほとんど出していた。この子だれだろう，などといろいろ言いあっていたし，中川先生や前田先生も一人一人見ていたから，これからもやった方がいいかもしれないと思った。

☆評価：楽しい・面白い・よい…27人，やってもやらなくてもよい…3人，あまりやりたくない…2人，無答…2人

――5月以降は，写真に換えて「私の目標」を入れておきました。色画用紙を縦に2等分し，生徒に1枚ずつ配って目標を書いてもらいます。集めたら2人分をガムテープで貼って1組にし，展示ポケットに入れるといいです。

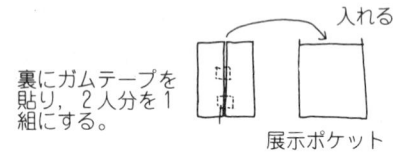

裏にガムテープを貼り，2人分を1組にする。

入れる

展示ポケット

ラク！でも好評

さて，私の学級掲示には，実はこんなエピソードがあります。

学校にいらしていた教育長が，この掲示物をほめてくれたことがあったのですが，その方はさらに半年程して，「あのクラスの掲示物はすばらしい。中林先生というのはどんな先生ですか？」とたずねられたそうです。校長先生が，「教材研究にとても熱心な先生です」と言ってくださると，「それはそうでしょうね」と……。まさか学級掲示物ごときで，こんなふうにほめられるとは思ってもみませんでした。

漢字遊びハンドブック

●馬場雄二著

一七〇〇円（税別）

よ～く知っている漢字ばかりなのにハテナ？　国際的なデザイナーで漢字パズルの第一人者が，「遊び心」にヨリをかけてあなたのノーミソに挑戦。常識をやぶる，変幻自在のパズルブック。家庭で学校で楽しめます。

仮説社

「でも，肝心の生徒がどう思っているのだろう」と思い，感想を聞いてみると，みんなはこんなことを書いてくれたのでした。

村中さん……クラスの掲示物でクリスマスとひな祭りの布みたいのが気に入った。ひな祭りの日に写真をとった（ごめんなさい。その日，カメラ持ってきた。どうしてもとりたかった）。〔189ペの写真〕

諏訪さん……私も暗い感じのクラスは嫌だから，先生が気を使ってくれてうれしかったです。見やすかったです。

千歩さん……私は，2-Bのクラスの雰囲気がすごく好きです。たくさん掲示物がある方が明るい感じになるし，他の人とかに「B組って明るくっていいね」って言われたことが何度もあって，その時もうれしかったです。

涌田くん……ビニール袋みたいなのに入れるところがとっても見やすく，入れやすくてよかった。

――男子の感想には，「特になし」というのもいくつかありましたが，女子は，ほとんどが「よかった」と書いてくれました。

＊

この教室掲示，私は「がんばっている」とか「大変だ」とかと感じずにやれています。本当に4月に1～2時間かける程度で，あとは月ごとに変わる掲示物を入れ替えていくだけなのです。その割には見栄えがするようで，まわりの人や生徒たちに好評です。また，掲示物の方に目がいくせいか，ゴミが落ちていても「きれいに掃除してある」と思われるみたいです。

私がこうした教室掲示ができるようになったのも，『たの授』やサークル，入門講座などでいろいろな人に教えてもらったことを集め，そっくりまねしたり，自分がやりやすいように少し変えたりしてきたからです。

「まねもつもれば山となる」……を実感する私です。この春，皆さんもまねしてみてはいかがですか？

(No.114, 92・4)

中学2年生になるあなたたちへ

神奈川・横浜市汲沢中学校 **小林仁美**

あたらしい一歩

1年前の自分を思い出して下さい。小学生から中学生になって,今日4月5日は入学式でした。「どんな気持ちでしたか」……なんて聞かれても,「忘れちゃったよぉ」などとテレちゃうかもしれないね。だから,言わなくてもいいから,自分の心の中にだけしまっておいていいから思い出してみて。

〈楽しいことがいっぱいありそうでワクワクしてた〉とか,〈すごーく不安だった〉とか,〈ちょっぴりドキドキしてた〉とか,〈新しい世界で今までよりステキな自分になるぞぉ〉……〈おこりんぼやめよう!〉〈勉強ガンバッテみるか〉〈くよくよしーない〉〈まじめになるぞぉ〉……などなど,それぞれいろんなことを思ったり,考えたりしてたと思うんだけど,どうでしょうか。

ところで,今の気持ちもあの時に近くありませんか。去年ほど強烈ではないにしても,やっぱり「ドキドキ」「ワクワク」「今年こそ!」なんて思ったりして。新しいことが始まる時,新しい事を始める時だから。

そこで，君たちに提案。今年は「今年こそ！」を本気で実行してみませんか。〈中1から中2になった〉というのはそんなに大きな変化ではないともいえるけれど，〈新しい出会いがある〉〈新しい集団の中で自分が変われるチャンスがある〉と考えると，今が大きな変わり目であるともいえます。今までよりも少しずつ少しずつステキになっちゃえ！
　他の人は気づいてくれないかもしれない。それでもいいじゃない。自分はわかっているんだもん。それに，いろんな人がいるんだから，〈少しずつでもステキになっていく人〉に気づいてくれる人もいるはずです。時には，「なんだこいつぅ，いい子ぶっちゃって。前は〇〇だったのにぃ」なんて言う人がいるかもしれない。そういう言葉って気になるよね。「どうせ私（ぼく）なんか……」ってくじけちゃうよね。でも，そんな言葉でつぶれちゃったらもったいない。自分の人生，自分が主人公です。〈自分で今の自分をほめてあげられるかどうか〉を大事にしてください。いい言葉があります。

自分のことを，もう一人の自分からほめてもらえるようになろう。（板倉聖宣さんの「絶対自己的自己賞讃」という言葉をかみくだいた堀江晴美さんの言葉）

　それから，「なんだこいつぅ」でもいいけれど，「あっ，いいところもあるじゃん」なんて思える方がいいな。〈他の人のステキさに気づく〉っていうのはすごくステキなことだと思うし，私は，そういう人と一緒にいると楽しくて，明るい未来が見えるようで元気になれます。君たちはどうですか。
　そうはいっても，気持ちの問題だから「どうしてもイヤだなぁ」「好きになれないなぁ」っていう人がいてもしょうがない。だけど，〈食わず嫌い〉という言葉もあります。食べてみたらおいしいかも

しれないじゃない。その可能性を最初からゼロにしちゃうのはもったいないよね。まぁ，食べてごらんなさいな。クラスで何かやろうというときは，〈好き嫌い〉でいかないで，イジワルしないで一緒にやってみて下さい。そして，「あぁ，こいつもいいとこあるじゃん」って気づけたらすごいよね。お互いに気持ちいいし，まわりにいる人も気持ちいいし，他の人の良さに気づけるなんて，とってもステキ！ それは君のおおいなる成長の証。

　こういうことは，〈人と人との関係〉だけじゃなくて，〈人とものごととの関係〉にもあてはまります。最初から拒絶しないで，いろんなことをやってみる。「もしかしたら楽しいかもしれない。楽しかったらもうけもの」ぐらいに考えていると，気楽に自分の世界を拡げられます。これも，いい言葉があります。

　新しい価値の発見は，自分の世界の外からやってくる。（板倉聖宣さんの言葉）

　つまり，「自分の好みばかりでいかないで，自分のワクを越えよう」ということです。
　新しい学年の始まり，新しいクラスの始まりにあたって，私の考えていることを書いてきました。少しでも，「あぁ，そうかもしれないなぁ」と思ったら，1年間この二つの言葉を心にとめておいて，やってみて下さい。どんな結果になるでしょうか。来年の3月に教えて下さいね。では，1年間よろしく。

＊この文章は，昨年4月に，私が担任したクラス（中2）の子どもたちに配ったものです。先日書いてもらった感想を紹介します。「先生がくださった通信を少し読んだらホッとしました。それと同時に，クラスのみんなが仲間に見えてきました。それももう1年前。今ではクラスの友達が一番大切です」小古呂志織。

〈知らないことは教える〉ということ

小川 洋
東京・五日市小学校

●トラブルが起きたとき

「〈子どもたちとのイイ関係〉を目標に，子どもといつも関わっていくとよい」という話が，たの教サークルではよく出ます。

生徒が何か問題を起こしたとき，叱ったり反省させたりするよりも「ウーン，困ったね，ヤバイことになっちゃったね。でも，起きてしまったことは仕方ないよ。それよりもこの後どうしたらいいか，一緒に考えようや」――こんなふうに小原茂巳さん（清泉中）たち中学校の先生は生徒に話し始めるというのです。

小原さんによると，このときのポイントは「結果として，ぼくとその子がイイ関係に終わるようにすると，たいてい上手くいく」というのです。

もっとも，最初からお互いが相手のことを嫌いだったりすると，いくら「イイ関係を」と思っても，それはムリというものですが。また，「何かトラブルを起こした子どもとでなければイイ関係ができない」というのも，おかしな話。ボクら教師の仕事の基本は「大多数の子と日頃からイイ関係をつくること」。それには，仮説実験授業を中心にした〈たのしい授業〉の実現がいちばん有効であることには変わりありません。

　　　　　　＊

ところで，〈子どもたちとのイイ関係〉という言葉そのものに反対する人はいません。ところが，「これをいつも使いこなせるか」というと，話はまた別。たとえば，実際に使いこなそうとするとき，ボクの中のフツーの先生のモノサシがじゃまをしたりします。

去年の子どもたちとのことです。「クラス（6年4組）の子どもたちが放課後みんなでアメをなめていた」という事件が発覚しました。「エッ！」と驚くボク。さて，どうしよう？　このとき，頭にパッと浮かんだのが山路敏英さん（東京・金町中学校）の「〈常識〉

という名の予想」(本誌1989年９月号・No.80) に出てくる話でした。

> 最近，学校でアメやガムを食べている子がふえている。「さっそく学年集会を開いて全体指導しましょう」と主張する先生がいた。それに対して山路さんは，「ボクらにとっては学校にお菓子を持ってきてはいけないというのは常識になっているけど，子どもたちにとっては必ずしもそうとは限らない。だとしたら，まず叱る前に担任が〈教える〉ということをした方がいいのでは」と言った。それでやってみたところ，結果的に学級指導(教える)だけで解決した。
> 　　　　　　　（要約：小川）

さっそくボクはマネしようと思いました。ところが，これがスッと自然にできないんです。つい，「自分の正義感で子どもをやっつける」という方向に行きそうになるのです。うまく子どもに教える自信もイマイチありません。「子どもに言うこと」を何度も頭の中でハンスーしたりして，なんとか子どもたちに〈教える〉ことをやってみました。

実際，子どもたちにはあまり罪悪感がないようでした。集団でアメをなめるということがかなりヤバイことだとも知らなかったようです。だから，このやり方をして良かったなと思います。その後，アメの影は教室から消えました。

●最初は違和感がつきもの

今回のことで，「実際にコトが起こったとき，教師のボクは正義感で突っ走りたくなるのがフツーなんだな」と実感したものです。「アメを持ってきてはいけないなんて常識ではないか。これは確信犯だ」「キビシク叱らないとエスカレートしてしまうのでは」とか，つい思ってしまいがちです。〈正義感〉には違和感がないのに，〈イイ関係を目標に動くこと〉には逆に違和感を感じてしまう。

これは仮説実験授業で，科学の法則を身につけていく認識の仕方に似ているなと思います。たとえば〈ものとその重さ〉だと，「重さは足し算できる」とわかっていても，「赤ん坊に200ｇのミルクを飲ませたら体重はどうなるか」という問題にまで適用しようとすると，とても違和感を感じてしまう。「ミルクの分だけ体重が増えると

思えない」というのがフツーです。ちょうどボクの中で「フツーの先生としてのモノサシ」がもっくり頭をもたげてくるように。

　日頃なんとなく身についてしまっている先入観を取り除くことはそう簡単なことではないのです。そして，実際の出来事の中でひとつひとつ実験結果を知ってはじめて，「やっぱりイイ関係優先のほうがずっといいな」と実感できます。そういう「いい問題とその実験結果」を数多く知ることで，ボクも〈イイ関係〉のドリルをしていきたいな，〈イイ関係〉っていうのが違和感なくフツーのことになりたいと思うんです。

●知らないことはまず教える

　ところで，子どもたちとのイイ関係をこわしたくないから，叱れない，管理できない。その結果，クラスがグチャグチャになってしまった。――そんな経験がボクにもあります。

　子どもたちが何か問題を起こしたときに，授業で作られてきた〈イイ関係〉を生かしてコトにあたるためには，もうひとつ，具体的な対応の仕方を考えることが必要。

　そのひとつが〈知らないことは教える〉ということです。もともと，「この言葉を教育の場で使っていこう」というのは伊藤恵さん(国立第四小学校)の発想。「小学校低学年の子に〈そんなこと知っててアタリマエ〉とは言えない。高学年でも中学生でも，キチンと教えてあげたらどうか」というのです。

　そこで，中学教師の山路さんはこれを使ってみることにしたそうです。そのころ(今から3年前)山路さんは1年生の担任で，「超乱暴者の男の子」が次々に起こす事件に悩まされてたとのこと。山路さんは言います。

　その子に対してボクがいつも考えたのは，「知らないことは先ず教える」ということでした。問題を起こした時，なぜそれが問題なのか，そのとき他の子の気持ちはどうなるのか，一つ一つ教えてあげようと思ったんです。結果的にはそれがうまくいってあまり問題を起こさなくなったし，クラスで彼だけが浮き上がることも少なくなりました。

　自分はたいして悪いことをしていると思わず，軽い気持ちで他の子をこづいたりしても，他

の子にはそれがすごく嫌だ, というようなことも, 一度はキチンと教えないとね。だって, 考えてみたら, 小学校の時から一度もキチンと教えてもらってないんだもん。
　　　（小川のノーミソテープより）

　ボクは「アメ事件」以来, この〈知らないことは教える〉という方法はなかなか有効だな, と思っています。

● イイ関係もドリル

　今年受け持った5年生のクラスでも, 何か問題が起こると, ボクはすぐ「子どもたちが知らないだけかもしれない。まずは教えよう」と思います。

　たとえば,「ある子がさわったラケットにみんなでさわらない」ということがあった。このときは, クラスのみんなに「そういうのはひどいイジメなんだよ。〈みんなで考えなさい〉なんてボクは言わないよ。それはやっちゃいけないことなの」と強く言った。

　「教えるというよりオシツケになったかな？」と思ったのですが, とりあえずは一度教えてその後の様子を見よう, と思うのです。イジメがなくなるには時間がかかりそうですが, 今のところ同じような行為はないので, 少しホッとしています。

　また先日は, ある男の子（A君）が他のクラスの子（B君）から2000円もらうということがあった（その金はみんなからイジメられているC君が家から持ち出したお金）。ここでも「ボクがA君に対して言うことははっきりしている」と思いました。「C君のお金だということがわかっていてお金をもらうのは, 君もイジメに加わっていることになってしまうんだよ」「お金をもらうときには限度を考えないと後で困ることになるよ」ということをとりあえず教えることにしました。

　「なにかあったらとりあえずは教える」というのは, 子どもたちの人格ではなく, 認識だけを問うことになります。

　それゆえに, 子どもたちのプライドも守られます。やみくもに「反省させる」よりはずっとお互いに気持ちよくもめごとの解決にあたれることが多いのです。こんなふうに, 教師のボクは具体的な問題を通して〈イイ関係のドリル〉を続けているところです。

生徒になめられる?!

最初の授業 1

長岡　清
東京・三鷹高校(当時：福生高校／定時制)

　新しい生徒との最初の仮説実験授業は，すごく緊張する。今年は福生高校・定時制につとめて5年目で，新入生と会うのも5回目となるのだが，新入生との最初の授業は緊張するのだ。というのは，「うちの生徒たちは好き嫌いが激しく，第一印象が大切だ」ということを，身をもってわかってしまったからである。

　大学時代から『たのしい授業』を読み，「ぼくもこんな授業がしたいなあ」と思っていた。また，『たの授』で「最初の授業から楽しくすることが肝心だ」ということを読んでいた。だから，最初の授業は仮説実験授業をやろうと思っていた。しかし，当時，世界史の授業書はなかったので，武田芳紀さん（岡山の高校の社会科の先生）の〈人類の発生〉というプランをやることにした。「それをやれば，みんな楽しんでくれるだろう」と思ったからだ。しかし，実際は〈たのしい授業〉にはならなかった。

　はじめて3年生の教室に行った時，それは一種異様な雰囲気だった。何人かの生徒はぼくをにらんでいるし，他の生徒たちもコワソウだ。しかし，「ビビッてはいけない」と思いながら，出席をとる。職員の打ち合わせの時に，「決められた席についているようにしてください」と言われたことを思い出したぼくは，池野君という生徒が決められた席ではなく一番前の席にいるので，「自分の席にもどれ」と言った（一番前にいるんだから，悪いことじゃないですよね，いま考えてみれば）。

　「ここでも，いいじゃねえか」と言う池野君に対して，ぼくはツッパッていた。「いや，決められた

席じゃないじゃないか」。それが大間違いだった。何回か押し問答をした結果，結局そのままの席で授業をはじめたのだが，1時間目から険悪な雰囲気が流れ，その日は授業どころではなかった。

その後，このクラスで信用を獲得するのは大変だった。

*

そんなこともあって，最初の授業には，ぼくはすごく気をつかうようになった。「余計な生活指導はしないようにしよう。楽しく1時間目だけでも終えるように。できたら気楽になってもらえるようにしよう」と思うようになった。

だがしかし，やっぱり最初の仮説実験授業はぼくも生徒も緊張する。だって，よく知らない友だちの前で初めから問題にハズレルのは恥ずかしいと思うし。だから，最初は手があげにくくても仕方がないと思う。でも，最初から手をあげるようになってほしい。そんな願いをこめて，「まだ，誰も習ってないんだからね。気楽にね」と言った（これは，小原茂巳さんが言っていることだそうだ）。

そんな時，急に岩本君が「そうだよなー，まだ習ってないんだよな。おれ，最初間違えたんで，自分のこと，バカだなと思ってたんだ」と言ってくれた。それまで緊張していたクラスが急になごんだ。こんなこと，めったにあることじゃないので，とてもうれしかった。「今年は，この雰囲気をずっと続けていきたいなあ」と思う。

(1988.6.1)

こうした定時制での出来事を，「定時制高校生日記」としてガリで12回にわたって書いてきた〔一部は本誌に掲載〕のだけれど，読者の感想が気になる。というのも，定時制高校の教師は小中高の先生の約1％しかいないから，教師の中では圧倒的少数なのだ。「他の先生はどう思うのカナ。〈まぁ，定時制って特殊な世界だからな〉と，全然読んでもらえないだろうな」と思うと寂しい。

そこで，読んでもらえそうな人に「定時制高校生日記」を送ってみた。その結果，少なくとも返事をくれた人にはおもしろがってもらえたよう(?!)だった。とても嬉しかった。その返事の手紙の中に，

同じく高校の教師である吉村烈さん（大阪）のものがあった。これがとてもよかったので、紹介してしまうのである（吉村さん、勝手にのせてしまってゴメンナサイ）。

最初の授業 2

吉村　烈
大阪・加納高校

資料、どうもありがとうございました。「定時制高校日記」、読み始めて何回も笑ってしまいました。長岡さんの文章の中でうろうろしている生徒さんたちが、僕の目の前にいるお子さんたちとぴったりと重なっていたということもあります。

「最初の授業」の中で、長岡さんが生徒さんと席のことで押し問答するシーンがありますが、僕は読みながら4年前のことを思い出しました。

初めての授業で、僕はとても緊張していました。ところが、生徒さんがいつまでも喋っているし、席に後ろ向きに座っているので、「これは注意しなければ、なめられてしまう」とそう思ったのです。

「なめられたら、その後の人生はとても暗くなるぞ」とか、「君の1年前にきた人も、生徒にいじめられてやめたで」とか、いろいろ言われていたので、注意をすることにしました（こわごわですが）。ところが、全く聞いてくれません。

頭にきた僕は、そいつの席のところまでいって、「いったい教師の言うことをなんやと思ってるんや！」とどなりました。そしたら、そいつ（野村君という子です）は、一触即発の緊張状態の中で、僕のほうをクルッと振り向くと舌を出して、ペロッとぼくのはなの頭をなめたのです。

爆笑の中で、戦意を喪失した僕は、〈僕には力で生徒さんを押さえる能力はない〉ということをしみじみ悟りました。〈僕には仮説実験授業しかないなー〉と思ったのは、それからなのです。

長岡さんとおんなじで、やっぱり今でも最初の授業は緊張します。
……………………………………
この吉村さんの授業記録が、またなかなかいいのだ。いつか紹介したい。　　　　（1988.8.2）

よむだけでたのしい　よむだけがたのしい

よみかた授業プラン集

山本正次 編著

3刷

A5判　254ペ

ここで「よむ」というのは「教材の文章を声をだしてよむ」つまり〈音読〉とほとんど同じ意味です。だから簡単です。でも、よむことを軸にした授業では、おしつけは禁物。そのために「誰にでもたのしくできるプラン」が生まれました。「内容を深くよみとる授業」のおしつけを見直してみませんか？

2200円+税

内容・教材文

よむことを軸にした授業
はる　なつ　あき　ふゆ　（谷川俊太郎）
ことこ　　　　　　　　　（矢川澄子）
ふしぎなふろしきづつみ　（前川康男）
のはらうた　　　　　　　（工藤直子）
重さの錯覚　　　　　　　（板倉聖宣）
一年生たちとひよめ　　　（新美南吉）
ふんすい　　　　　　　　（まど・みちお）
やまなし　　　　　　　　（宮沢賢治）
たいこ　　　　　　　　　（谷川俊太郎）

仮説社

1年の計は4月にあり

ボクのカリキュラムはいかが？

(No.114, 92・4)

● 4年1組の子どもたちとの1年間

愛知・豊田市山之手小学校　井藤伸比古

今年もたのしい授業がしたいなあ

　夢いっぱいの新学期がやってきました。「今年はどんな子どもたちと出会い、どんな授業ができるかな」と、胸がわくわくする4月です。

　私も、昨年4月、そんな気持ちで新学期を迎えました。4年生の担任になり、同学年の教師は、新任(女)、2年目(女)、10年目ぐらい(男)と15年目(私)の4人です。

　新任の人もいるし、「できるだけ一般的な授業をしていこう」と心に決めて新学期をスタートしたつもりです。だけど、今までの12か月を振り返って見ると(次ページの表を参照)、けっこう仮説実験授業やもの作りをやっているのにびっくりしました。それは、きっと「一日に最低一時間は、子どもたちとたのしく授業がしたいなあ」という気持ちでやってきたからでしょう。

　それでは、今から私の12か月の歩みを紹介しましょう。「ふだんどんな授業をやっているのか」を見ていただいて、もし役立つ部分があったら利用していただけるとうれしいです（教科書の授業は、省略してあります。ふつうの授業をしているつもりです）。

4の1カレンダー

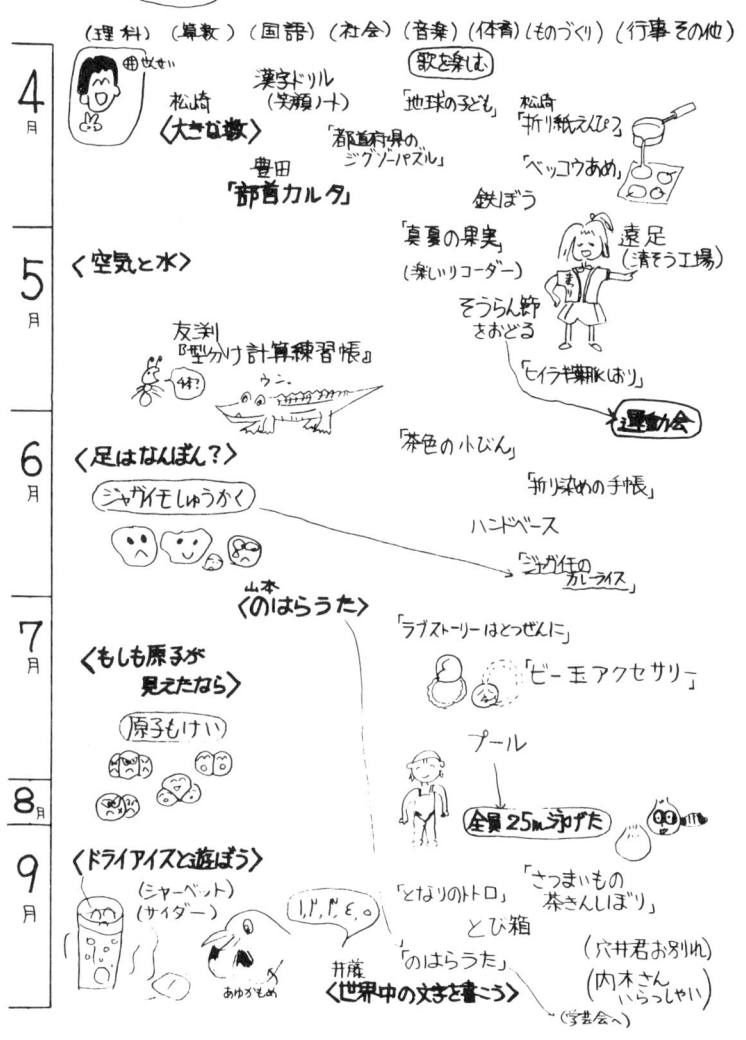

（楽しかったよ）

(理科)(算数)(国語)(社会)(音楽)(体育)(ものづくり)(行事その他)

4月
先生
松崎 漢字ドリル（笑顔ノート）「地球の子ども」 歌を楽しむ
〈大きな数〉
豊田「都道府県のジグソーパズル」 松崎「折り紙えんぴつ」
「部首カルタ」 「ベッコウあめ」

5月
鉄ぼう
〈空気と水〉 「真夏の果実」 遠足（清そう工場）
（楽しいリコーダー）
友判『型分け計算練習帳』 そうらん節 さおどる
「セイタカ菜服くばり」
→ 運動会

6月
〈足はなんぼん？〉 「茶色の小びん」
ジャガイモしゅうかく 「折り染めの手帳」
ハンドベース
→ ジャガ芋のカレーライス

7月
山本
〈のはらうた〉
〈もしも原子が 「ラブストーリーはとつぜんに」
見えたなら〉 「ビー玉アクセサリー」
原子もけい
プール

8月
全員25m泳げた

9月
〈ドライアイスと遊ぼう〉 「となりのトトロ」「さつまいもの茶きんしぼり」
（シャーベット）
（サイダー） し゛し゛し゛し゛。 とび箱 （穴井君お別れ）
あゆがもめ 井薩 「のはらうた」 （内木さんいらっしゃい）
〈世界中の文字を書こう〉 （学芸会へ）

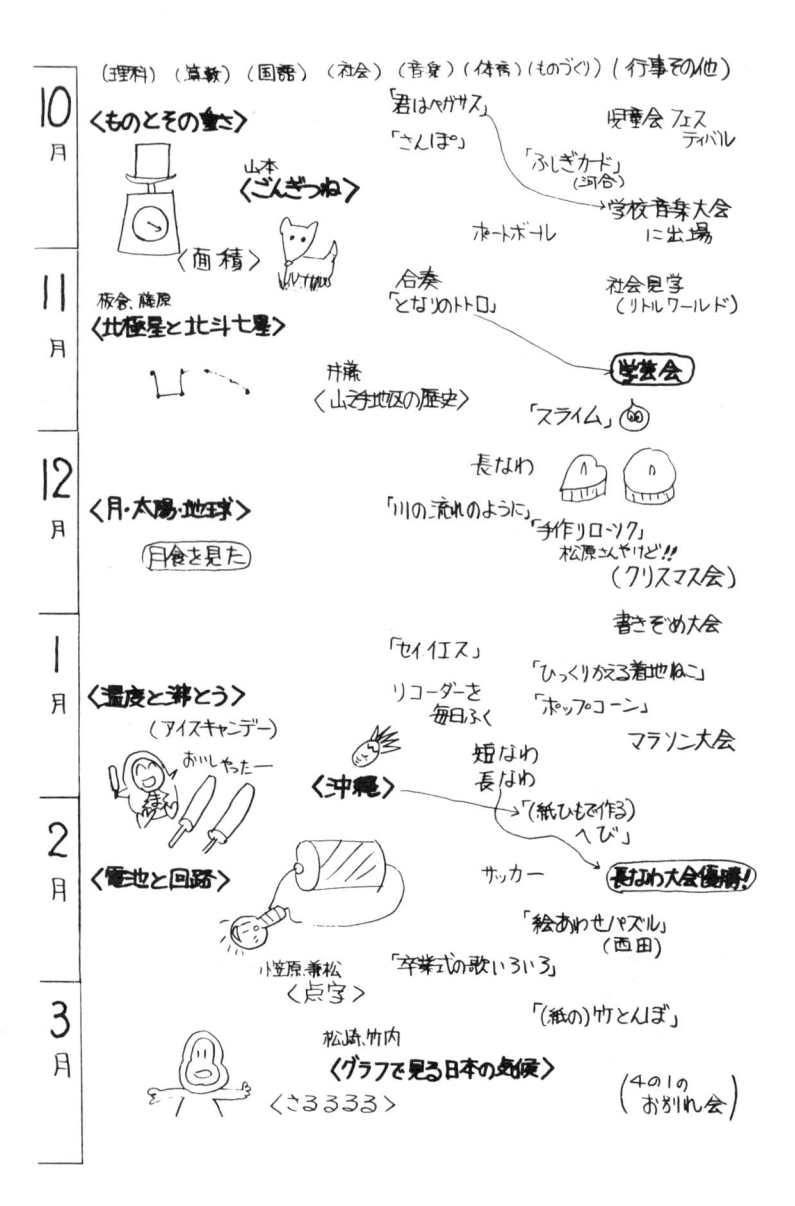

(理科) (算数) (国語) (社会) (音楽) (体育) (ものづくり) (行事その他)

10月
〈ものとその重さ〉
山本 〈ごんぎつね〉
〈面積〉
「君はペガサス」
「さんぽ」
「ふしぎカード」(河合)
ポートボール
児童会フェスティバル
→学校音楽大会に出場

11月
板倉、藤原
〈北極星と北斗七星〉
井藤 〈山王地区の歴史〉
合奏「となりのトトロ」
社会見学(リトルワールド)
学芸会
「スライム」

12月
〈月・太陽・地球〉
月食を見た
「川の流れのように」
長なわ
「手作りロウソク」松原さんやけど!!
(クリスマス会)

1月
〈温度と水とう〉
(アイスキャンデー)
おいしかったー
「セイイエス」
リコーダーを毎日ふく
〈沖縄〉
短なわ
長なわ
書きぞめ大会
「ひっくりかえる着地ねこ」
「ポップコーン」
マラソン大会
「紙ひもで作るへび」

2月
〈電池と回路〉
小笠原、兼松
〈点字〉
サッカー
「卒業式の歌いろいろ」
「絵あわせパズル」(西田)
長なわ大会優勝!

3月
松崎、竹内
〈さるるる〉
〈グラフで見る日本の気候〉
「(紙の)竹とんぼ」
(4の1のお別れ会)

1. まずは理科から

理科の中心はやっぱり仮説実験授業です。1年で10以上の授業書（算数，社会を含む）をやったことになります。

まずは，それらの評価を見て下さい。

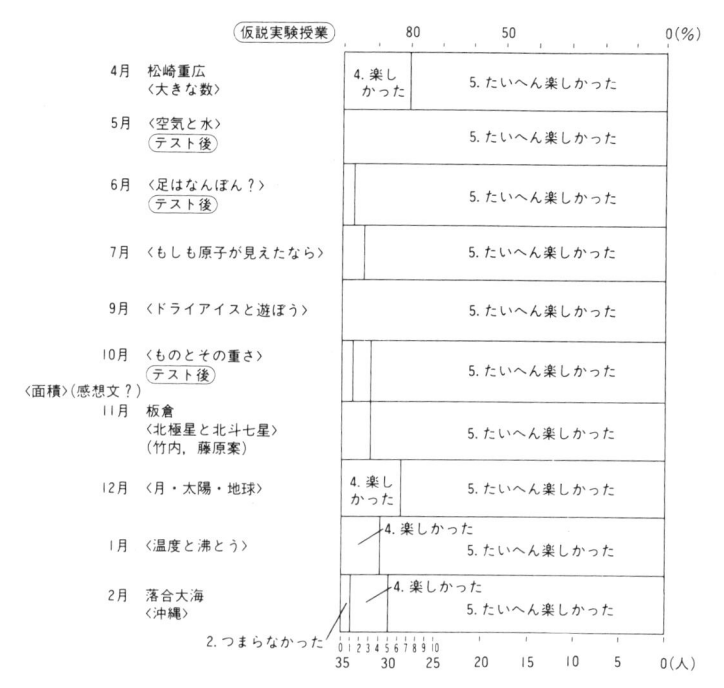

	仮説実験授業
4月	松崎重広〈大きな数〉
5月	〈空気と水〉テスト後
6月	〈足はなんぼん？〉テスト後
7月	〈もしも原子が見えたなら〉
9月	〈ドライアイスと遊ぼう〉
10月	〈ものとその重さ〉テスト後
〈面積〉（感想文？）	
11月	板倉〈北極星と北斗七星〉（竹内，藤原案）
12月	〈月・太陽・地球〉
1月	〈温度と沸とう〉
2月	落合大海〈沖縄〉

どうですか？　けっこういいでしょう。その原因の一つは「テストを終えてから評価をしてもらったことにある」と思います（『たのしい授業』№76，参照）。テストといっても，私の場合は，授業書の問題を縮小コピーして貼り合わせて作ったものです。ワラ半紙1枚に収まるだけ選ぶので，10〜13問ぐらいになります。

評価の良かったもう一つの理由は，授業書の小道具がそろっていたことかも知れません。『たのしい授業』で紹介されている研究

213

会には，だいたいどこでも実験道具やおもちゃがたくさん売られています。私は，研究会に行っては必要なものを（必要でないものも）買い込み，物置にためこんでいます。

それでは，理科の授業を順にご紹介しましょう。

（参考にした本・雑誌は，次の略号で表してあります。『ものづくりハンドブックⅠ』→『Ⅰ』，『ものづくりハンドブックⅡ』→『Ⅱ』，『たのしい授業　No.　』→『No.　』，『たのしい授業プラン国語1』→『国』，以上いずれも仮説社）

◎4月　「ジャガイモの植えつけ」

ジャガイモのでんぷんを取り，顕微鏡で観察。その後，でんぷんから水アメを作りました（『Ⅱ』）。でんぷんは，ジャガイモから取ったものでなく，買ってきたカタクリ粉の方がいいみたい。

◎5月〈空気と水〉

初めての仮説実験授業はこれにしました。2年か3年の理科の教科書にこれに近い内容があるので，「復習としてやるからね」と言って授業を始めました。

すごくいい評価でびっくり。最後に岩波映画「空気の圧力」も見ました。

◎6月〈足はなんぽん？〉

森下知昭さんの作られた「足はなんぽんカード」を黒板に貼りながら授業するといいでしょう。学研の図鑑『昆虫の図解』（1974年）も大きな昆虫の絵が書いてあって，足の数がよくわかります。（森下知昭さんの「足はなんぽんカード」は残念ながら，現在品切れです）

◎「ジャガイモの収穫」

ジャガイモは，カレーライスとふかしいもにして食べました。

◎7月〈もしも原子が見えたなら〉

1億倍の分子模型を作りました。ケースにかざって，みんな家

に持って帰りました(平尾二三夫「発泡スチロール球での分子模型作りの歴史」『No.101』)。

◎9月〈ドライアイスで遊ぼう〉

2学期の授業始めはこの授業から。実験はできるだけ子どもたちにやってもらおうと,ドライアイスをたくさん(5kg)買ってきました。「サイダー」「シャーベット」「ロウソクの火を消す」「フイルムケースの鉄砲」と,どれも一人ずつやりました。ドライアイスはたくさんあった方が,絶対楽しいです。ということで,この授業も評価は抜群！(『No.105』)

○「流れる水の働き」

砂場で川を作ったりドロンコ遊びをしたりしました。それでも,子どもたちの評価は今いち。評価の厳しい子どもたちです。

◎10月〈ものとその重さ〉

この授業書は,激しい討論の連続になりました。そして子どもたちの正解率も上がっていきました。しかし「〔問題6〕(1)アルコール100cm³と水100cm³を合わせると,体積は？」で,ほとんど全員がはずれて,その次の〔問題6〕(2),〔問題7〕の正答率も低くなりました。最後に岩波映画「ものとその重さ」を見て,テストをして評価を取ったわけですが,「最後は全然わからなかった(渡辺さん)」という子もいて,おもしろい授業になりました。

「少し頭が混乱したまま終わるというのもいいのかな」という思いもしています。〈物質保存の法則〉というものは,科学の歴史でも長い時間がかかってわかってきたものなので,子どもたちも簡単には納得できないのかも知れません。

◎11月〈北極星と北斗七星〉

板倉聖宣さんの『北極星と北斗七星－いたずら博士の科学の本6』(国土社)を使って授業しました。

私はテレビプロジェクター(ビジュアルプレゼンター)で,本を

テレビに写して授業しましたが，OHPでもやれそうです。授業全体の進め方は大阪の藤原和泉さんに教えてもらったものですが，ほとんど実験の準備がいらなくて，楽しくやれます。(問い合わせは藤原和泉さん＝〒573-1191　枚方市新町2-1-14)。

　◎12月〈月と太陽と地球〉

　子どもたちが天文に興味を持ってきたこともあり，教科書に同じような単元が載っていた(移行措置で削除されたけど)ので，これを2学期のしめくくりにやることにしました。

　この授業書は，正直言って「第1部」がやりにくかったです。実験結果がすぐ出ないからです。「観察して」とか「後ろの問題が終わってから」とかいうのが続きます。ボクは，映画や本から答えを用意して授業しました。(東映映画「太陽と月を観察する」市のライブラリーで借りた。山田和『つき』(『かがくのとも』No.150福音館，絶版)。山本海行さん作成の「天体CD」送料込み1500円，郵便振替「00850-2-99677　山本海行」というのもあります)

2．算数

　算数はだいたいは教科書通り。でも要所要所は仮説実験授業で。

　①松崎重広案〈整数と大きな数〉

　「今まできらいだった算数がとっても好きになりました」という感想文を書いてくれた子が何人かいました。

　私は，「子どもたちが〈ぐれる〉とか〈学校に来なくなる〉とかいう原因の多くは，勉強がわからなくて，学校がつまらなくなるからだ」と思っています。勉強をつまらなくしている教科は，小学校ではなんといっても算数です。算数が子どもたちの自信をなくしているような気がしています。

　算数の授業すべてを楽しくするのは，今はまだ無理かも知れませんが，年に一つや二つは「たのしい算数」をしたいと思ってい

ます。

②〈広さと面積〉
仮説実験授業研究会の新しい授業書です。これも評価はいい。
③友渕洋司『計算書，加減乗除のすべて─型分け計算練習帳』
計算ドリルの必要な単元がいくつかあるので，それはこのガリ本で。1ページに20問の問題があります。1日1ページ，10問を学校でやって，残りの10問を宿題。忘れても文句は言わない。(送料込み3340円，郵便振替「00900-0-42995　日高仮説サークル」まで)

3．もの作り

今年は図工を他の先生に受け持ってもらったので，私の「カレンダー」にも図工はありません。だけど，もの作りはいくつかやりました。

うちの学校には，毎月「なかよし給食」というものがあります。他のクラスと半分ずつ子どもたちが入れ代わって給食を食べるというものです。これもけっこうめんどくさくて，ゲームを考えたりしなければなりません。そこで，今年は「なかよし給食」のときは，もの作りを一つするなどの〈おみやげ〉を持っていくことにしました。それ以外は，何もしない。

ということで，今年のもの作りのメニューを見て下さい。本を見てやったつもりなのに，けっこう失敗をいくつかしました。

①折り紙で作るエンピツ
松崎重広さんに教わったもので，かんたんにできていい。
②ベッコウアメ（『Ⅰ』）
これは，なかよし給食とは関係なくやったもの。実験器具の使

い方実習という名目で。

③ヒイラギの葉脈しおり

水酸化ナトリウムでヒイラギを煮て作ります。ボクはこれ得意。

④折り染め手帳（『Ⅰ』）

画用紙を切って，わごむでとめて，折り染めをはればできあがり。

⑤ビー玉アクセサリー（『Ⅱ』）

父の日のプレゼントに，金具を買ってきてネクタイピンを作りたかったけど，母子家庭の子が一人いたので，やめました。

⑥さつまいもの茶きんしぼり

子どもたちの評価は，これがいちばんいい。同僚の兼松先生に教わったもの。家庭科室でさつまいもをむして，つぶして，さとうを入れて（できたら濾すといい），ふきんでしぼる。簡単で，おいしい。

⑦まるちゃんのふしぎカード

制作者は田岡道吉さん（〒458-0034　名古屋市緑区若田2-303　TEL052-623-8546）

⑧スライム（『Ⅱ』）

ボクは今までスライムがうまくできませんでした。愛知県で売っている洗濯ノリでは，どうしてもベタベタになってしまうのです。豊田の蟹江さんや鶴田さんにこつを教わりました。

「4％のホウ砂水溶液を作ったら，ガラス棒でかきまぜながら下の沈澱もいっしょに入れる」のがこつです。

⑨手作りロウソク（『Ⅰ』）

これで，一人が足にやけどをして，大さわぎ。『ものづくりハンドブックⅠ』には，「アルミケースかフライパンで」とあるのに，欲張って大きな洗面器を使いました。ところが，理科室のガスバーナーと三脚で，洗面器いっぱいの水を温めていたら，バランス

を失って，熱湯がザバーッと。

「手作りロウソク」は，少ない水でやった方が効率がいいようです。水が多いと，ロウソクがちっとも融けません。それにあぶない。

⑩ポップコーン（『No.112』）

簡単で，夢いっぱい，しかも安い。使ったビーカーを洗うのに苦労しました。

⑪ひっくりかえる着地ネコ（『Ⅱ』）

これも簡単。

⑫紙ひもで作るヘビ（『No.106』）

〈沖縄〉の授業書（キリン館，800円）を終わってから作りました。ただ，作り方がむずかしくて落伍者多数。数人がヘビ作りマニアに。

⑬絵あわせパズル（高槻の西田隆さん制作）

〈紙ひもで作るヘビ〉がむずかしかったので，急遽なかよし給食のおみやげはこれに。トトロ版とラピタ版があり，簡単です。

これ以外に，理科クラブでいくつかもの作りをしました。⑭紙ブーメラン（『Ⅱ』），⑮コーヒーゼリー（『No.93』），⑯カンテンパパのゼリー，⑰プラバン（『Ⅰ』），⑱わりばしてっぽう，⑲ミニまきごま（『Ⅱ』）。

4．国語

①「部首カルタ」（『No.78』）と「漢字の宝島」（『国』）

新学期の国語は，まず豊田泰弘さんの「部首カルタ」で始まりました。漢字を覚えるのに，部首を知っていると効率が上がります。125枚を5回に分けて印刷しました。隣の子と二人組で25枚を取り合いました（送料別1500円，豊田泰弘＝〒006-0013　札幌市手

稲区富丘3条1-14-3　☎FAX 011-695-0706）

　馬場雄二さんの「漢字の宝島」は，楽しく色ぬりをしながら漢字に興味が持て，しかも自習教材にもなります。新学期には前の学年のものを，学年末にはその学年のものを。

　②「のはらうた」「ごんぎつね」「さる・るるる」

　山本正次さんの『よみかた授業書案集5』（キリン館，1800円）から「のはらうた」を，『よみかた授業書案集4』（キリン館，1700円）から「ごんぎつね」を授業しました。

　「のはらうた」の詩に曲をつけて「合唱曲」にしたものがあり，その中から2曲を学芸会で歌いました（新実徳英作曲『2声で歌う，のはらうた』音楽之友社，1987年）。けっこうむずかしくて大変でしたが，なんとか学芸会で発表できました。

　「ごんぎつね」は，新任の先生の研究授業があったので，私もいっしょに10時間以上かけて授業しました。「私にも国語の研究授業ができそうだ」と，ちょっと国語に自信がつきました。

　他に，五味太郎さんの『さる・るるる』（絵本館）を1時間で，楽しみました（『国』）。

　③「笑顔ノート」と漢字テスト

　うちのクラスの子どもたちは「笑顔ノート」という連絡帳兼なんでも帳を使っています。これは松崎重広さんに教わったもので，もともとは「ノーミソノート」といいます。それで，松崎さんの使い方をあわせて紹介したいと思います。

　子どもたちにノートを1冊用意してもらう（できたら教科書サイズの横罫線のノート）。その1ページを1/4に仕切る。

　（ⅰ）漢字テスト

　やり方は尾形邦子さんとだいたい同じ（『No.99』）。まず，漢字ドリルから10問を宿題として練習してきてもらいます。そのうちから5問をテストとして出します。そのテストを火，水，木，金と

4回やって, 土曜日は「土, 日の宿題を賭けた40問テスト」で。これで90点以上取れると, 土, 日の宿題なし。もし落ちても, 同じプリントが1枚（時に2枚）宿題になるだけなのですが, 子どもたちは合格するために燃えて練習してきます。

　私は, 2週間ぐらい先にまた同じ範囲のテストしています。ですから, 進むスピードは尾形式と同じくらいかな。

（i）	（ii）
1 ＿＿＿＿ 2 ＿＿＿＿ 3 ＿＿＿＿ 4 ＿＿＿＿ 5 ＿＿＿＿	日記 ＿＿＿＿ ＿＿＿＿ ＿＿＿＿ ＿＿＿＿
連絡	今日のことばを視写する。
（iii）	（iv）

（ii）日記

　松崎さんは, 漢字テストが終わったら日記を書いてもらっています（私は「日記は宿題」です）。

　（i）（ii）の2つを提出させて, すぐ採点する（＆日記を読む）のが松崎さんです。子どもたちはその間に, 明日のテストの範囲の漢字練習をしています。採点を放課にするのもいいけど, 松崎さんは「その時間は授業記録を書く」のだそうです。日記は朱書きを入れず, おもしろい日記を2～3点みんなの前で読んでやるだけ。……ということですが, ボクはそんなに速く採点できないので, やっぱり放課や給食準備中に採点しています。

（iii）（iv）連絡と視写

　「明日の連絡」と「今日の言葉」を授業後, 黒板に先生が書き, 子どもたちはそれを写す。「今日の言葉」は,「今日, 科学の授業で〇〇君が～といういい意見をいいました」とか, 学級のできごとを書いたりするそうです。何もないときは, くどうなおこ『のはらうた』（童話屋）のような詩を書くとか。

　ボクは, 最近は「今日の言葉」は, めんどくさくて, やってい

ません。その分，子どもたちの日記のスペースが大きくなっています。

この「笑顔ノート」を使っているおかげで，ボクのクラスは漢字のテストでほぼ全員90点以上取れるようになり，土，日の宿題はほとんどなくなりました(落ちる子もいるけど，85点ぐらいで落ちる。85点で合格にすればいいのかな??)。

5．社会

社会の科学の好きな私ですが，社会の授業はつぶれぎみでした。こまったもんです。その中でやったこと。

①「都道府県漢字パズル」(『Ⅱ』)

仮説社から購入したものを，コピーして画用紙に印刷しました。それを子どもたち一人一人に切り抜いてもらって，色画用紙の台紙3枚に張り合わせました。完成まで4時間から5時間ぐらいか

分子模型をつくろう

平尾二三夫
板倉聖宣　著

発泡スチロール球で原子・分子がつくれます。ア，かわいい！……それが新しい原子・分子のイメージに。工作しながら楽しく化学入門。小学生から楽しめます。
1825円（税別）

人と自然を原子の目で見る

城　雄二著

誰も，どこでも教えてくれないモノの世界の基礎の基礎と本質論。原子・分子の楽しいイメージを元に，環境問題など，生活を見直す上でも役立つ化学の考え方。
2136円（税別）

仮説社

かって,大きな日本地図ができました。(製造中止)

②井藤案「世界中の文字を書こう」(『No.108〜117』に断続連載)

『たのしい授業』用に原稿を書いていたので,それに合わせて子どもたちにやってもらいました。うちのクラスはまあまあの評価だったのですが,同僚の兼松さんのクラスは最高の評価をもらえました。ありがとう。

③松野修案「日本の立体人口歴史グラフ」

明治維新から未来までの,人口とその年齢別割合が立体で見えるというものです。画用紙に印刷して,ペタペタはって作りました。郷土史の授業の前のイメージ作りにいいです。わりと好評。ただ印刷がたいへんだった。

④井藤案「山之手の歴史」

郷土の歴史が教科書に載っているので,我が郷土「山之手」の歴史についても調べています。うまくできたら発表します。

もし郷土史をやりたくなった(やらねばならなくなった)ときに役立つ本を紹介しておきます。

（ⅰ）『日本図誌大系』(朝倉書房,1974)

　　日本各地の5万分の1の地図が,明治期から現在まで集めてあります。地図を見ているだけで,明治維新以降の郷土史になります。ちょっと大きい図書館にあると思います。

（ⅱ）木村礎校訂『旧高旧領取調帳』(近藤出版社,1977)

　　明治維新頃の藩別の石高を記載したものです。江戸時代の自分の地域の石高,支配していた藩がわかります。これもちょっと大きい図書館にあると思います。

⑤松崎重広,〈グラフで見る日本の気候〉

色をぬりながら,日本の都道府県名や気候がわかります。(送料別1500円,〒537-0025　大阪市東成区中道4-13-20　竹内徹也さんまで)

6．音楽

「市の学校音楽大会に私の学年が出場する」ということもあって，歌をいっぱい歌いました。ボクはコンピーターを持っているので，コンピューターミュージックの「ミュージロー」でカラオケテープを作って，授業で使っています。うちのクラスは歌がうまいです。毎朝，歌謡曲1曲と合唱曲1曲を歌いました。

リコーダーは，自分で作った「たのしいリコーダー」という教則本を使っています。それの最初の部分は，中井真紀子さんの「コマソンクイズで遊ぼう」(『No.83』)から選びました。

7．体育

鉄棒を自分で作った鉄棒カードを使ってやっています。まず以前作った自作ビデオ「たのしい鉄棒―鉄棒種目の紹介(ただ鉄棒のいろいろな種目が写っているだけ)」を子どもたちに見てもらいま

仮説実験授業の研究論と組織論

●板倉聖宣著　　A5判上製カバー 400ペ　　本体2600円

著者の研究論・組織論は，あらゆる研究・組織の基礎となるべきものである。それが空論でないことは，仮説実験授業の構造と研究運動の広がりが明らかにしている。ここに『科学教育研究』以来の研究誌に発表された関係論文を集め，理想に向かって生きるすべての人に贈る。
おもな内容：仮説実験授業への招待／楽しい授業はいかにして可能か／授業書のつくり方／技術教育と科学教育／教材の「精選」か「積み上げ」か／仮説実験授業の形成と論理／イメージ検証授業の提唱／他人が描いてくれる夢のおそろしさ／やりたいことをやりつづけるために

す。そのあと「ビデオで出てきた種目の中で自分にやれそうなものを練習してみて」と言います。あとは，子どもたちは鉄棒の練習をし，ボクは印鑑を持って，できた子どものカードに印を押すだけです。まあ，なんとか授業になっています。(古いビデオのため画像に乱れあり。問い合わせは，〒471-0063 豊田市京町7-45-1 井藤伸比古)。

長なわとびはINF日本なわとび研究会監修『なわとび運動―長なわとび』(株式会社アシックス)というビデオから，おもしろそうなとび方をいくつか抜き出してやっています。楽しみながらとんでいるうちに，みんな長なわとびが上手になりました。それで我がクラスは，長なわ大会で学年優勝。全校でも2位になりました。

短なわとびもビデオがあります。スモールステップが作ってあって，少しずつ上達できるようなプログラムが組まれていて便利です。ちょっとレベルが高いような気もしますが，特に最初の部分は役立ちます(ビデオ『なわとび運動―長なわとび』『なわとび運動―短なわとび』はアシックス特約スポーツ品店で買える。それぞれ4800円。『なわとびハンドブック』という本もあります。580円)

水泳は全員，25mが泳げました。鈴木勘三著『だれでも泳げるようになる水泳指導』(黎明書房，1985)にそって，「ちょうちょう泳ぎの背泳ぎ」を教えました。1mも泳げなかった羽根田さんは，この方法で25m泳げました。彼女はその後，あらゆる面で自分に自信がついたみたいで，漢字や計算も2学期になってできるようになり，本読みでも声が聞こえるようになってきました。安孫子知久「ヘルパーをつけて泳ぐ」(『№3』)もお薦めです。

ジョイナーという短距離ランナーは，走る直前に，自分がゴールテープを切る瞬間をイメージするそうです。それなら，私は何をイメージすればいいのでしょう。今の私の答えは「子どもの笑顔」かな。最後に，私のクラスの大場まなみさんの感想文です。

「これからも同じくらいたのしい勉強がしたいです」

(No.195, 98・4)
●どの教科も毎月なるべく楽しくすごすために

僕の「楽しみごと」カレンダー

佐竹重泰　東京・東大和市第三小学校

●はじめに

『たのしい授業』No.88に，横山稔さん（大阪・守口小）の「たのしい授業カレンダー」という記事があります。1年間に教室の子どもたちと楽しんできたことを，カレンダーに書き込んで残しておくというものです。僕も毎年マネをさせてもらっている，とても役にたつ記事です。

ところで，「楽しい授業カレンダー」のように，1年間や1学期をまとめたものも役にたつけど，それに加えて，「月毎に，どんな〈楽しいこと〉（以下「楽しみごと」）をしたのか」を，もう少し詳しく書いたものもあるといいなと思いました。それで，3年生を担任したおりに，毎月少しずつ書き残していくことにしました。

今回紹介するのが，この1年分の「楽しみごと」を集めたものです。解説付き「たのしい授業カレンダー」というところでしょうか。子どもたちの評価が特によかったものには◎をつけてありますので，授業をされる時の目安にしてください。

できたら，あなたの教室の様子も教えて下さい。「そうやって，いろいろな学年の1カ月の様子が集まるといいなぁ」と思うのですがどうでしょうか？

なお，この年，僕のクラスの図工と音楽は，専科の先生が教えてくれていますので，その記録はありません。でも，僕は〈たのしみごと〉として，毎月「ものづくり」をやっていますので，図工についてはその部分が参考になると思います。また，僕の記録は3年生のものですが，「仮説実験授業」や「ものづくり」などに関しては，かなり広い年齢で楽しめるものが多いので，それだけでも目を通していただけるとうれしいです。

〔文中の参考文献は『もの1〜5』→『ものづくりハンドブック1〜5』，『ゲーム』→『教室の定番ゲーム』，『プラン国語1，2』→『たのしい授業プラン国語1，2』，『プラン社会』→『たのしい授業プラン社会』（すべて仮説社）です〕

＊　＊　＊

4月

「新学期には，まず子どもたちと楽しいことをして，〈今度の先生は楽しそうだ，今度のクラスは楽しそうだ〉という先入観をもってもらうことが大事だ」と『たの授』（No.24, 139）にかかれています。新学期の事務整理や雑務におわれる時期ですが，意識してなるべく多くの「楽しみごと」をしていきたいなぁと，いつも4月には思います。

◆理科
◎仮説実験授業《空気と水》……《空気と水》の評価は，「⑤大変楽しかった29人，④楽しかった1人，③②①はゼロ」でした。
○校庭でお花見……校庭でお花見といっても，酒を飲むわけではありません。校庭の木々を見ながら，ぶらぶらと散歩するだけです。たまには教室の外にでてのんびりと過ごすようにしているのです。
◆国語
◎朝の連続小説「窓ぎわのトットちゃん」（『プラン国語1』）……

毎朝5分間だけ，本を読んであげるというもの。黒柳徹子『窓ぎわのトットちゃん』（講談社）は特におすすめ。朝の連続小説では，1年間，いろんな本を読みました。
○「なぞなぞ遊び歌」……以前に，どなたかに紹介してもらって，とても気に入ってる本です。角野栄子『なぞなぞ遊び歌』（のら書店）という本の中の詩の「題名あて」をする授業です。
◎漢字ビンゴ……僕は木下富美子さん（東京・大泉学園東小）から教えていただいた方法でしています。市販の漢字ドリルの1ページから9つの漢字を子どもに選んで書いてもらい，ビンゴをします。

◆体育
◎ともえ鬼（『ゲーム』）……僕のおすすめの追いかけっこです。授業の終わりの5分間でしています。1カ月に何回かします。何年生を担任しても，必ずしています。

◆社会
○地名探しゲーム（『プラン社会』）……小3だと地図帳がないので，副読本の中にのっている自分たちの地域の地図で行いました。

◆もの作り・ゲーム・そのほか
◎クイズ100人にききました（『ゲーム』）……とてもおすすめのゲーム。僕は学期に1回くらいしています。
◎「らくがき絵本」（『たの授』№118）……『らくがき絵本』（五味太郎，ブロンズ新社）を使ってお絵描きをします。
◎プラバン（『もの1』）……僕の特におすすめのもの作り。プラスチックのシートに絵をかいてオーブントースターで焼くと，シュルっと小さくなる！　キーホルダーにするとかわいいです。
○ひっくりかえるネコで教師の自己紹介（『たの授』№180）
○一人一人の写真をとりながら自己紹介（『たの授』№180）

◆算数
◎ちんぼつゲーム……小川洋さん（東京・梛田小）に教わったゲーム。もとは『ゲーム遊び百科』（学研）だそうです。5分間でできて，とても楽しいものです。

　子どもたちに，右図のようなわくを紙にかいてもらいます。そして好きな番号3つのわくに船を書き入れてもらいます。僕は1～9までの数字を書いたクジ（割り箸で作った）をもっていて，5つ大

1	2	3
4	5	6
7	8	9

砲（クジ）を引きます。その番号に船をかいてあったら、ちんぼつ。5つひいて、1つでも船が残ってる人は勝ち。全部ちんぼつした人は負け、というゲーム。

5月

連休が終わると祝日がなく、子どもも僕もけっこう疲れます。でも、その分授業時間がたくさんあるので、「楽しみごと」をいっぱい提供できる時でもあります。

◆理科
◎仮説実験授業《足はなんぼん》……授業書の中にある「アリ探し」がすご〜く楽しいのです。一人一人にフィルムケースをくばって、見つけたアリをその中にいれるようにしました。家にもって帰る子どももいたりして、とても楽しくできました。6月の始めまで、この授業書をしたので、評価は6月欄にあります。
〇植物の種をまく……なんでもないようなことですが、子どもたちはとっても喜びます。種まきの後に、みんなで水をあげて楽しみました。この季節、晴れた日には教室の外に出ると、とても気持ちがいいんです。

◆国語
〇ひらがなクロスワード（『たの授』No.128）
〇「3年生なかなか〜！」作文（『プラン国語2』）……「〜」に「楽しいぞ」「いいぞ」「てごわいぞ」のどれかを入れた題で、作文してもらうのです。子どもたちに、この1カ月の感想を書いてもらいました。うれしい感想がいっぱいもらえて元気がでました。
◎漢字ビンゴ（228ペ）
〇習字でお品書き（『ものハン5』）……習字入門としておこないました。子どもたちは喜んでくれました。

◆体育
◎ともえ鬼（228ペ）
◎タイヤドンジャン……木下さんに教えてもらったもの。跳び箱の学習として行いました。校庭のタイヤの両端に赤と白にわかれて並び、タイヤを飛んでいって、出会ったところでジャンケンをして、早く相手の陣地までたどりついたチームが勝ちというゲーム。うまくとべない子には、タイヤをまたがせたりしました。とても好評。

◆社会
◎国取りゲーム（『たの授』No.148）

……ジャンケンをしながら，日本地図に色塗りをして進んでいくゲームです。すご～いもりあがり。
○さんぽ……天気のいい日には，学校のまわりを時々散歩します。そうすると，3年生の社会科の学習内容である「学校のまわりの様子」も少しはわかってきます。でも，一番の理由は，授業にかこつけて，僕も子どもたちも，堂々と教室の外に出て気分転換ができるので好きなのです。校外に出るときには，交通安全には特に注意しています。
○屋上から町見学……屋上で町の様子を見るだけです。でも，これがなかなかいいのです。屋上に着くなり，空を見上げて「わぁ，きれいだなぁ」という子がいるかと思えば，屋上にねっころがっている子もいます。気分転換には最高です。晴れた日には，たまには屋上にでてみませんか？

◆もの作り・ゲーム
◎紙ブーメラン（『もの2，4』）……工作用紙とはさみ，ホッチキスだけで，5分ほどでできる簡単なもの作りです。
○マジカル頭脳パワー（『ゲーム』）

◆算数
○二面相サイコロ（『もの1』）…図形の勉強として行いました。
◆その他
◎小原茂巳さんの「いじめるということ」を読む……『いじめられるということ』（小原茂巳著，ほのほの出版*）の中に掲載されている「いじめるということ」を印刷して，道徳の時間に読みました。その後に「自分のいじめの思い出」や「感想」も書いてもらいました。〔*『たのしい生活指導』仮説社，2310円（税込）にも掲載されています。〕

6月

この月のもの作りの中で特におすすめのものは「コロコロコロちゃん」と「ピコピコカプセル」。どちらも，材料の用意が簡単なのに，とても楽しいもの作りです。
◆理科
◎仮説実験授業《足はなんぼん》（5月から）と《にている親子にてない親子》……《足はなんぼん》の評価は「⑤大変たのしかった26人，④楽しかった4人で，③②①はゼロ」。《にている親子にてない親子》の評価は「⑤22人，

④5人,③2人,②0人,①1人」。
◆**国語**
○詩の授業「ことこ」(『よみかた授業プラン集』山本正次編著,仮説社)……授業参観で,漢字ドリルとテスト(『たの授』№99)の様子を約15分間見てもらった後で,この授業をしました。
○詩の授業「ばった」(『よみかた授業プラン集』)……10分程,みんなで読んで楽しみました。
○水墨画の授業(『たの授』№169)……書き方の時間を使い2時間かけて行いました。小学3年生でも,なかなかステキにできました。
◆**体育**
◎ともえ鬼(228ペ)
○こおり鬼(『たの授』№17,154)
◎タイヤドンジャン(229ペ)……5月に好評だったので,6月も何回かしました。
◆**社会**
◎国取りゲーム(229ペ)……好評だったので,6月も2回しました。
○地図記号カルタ……地図記号を取り札に,そのマークが表すものを読み札に作ったもの。カルタ遊びは,子ども同士が夢中になりすぎ熱くなることがあるので,進行にはちょっぴり「慣れ」が必要かもしれません。『教室の定番ゲーム』には,楽しいカルタ遊びのアイデアがいくつかのっています。
◆**もの作り**
◎ピコピコカプセル(『もの2』)……授業参観でしました。鉄の玉をいれた薬のカプセルに色をぬったらできあがり。不思議な動きのおもちゃ。工作用紙で左のようなレールを作って,黒板や壁に,

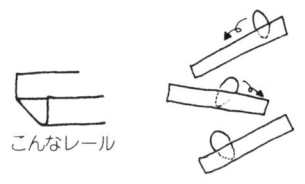

こんなレール

右のように画鋲などではって坂を作って遊ぶ方法で楽しんでいます(小川洋さんの書かれたガリ本でこの方法を知った)。これは,どの学年でも大好評のものづくり!
◆**算数**
◎計算ミニテスト(『たの授』№119)……進歩が見えて,とてもいいです。「他人との競争ではなくて昨日の自分との競争だからね」と言って行なっています。
◎「コロコロコロちゃん」(『たの授』№151)……教科書の「円と球」の学習の中で行いました。「ピコピコカプセル」と同じように動きがとってもたのしいもの作りです。しかも簡単!

7月

学期の終わりの一週間は、あわててドリルのやり残しをしたりするのではなく、できたら「お楽しみごと」をできるだけ多くするようにして終わると、子どもたちも教師も気持ちよく終われる——木下富美子さんから、こんなことをうかがって以来、僕もそうしています。

◆理科
◎仮説実験授業《水の表面》……《水の表面》の評価は「⑤大変たのしかった29人、④楽しかった1人で、③②①はゼロ」でした。
○水ロケット（『もの1・4』）…教科書の空気の勉強にあわせて行いました。子どもたちの中で、ボール用の空気入れを持っている子には、それを自宅からもってきてもらいました。また、学校の空気入れも集めてきて、班ごとに校庭で飛ばして遊びました。

◆国語
◎うその作文（『プラン国語1』）……朝の連続小説（228ペ）で『はれときどきぶた』（矢玉四郎、岩崎書店）を読み終わってから行いました。

◆体育
◎ともえ鬼（20ペ）
◎水泳・波のプール（『たの授』No.54）
◎水泳・流れるプール……プールの壁にそって子どもたちを歩かせると、だんだんと洗濯機の中のように渦ができます。その流れにのって浮いたり、泳いだりすると楽しいのです。

◆社会
◎地図記号カルタ大会……231ペに紹介した「地図記号カルタ」を使って、班対抗の大会をしました。

◆その他
◎ビデオ「美女と野獣」……ディズニーのビデオです。僕は、学期末最後の1週間には必ず1つビデオを見せることにしています。なんとなく楽しい気分でその学期を終われて好評です。途中休憩をいれながら、3時間たっぷり使って見ています。
○子どもまつりで缶のさかなつり……準備が楽で、けっこう楽しくできました。割り箸とひもで作った竿の先にクリップをつりばりのようにまげてつけます。それをいくつかおいてある空き缶のプルリングにひっかけてつるというゲームです。プルリングの曲げ方によ

って，難易度が違います。缶の底に，難易度別の点数が書いてあり，その点数によって，賞品を出しました。
○1学期の感想を子どもたちに書いてもらう……1学期にあったことを，みんなで思い出しながら書いてもらっています。僕の予想外のもので，子どもたちにとって楽しかったことが見つかることもあります。そして，僕の元気のもとにもなります。

9月

僕の学校は秋に運動会があるので，9月は大忙しでした。でも，そんな忙しい時にこそ，わずかな時間を使って「楽しみごと」を提供するようにしています。しかし，4月から7月に比べて，圧倒的に少なくなってしまったのも事実。

◆理科
◎仮説実験授業《光と虫めがね》……《光と虫めがね》は，僕のおすすめの授業書です。楽しい実験や作業がいっぱいあるので，3年生以上ならどの学年でも必ずしている授業書です。
○牛乳パックでカメラ作り（『も

の4』）……〈光と虫めがね〉の授業の中で行いました。
◆もの作り・ゲーム・手品
◎種のグライダー（『もの4』）…紙とはさみとクリップがあればできる，簡単なものづくりです。
◎透視術（『ゲーム』）……封筒をあけずに，中の文字を読むことができるというものです。そのわけが，「光」と関係があるので，僕は〈光と虫めがね〉の授業書が終わったところでしています。

10月

算数のところで紹介している「めかたでどん」は，もう少し研究の余地がありそうですが，なかなか楽しくて喜ばれました。

◆理科
◎仮説実験授業《光と虫めがね》（第3部まで）……《光と虫めがね》の評価は「⑤大変たのしかった27人，④楽しかった3人，③②①はゼロ」でした。

◆算数
○めかたでどん……僕が子どもの頃，レッツゴー3匹の司会で（？）「めかたでどん」というテレビ番組をやっていました。ペアになっ

た片方の人の体重と同じ重さだけ、電化製品などの品物をもらえるゲームです。多くの品物から「カン」で体重分の重さだけ選ぶのですが、欲張って体重より多く選ぶと持ってかえれないのです。

　このゲームをマネして、班ごとに、教室の中のものをいくつかもってきて、ちょうど2kgになるようにするゲームをしてみました。2kgに一番近い班から、10点、9点…としていって、2kgを超えた班は0点としました。これを2回やりましたが、子どもたちの中からは「またやりた～い」という声がきかれました。

◆体育
◎体育館で4つ玉サッカー（『たの授』No.34）……このサッカー、体育館に限定して（ボール拾いがラクなので）行いました。また、ボールも特別の柔らかいボールを使っています。

◆もの作り・歌
○うた「一本指の拍手」「大工のきつつきさん」「やおやのうた」……これらは全て、荒居浩明「たのしい音楽の授業にめぐりあって」（『たの授』No.136）の中で紹介されている玉川大学の音楽の授業です。僕は『楽しいリズムあそび』（小宮路敏，玉川大学出版部）を使いました（これは『たの授』では紹介されていない）。「たのしい音楽体験講座収録ビデオ」全3巻（荒居さんの講座のビデオ）を荒居さんから分けてもらって、実際にどんなふうにするのかを知りました（問い合わせ：荒居浩明 0465-36-3411）。

○ピョンコプター（『たの授』No.130）……お便りのコーナーにのっていたもの作りです。ウサギの形の紙にクリップの重りをつけて、耳を前後に少し広げたもの。空中に投げると、くるくると回りながらおりてきます。

◎新聞紙で作るフリスビー（『たの授』No.121）……材料も用意しやすく、作り方も簡単。とても楽しくできます。校庭や体育館の中でみんなで飛ばして遊びました。

◎超能力カード……原作は田岡道吉さん（愛知・平針小）で、僕はそれを金子泰一さん（千葉・旭小）が改作されたレポートをもらって、作りました。相手がカードの中から選んだ人物を、ピタリとあてることができるというものです。大好評でした。お家の人から

も「あれはよかったですねー」といわれました。（資料問い合わせ：金子泰一-047-345-7402）

11月

今月は，先月に続いて「うた」をいくつか紹介しました。その中でも，特におすすめの歌は「ジャンケン列車」です。

◆理科
◎仮説実験授業《磁石》……「磁石を割ったら，Ｓ極とＮ極はどうなるか」なんていう楽しい問題がいっぱいある《磁石》の授業書は，3年生を担任すると必ず行っているものです。評価は1月です。

◆国語
◎新総合読本「切り紙」（『なぞとき物語』仮説社）を読んで作る…とっても楽しい授業です。『たの授』№172にも「簡単な5つ折りの方法」など，関連の記事がのっています。

◆歌
「グーチョキパーチョキ」「しあわせなら○○くん」「ちいさなはたけ」「かえるの合唱ドイツ語編」「やまごやいっけん」――これらは全て，前ぺに紹介した小宮路敏『楽しいリズムあそび』の中に載っている歌です。5分間あればすぐにできるので，今月もたくさん紹介してみました。その中でも特におすすめは「じゃんけん列車」です。とっても楽しくて，子どもたちからのリクエストが何度もあったので，帰りの時間に何回かしました。

◆体育
○Ｓケン（『たの授』№159)

12月

やはり「学期末は，お楽しみごとをできるだけ用意して，楽しく終わりたい」と思っています。

◆理科
◎仮説実験授業《磁石》の続き

◆国語
○うその作文（24ぺ）……「あったらいいなこんなもの」という題で，うその作文を書いてもらいました。「もしもドラえもんがいたら」が一番多い題でした。

◆社会
◎サンドイッチパーティー……社会科で，「買い物」の勉強をしたので，その後で班ごとにサンドイッチパーティーの買い物の計画を

たてました。そしてそれをもとに子どもだけで買い物にでかけました。もちろん，買ってきた材料を使って実際にサンドイッチを作って食べました。

◆もの作り・そのほか
◎手つなぎ切り紙（『もの4』）…連続模様の切り絵。クリスマスの飾り用にと思ってやりました。
◎ビデオ「トイストーリー」……ディズニーのビデオ。これは初めてみせましたが，子どもたちにはなかなか評判が良かったです。

1月

国語欄の「絵本作り」は，もう少し研究したいと思っています。

◆理科
◎仮説実験授業《磁石》……《磁石》の評価は「⑤大変たのしかった29人，④楽しかった1人，③②①はゼロ」でした。

◆ものづくり
◎ぱたりんちょう（『もの3』）…蝶の羽がぱたぱたと動くおもちゃです。その仕組みが磁石と関係があるので，いつも《磁石》の授業にあわせて「ものづくり」としてやっています。

◎がいこつ君（『もの4』）……理科の教科書に「人の体」の単元が出てきたので，それにあわせて作りました。

◆国語
◎絵本・長谷川摂子『きょだいなきょだいな』（福音館）の授業（『たの授』№178）
◎絵本・角野栄子『ライオン君をごしょうたい』（偕成社）の授業

国語の教科書に「絵本作り」の単元がでてきたので，それに合わせて行いました。まず，『きょだいな～』の授業をします。その後に，木下富美子さんが紹介してくれた「『ライオン君をごしょうたい』の絵本の展開を真似して〈好きな動物をご招待したら〉という短作文を書く」という授業をして，最後に絵をつけて絵本にしました。子どもたちの評価は「⑤大変楽しかった28人，④楽しかった1人，③ふつう1人，②①はゼロ」。

2月

「科学の授業ベストテン」については，小原茂巳『授業を楽しむ子どもたち』（仮説社）を読むことをおすすめします。その中に，

詳しいやり方があります。
◆理科
◎仮説実験授業《電池と回路》…《電池と回路》は，たのしい実験がいっぱいあって，4年生以下の学年を担任する時には，必ず行っている授業書です。
◎科学の授業ベストテン（小原茂巳『授業を楽しむ子どもたち』仮説社）……小原茂巳さん（東京・立川市立第4中学校）がはじめたもので，仮説実験授業で活躍した子どもを，クラスのみんなで選ぶというものです。
◆もの作り
◎ぴょんた君ピエロ（『もの5』）……牛乳パックを使って作るおもちゃです。ピエロが空中で一回転して地上に着地します。その動きが，見ていてなかなか楽しいのです。

3月

今月のおすすめは，「びゅんびゅんごま作り」です。一番よく回ったこまの円の半径をメモしておきましたので，参考にして下さい。
◆理科
◎仮説実験授業《電池と回路》（第2部までして終わる）……いつもは第4部までやりますが，今回は時間ぎれになってしまいました。仮説実験授業では，授業書は最後までとばさないで行うのが原則なのですが……。
《電池と回路》の評価（第2部まで）は「⑤大変楽しかった28人，④楽しかった2人，③②①はゼロ
◆国語
◎宮川ひろ『びゅんびゅんごまをまわしたら』（童心社）を読み聞かせてから「びゅんびゅんごま作り」（『もの1』）……子どもたちと作ったら，工作用紙よりも板目紙の方がよく回りました。また，こまの円の半径は4.5cmのものが一番よく回りました。
◆もの作り・そのほか
◎プラバン（228ペ）……4月に行って好評だったので，また行いました。「またプラバンするよ」と僕が予告して以来，このプラバン作りを楽しみにしていた子どもたちがいっぱいいました。
◎ビデオ「ライオンキング」……ディズニーのビデオです。子どもたちの評価はオール5でした。

小学校低学年 定番メニュー

塩野広次
千葉・佐倉市西志津小学校

入学したての4月中は、毎日一つはどんな小さなことでもいいから、楽しみごとを用意するとよいでしょう。また、1時限（45分）という単位にこだわらず、気分転換のお散歩や休憩を入れながら、ゆっくりゆっくり学校生活に慣れさせていきます。楽しさと自信に支えられて、子どもたちがその個性を広げていきます。

スローガンは「気分をかえてもう一度」です。いろいろ困ったときは、原因追求より気分転換を心がけるようにします。これは自分の育児の経験から学んだものです。

それでは、ぼくの低学年での定番メニューを紹介しましょう。

●―― 国語

音声中心 声をだして読むことが大切です。とくに低学年の教材はリズムがあって短いので、覚えてしまうまで声を出して読ませます。このとき、黒板に全文を書いておいて、黒板消しで部分的に消してやると、「ちゃんと読めるぞ」とばかりに意欲をもって大声で読むようになります。

平仮名ドリル 田んぼに4つ点の入ったマス目の練習用紙を用意してやり、左側の手本をなぞっては右側の欄にそっくりまねさせます。

漢字 「音訓」という代わりに「日中読み」と呼んで、音（中国）読みのときは熟語をそえて「中国のチュウ」というふうに答えさせます。書き順は「とめ」「はらい」などと言わせながら、なぞらせます。

NHK教育テレビ 子どもたちの視聴率はなかなかよいので利用しています。とくに「お話」や人形劇（道徳の番組も人形劇仕立て！）の番組は、同じ内容を何回も見せるようにしています。

●―― 算数

『わたしたちのさんすう』（啓明社）から計算問題を印刷して授業しています。ただし、これだけではドリルが不足するので、『型分けによる計算問題集』（青葉出版）を使ったり、水道方式の型分けにしたがったプリントを自作したりし

て練習させています。

算数セットは,算数の時間というより,図工や気分転換のために使っています。計算の教具はタイル(ほるぷ製)を使っています。教科書は,ひととおり計算指導が終わってから,練習問題(宿題とその答えあわせ)として使っています。

● ―― 理科

教科書・指導書を見るかぎりは「何をやってもかまわないし,何をやらなくてもかまわない」という感じです。仮説実験授業の授業書〈足はなんぼん?〉〈空気と水〉〈にている親子・にてない親子〉〈ふしぎな石—じしゃく〉〈電気を通すもの・通さないもの〉〈電池と回路〉などをやる時間は十分とれると思います。

アサガオやヒマワリの栽培,カタツムリやザリガニの飼育など,低学年用のいくつかの定番がありますが,年間通して生き続ける生きものを学年で相談しておくとよいでしょう。手間のかからないものとしては,ザリガニ,ラッカセイ(落花生)やサツマイモを推薦します。ザリガニは汚れた水の中でも生き続けます。あとの2つの植物は,水さえあれば,やせた土地でも立派にそだちます。それに収穫が楽しみです。

1年生では,アサガオなどを1人ずつ鉢に植えて育て,その観察を行なうというケースがほとんどです。私の経験では,水のやり忘れが植物にとっての致命傷になるようです。ですから,水不足にならないように地植えにするか,鉢の脚から水を取り入れるタイプの植木鉢を選ぶとよいでしょう。

それから,気分転換にお散歩するときの口実は,いつも「野外観察」です。

● ―― 社会

生活科への移行と相まって,いろいろと情報が飛び交っていますが,これもとらえどころのない教科です。学校めぐりからはじまって,生い立ちの記やさまざまな職業調べと,広く浅くあつかうのが特徴です。

「生い立ちの記」では,プリントを使って写真や小さいころのエピソードなどを掲示すると,壁がすてきな情報で埋まります。「工場で働く人々」では,よくパン作りをします。醱酵にこたつを使い,オーブンの代わりにオーブントー

スターを使うことで，手軽にパン作りができるようになりました。「学校めぐり」は理科の野外観察と同様に，気分転換にお散歩するときの口実に使えます。

授業書（プラン）では，〈ゆうびん番号〉や〈道路標識〉（いずれも『プラン社会』）が使えるでしょう。

●── 音楽

私の定番は，リズム体操→「ワンツードン」→教科書の歌→リクエスト歌合戦です。

ＮＨＫ教育テレビの子ども向け歌番組「ワンツードン」は年によって（つまりスタッフによって）当たりはずれがありますが，定番メニューに入れてもいいでしょう。ただし，ほかの教育番組と違って，ただ見せるだけでなく，番組に出てくる曲を子どもたちに予習復習してあげないと視聴率は落ちます。

「もしもしかめよ」「どんぐりころころ」などの4拍子の曲は，ほとんどの歌の歌詞で歌うことができます。また反対に，この2つの歌詞はほとんどの歌のメロディーにのせて歌えます。いくつかレパートリーが増えたら，替え歌合戦もたのしいです。ちなみに校歌と「どんぐりころころ」のミックスは大うけでした。

ところで，音楽というと，得意な人とそうでない人で差の出る教科です。私はオルガンなど鍵盤楽器が苦手なのですが，ギターの伴奏ならできるので，これまでほとんどギターで音楽の授業を進めてきました。最近はシンセサイザーがとても使いやすくなったので，あらかじめ曲を入れておいて使っています。また，本体内蔵のデモ曲をリズム遊びに使ったりしています。ヤマハの「ショルキー」のデモ曲がディスコサウンドなので，手拍子をマネさせたりジャンプしたりステップをふませたりして，半分体育のような時間です。

ハーモニカやピアニカがふけるようになると，シンセサイザー内蔵のいろいろなリズム伴奏で「きらきらぼし」を合奏すると喜びます。かなり複雑なリズムでも，けっこうのってきます。

自分で鍵盤を弾けない人でも，専科の先生に弾いてもらって活用している人もいます。管楽器も打楽器もあるので，音楽のいろいろな場面で楽しめます。機械に弱い人にはどうかと思いますが，少しでも鍵盤がわかる人にはとても便利ですよ。

●──── **図工**

　『ものづくりハンドブック』（1と2，ともに仮説社，2000円）が味方です。道具や材料はこちらで用意することを原則にしています。楽しいものづくりのときに「忘れ物」についてあれこれ言うのはお互いに気分がよくないからです。

　4月は1時間完結もので楽しく過ごし，5月の連休以降は少し大きなものも手がけます。ハサミやノリの使い方，手や指の動かし方，手順の把握など，工作にはいくつかのハードルがありますが，基本的には数多くの経験をさせてあげるにこしたことはありません。それが楽しい作品を生むものであれば，子どもたちは家に帰っても「ドリル」をするようです。

●──── **体育**

　体育館では，まず「スイミー」や「凍り鬼」という鬼ごっこで体をあたためます。次に「人間狩り」というひっぱりっこで盛り上がり，疲れたら，「電気鬼」や「アホウドリじゃんけん」という静かなゲームで体を休めます。そして，メインメニューを一つこなしてから，最後にドッジボールで仕上げます。メインメニューとしては，折り返しリレーとかマット，ボール遊びなどがあります。味付けに模倣遊びや電車ごっこや歌声運動を取り入れています。

　屋外では遊具を利用してメニューを考えています。まずグループの数だけ遊具を選び，Aグループは上り棒（上までのぼる，またはぶらさがって30数える），Bグループはジャングルジム（一番上で立ち上がってゴリラみたいに吠える）……とメニューを示し，「用意ドン」で行って戻る。これを一巡すると，なかなかに汗をかきます。

　外遊びでメインメニューにしているのは，タイヤや丸太を使った「動きづくり」です。同じ遊びでも，1学期の始めと終わりでは動きが全然ちがいます。ゲーム性を取り入れながら，ふだん使わない筋肉を使わせるようにしています。トラックを区切っての全力疾走も子どもたちは喜びます（個人走とリレーを取り混ぜています）。仕上げはやはりドッジボール。冬は縄飛びや相撲も喜ばれます。

　結局，同じ遊びを繰り返し経験させているのが特徴です。大人の判断で「飽きているかな」と思っても，けっこう子どもたちは飽きずに楽しんでいることが多いのに

驚きました。

● ── そうじ

1学期固定制で，教室（ほうき・ぬれぶき・からぶき・ワックス），廊下（ほうき・ぬれぶき），黒板，ベランダと分担します。学期始めは率先して掃除をしてやり方を教えますが，後はほとんど手を出しません。さぼったら，「働かない者は外で遊んでこい」と追放します。

● ── 給食

9人のグループ（男は出席順・女はその反対）にわけて，1週間交代でやっています。4月の第1巡はそれぞれのグループについて丁寧に教えてあげましたが，2巡目からはよほどのことでなければ彼らにまかせています。

牛乳やおかずをこぼしたときのそうじの仕方を早めに教えておくとよいと思います。汚したらきれいにすればいいのです。低学年だと，現状復帰より失敗した悔しさとか悲しさにひたる時間がやたら多いので，そういう余裕を与えないようにしています。

(No.101, 89・7)
定食方式でボクにもできた1年生

小川 洋
東京・昭島市東小学校

「いつも時間のはじめにやること，〈定番メニュー〉を決めておくといい」と教えてくれたのは木下富美子さん。ボクはこれを「定食方式」と名づけました。「おかず」は進度にあわせて変わっていきますが，「ごはん」や「みそしる」はいつも同じ。たとえば，国語のはじめの10分はいつも絵本という「みそしる」。

この定食方式，実際にやってみると実にいいのです。「1作業10分」というのがとてもいいリズムを生んでくれます。子どももキビキビしてくれ，いやがらないではありませんか。「同じパターンのくりかえし」というのは，子どもたちにとても安心感を与えるようで，以後授業がスムーズに行きはじめました。

だから，給食やそうじなどもできるだけ同じパターンを続けることを考えました。1年生を持って必死に考えたことは，今違う学年・クラスでも，とても役立っています。

小学校中学年 (No.101, 89・7)
私好みのカリキュラム

小林光子　横浜市立矢向小学校

年間授業計画

　私は毎年，どの学年を担任しても，春休み中に1年間分の教科書をながめて授業計画を立てています。そこで，はじめに少しだけ，その授業計画についてふれておくことにします。

　これは大学ノートの見開き2ページ分を使い，タテに教科名，ヨコに月割をしただけのごく簡単なものです。そこに，まず指導書の月別配当をざっとメモします。それだけでも，「へー，こんなこと教えることになってるんだー」と，けっこう感動しますし，週案を書いたり学年研で話し合ったりするときにも役立ちます。

　次に，自分のやりたい授業書や授業プラン等を書き込んでいきます。じつは，それを考えるために，先のメモが役立つのです。

　ところで，私はどの教科もおおいに教科書を使っています。たとえば週3時間の理科では，「1時間は教科書をやる」と決めてあります。残りの2時間は仮説実験授業です。なんで教科書をやるのかというと，「一応教科書をやってあれば，その他にどんな授業書を持ってきてもやりやすい」というのが一番の理由です。教え

るべき内容をちゃんとやってあれば,誰からも何もいわれずにすみます。それから,「学年でつかっているテスト」の問題もあります。授業書だけをやっていると,教科書の「つまらない」と思われる問題ができないことがあります。それを,「こんなこともできないのは,勝手な授業をやっているからだ」と思う人がいないとも限りません。そんな事態は,私にとって耐えがたいことなのです。「すごいことを学んでいたら,くだらないことぐらい簡単にできるはずだ」と,私は思っているのです。そういう気持ちは理科だけでなく,他の教科(特に算数)についてもあります。

　さて,「教科書をやっていたら,時間が足りなくなる」と思う人もいるでしょうが,じつは「教科書どおり(必ずしも「指導書どおり」ではなく)」にやっていると,時間が大幅に浮いてしまうのです。だから「私好み」の教材もかなり沢山できるし,教科書だけでは絶対に不足する「漢字と計算のドリル」にあてることもできるのです。

　たとえば,これも理科の例ですが,「太陽・月の動き」は指導書どおりであれば観察道具を作ったりで1カ月かかる教材です。でも私の場合,まず1時間で教科書を読んで「ここでどういう内容を〈わかれ〉といっているのか」を子どもたちと見通します。〈東から出て南を通って西にしずむ〉〈時間による方位と高度が大切〉〈方位や高度の測り方〉などのポイントをまとめ,教科書に蛍光ペン(マーカー)で線を引かせ,黒板で私がまとめた事(たいていはその場で〈テストに出る内容〉を確認して)をノートに写させます。特に覚えさせたい内容があるときは,終わりの5分で,わら半紙を1／4にした紙を配って豆テストをします。かなり密度は濃くなりますが,ここまでで1時間。

　次の1時間は実際に観察し,絵に書き込みます。さらに,その時の様子によって,もう1回,マーカーの部分に気をつけて教科

書を読んだりして，次の時間でテストをします。以上すべてを，ていねいにやっても3〜4時間で終わります。

このやり方で，ほとんどの子どもたちは「学年共通のテスト」でも80点以上できます。それで「上の学年で困った」とか「中学で困った」という話は皆無です。むしろ，「自分は仮説実験授業をしているから，かしこくなってテストも良く出来るようになった」と言ってくれる子がいるくらいです。もちろんその通りで，私の方も「仮説実験授業できちっとした科学的認識を持たせることが出来る」という自信があるから，こんなやり方が出来るのだと思います。

まあ，そんなわけで，私は教科書を使い，またその他の教材をかなりやっているわけですが，そのためにも「年間授業計画表」があると便利なのです。一応主婦でもある私は，家へ帰ればそれなりの仕事が待っています。どこかで集中的に計画をたてておかなければ，いつも後になって「時間が足りなかった」ということになりかねません。だから，授業のことでも，ちょっとした合間に自分に都合のよいように考えたり，準備したりするわけです。これは私にとって，〈毎日をいかに生き生きと過ごせるか〉ということとつながりがあるのです。

なお，どの教科でも，いちばん始めの出会いの時期には，もっともたのしそうな教材をとりあげることにしています。はじめに「この勉強は楽しそうだな」と思ってもらうことは，その後の意欲にとても関係するように思えるからです。

国　語

「私好みの国語」は，教材も方法も，たいていは山本正次さんの『よみかた授業書案集』（1〜4，キリン館）か，『たのしい授業プラン国語1』（仮説社）にのっています。（以下，それを「案集①」

「プラン」と略記します)

3年生の4月は、まず、『きょうはなんの日？』(瀬田貞二、福音館。案集①)から始めます。まみ子からお母さんにあてた謎の手紙の中身を想像しながら読んでいくうちに、まみ子のやさしい気持ちが伝わってきます。それで「3年生の始めにはぴったりかな」という感じです。

2学期の始めは「ふんすい」の詩(まどみちお『てんぷらぴりぴり』大日本図書。案集②、プラン)で、空欄に言葉を入れて楽しみます。3学期の始めは、その時によりますが、『きゅうきゅうばこ』(山田真、福音館。プラン)などの絵本を使ったり、「みかんの木の寺」(岡本良雄、案集①)を使ったりします。これらの教材で2〜3時間楽しんだら、教科書に入るわけです。

物語文は、どの教材もひたすら読ませます。全文をみんなで何度か音読し、次は形式段落ごとに内容を読みとり、一人一人でも読み、またみんなで読みます。読めない漢字にはどんどん仮名をふらせて、漢字でつっかえたりしないようにしておきます。

「読みとり」といっても、「作者の気持ち」などではなく、書かれている内容をイメージできればいいわけで、そのために話し合いをさせたり、そのイメージを絵に描いたり、動作化するのもおもしろがります。同じ作品が絵本になっている場合は、それも見せています。こうして読み取りが全部終わるころには、「大半の子どもたちが全文を暗唱できるようになっていた」という経験を私は何度もしています。スラスラ読めれば気持ちよくて、読む楽しさがわかってくるようです。同じ作者の他の作品を紹介してあげると、図書室などで読む子がかなりでます。

いわゆる「説明文」は、形式段落ごとに番号をふって、グループごとに話し合いながら「要点まとめ」をしてもらいます。この作業に2〜3時間使いますが、子どもたちはけっこうよろこんで

います。それに，この作業は子どもたちだけでもできます。だから，私が休んだ時にやってもらうこともできるのでいい！

「要点まとめ」がすんだら，各グループの考えを，黒板ではなく模造紙にまとめます。そして，次の時間にはこの模造紙を見ながら，「どこで大段落に分けるか」を討論するのが楽しいのです。そのおかげで，文章をとってもよく読んでくれます。「こことここは接続詞が使ってあるからつながる」等と，私の考えが揺らいでしまうような意見も出ますが，最後は私が「ここまでがつながる」と発表します。要するに内容がはっきりすればいいわけで，段落分けの厳密さより討論を楽しむことを心掛けているのです。

詩や言葉遊びは，教科書にもなかなか楽しいものがあります。それに加えて私は，谷川俊太郎『ことばあそびえほん』（全5冊，さ・え・ら書房），工藤直子『のはらうた』（1・2，童話屋），まどみちお『てんぷらぴりぴり』（大日本図書）等の中から，主に山本さんの『よみかた授業書案集』にある作品をとりあげています。特に，まどさんの「題名当て」はどの学年で実施しても人気があります。たとえば，

　　○さいほうどうぐの／ひとそろい／はりやま／
　　　　ゆびぬき／いと／はさみ
　　○どちらも　まっている／あいぼうが　よぶのを／
　　　　いまか　いまかと
　　○きがついた　ときには／もう　でしゃばっていました

といった詩を4～5編ずつプリントして，どんな題名か，みんなで考えます。〔上の解答は，エビ・耳・鼻〕

漢字は毎日，「朝の漢字テスト」をしています（プラン，又は，尾形邦子「漢字は毎日ドリルと毎日テストで」№99，参照）。

作文は，「授業の感想文」とか〈ウソの作文〉（プラン）をどんどん書いてもらっています。

4年生でも、基本的なやり方は3年生と同じです。ただ、4月初めの教材としては、「ふしぎなふろしきづつみ」(前川康男。案集②，プラン)が一番好きです。5年生を担任しても、私はこの教材から始めます。〈小さな村の小さな駅〉を絵に描いたり、駅員さん・駅長さん・おまわりさんの顔を想像したりしながら、風呂敷包の中身を当てっこしながら読んでいくのですが、子どもたちは「これが国語の授業なの?!」と言ってよろこびます。このプランが、今までの国語のイメージを変えてしまうほどの力を持っているということだろうと思います。

　『モンシロチョウのなぞ』(吉原順平，金の星。案集②，プラン)も楽しい説明文です。このお話のもとになったビデオ「もんしろちょう」(岩波映画)を最後に見せるのですが、蜜がついているのに赤い色に気づかないチョウに「ばかだなあ」と大騒ぎです。

　新見南吉の「てぶくろを買いに」「ごんぎつね」(案集④)も大好きな教材だし、「はまべのいす」「しろいぼうし」など、楽しい教材が教科書にもあります。

　「絵本作り」「劇作り」も、子どもたちだけで出来る教材だから好きです。いっぱい時間をあげて自由にやってもらっています。

算　数

　3年生の算数は、かけ算・わり算の「意味」を理解してもらうことと、その「計算の習熟」を中心に考えています。

　かけ算には「これぞ」というプランがないので、『楽しい算数』(麦の芽出版会)や『わかるさんすう』(麦書房)を基本にしてきました。いずれも水道方式が基本になっています。

　「エンピツを1人に2本ずつくばります。3人では全部で何本のエンピツがいりますか」などという文章を、タイル(工作用紙で作る)を使いながら、「かけ算の式」「数式」「1あたり図式」に

直していくわけです。

　（一あたり量）×（いくつぶん）＝（いくつ分あたりの量）
　　2本／人　　×　　　3人　　　＝　　　　6本

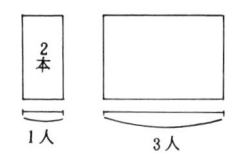

```
    ┌─┬──────┐
    │2│      │
    │本│      │
    └─┴──────┘
    1人   3人
```

　はじめのうちは，タイルの操作になれることと〈九九〉の復習をかねた計算練習です。2位数×1位数，2位数×2位数，3位数×1位数，3位数×2位数，3位数×3位数と，「位が多くなっても基本的には同じ」こと，そして「タイルを通して位ごとの大きさがつかめるようにすること」を目指しています。

　〈わり算〉も，「数式・1あたり図式」が書けるようにします。タイルで分ける操作を繰り返すことで，わり算の意味もわかってくれるようです。それがわかるようになれば，「等分除・包含除の区別」などは，ごたごたやらなくてもすむのです。

　あとは計算の量をコナスことで，私は「×1位数」「×2位数，×3位数」「÷1位数の文章題（1あたり図式と数式の練習）」「÷1位数の計算」の4冊（ザラ紙1/4で計200枚ほど。1枚10問程度）のドリルを自作しました。これを，その期間は毎日1〜3枚ずつやってもらいます。

　このドリルは，「たてる・かける・ひく・おろす」のリズムを大切に，できるだけ型分けにしたがって作り，ちがうタイプの問題に入るときには必ず「例題」を入れておきます。そうすれば自分で確かめながらやることができますし，お母さん方からも，「子どもに〈教えて〉と言われたときにすごく役立ちました」「こんな親切なプリントはじめてです」と好評でした。

なお，これら算数のやり方のほとんどは新居信正さん（徳島・千松小）から，機会あるごとに学んだことです。

　「円」「長さ」などの学習は，なるべく実際に書いてみたり，測ってみることをすすめます。「半径」なども，言葉では理解がむずかしいのですが，校庭に紐をもっていって片方を押さえて円を書くことでわかってくれます。教科書にそんな絵が書いてあってもやらないでいたのですが，一度おもしろそうなのでやってみたら，これが意外と有効でした。

　「重さ」は，授業書〈ものとその重さ〉を理科で実施しているので，算数ではいろいろ測って遊ぶだけです。

　4年生では，〈十進数と大きな数〉〈量分数のすべて〉（国土社近刊）『小数の乗除』（国土社）という，新居さんのプランを中心にすすめます。(新居信正・荒井公毅『算数えほん《分数》』国土社，参照)

　〈十進数と大きな数〉は，大きな数でもらくに読めるようにするプランで，十進構造と4桁区切りの原理がわかってしまえば，あとは読んだり書いたりの練習ということになります。このプランでは1ミリ方眼紙で「100万タイル」を作ることになっていますが，私はいつも「1億タイル」まで作ります。

　まず，みんなで「1万タイル（10cm×10cm）」を100枚作って，それを1m×1mにつなぎ合わせます。ここからあとは新聞紙です。ひたすら1m四方に切って100枚。新聞紙なら，100枚作るのに1時間ですみます。出来上がった100枚を体育館に並べて，数えたりながめたりしたあと，いつもボールで〈めちゃぶつけ〉をしてビリビリに破いて，すごい量の新聞紙を片づけて終わり。

　大きな数を〈量〉として実感できる機会はなかなかないので，この「1億タイル」は，4年でなくても，どこかで1回は経験させたいと私は思っています。

　〈小数の乗除〉は，タイルを使っての小数の意味と仕組みがわ

かりやすく，小数点の移動も自分達で発見できます。〈1あたり図式〉の有効性がここでもはっきりします。なお，4年生の学習内容としては「小数×整数」「小数÷整数」なのですが，私はこのプランどおり，必ず「小数×小数」からはじめます。「÷小数」までは時間の関係でやらないことが多かったのですが，昨年は子どもたちに押し切られてやってしまいました。「ここまでやってしまうと5年生でやることが無くなってしまうのでは」と心配もしていたのですが，5年になった子どもたちは「この単元は絶対自信があってよかった」と言ってくれたので，ホッとしました。

〈量分数〉の内容は，新居・荒井『算数えほん・分数』（3冊，国土社）にまとめられているので，この内容で十分でしょう。

残る「角度」「平行・垂直」「四角形」「直方体・立方体」などは教科書をつかい，それぞれ「意味」で1時間，「作業」に2〜3時間かけるだけです。

理　科

3年生の教科書の内容はほとんどが「自然調べ」で，ヘチマを育てたり，季節ごとの自然の変化や温度の変化を調べたりするのが中心で，その中に「風車」「空気と水」「日光を集める」「磁石」が入ってきます。

3年で仮説実験授業は，1学期にだいたい〈足はなん本？〉〈空気と水〉，2学期には〈ものとその重さ〉と〈光と虫めがね〉（の第1部とカメラ作り），3学期には〈磁石〉をやってきました。

3年生で初めて仮説実験授業と出会う子どもたちです。そこで，討論も実験も，ともかく子どもの気のすむように，こちらもゆっくり，のんびりと付き合うことにしています。もちろん，子どもたちは大よろこびで，ヤジもいっぱい飛びかいます。

ところで，私は教科書にある「季節の自然調べ」も，とても好

きなのです。春はお花見，秋はいろんな木ノ実の収穫にと，教室から出てぶらっとのんびり過ごせるのは最高です。雪なんて降ったらおおさわぎで外に出てしまいます。

 4年生の教科書は，会社によって多少違いはありますが，「ジャガイモ」「虫の育ち方」「流水の働き」「物の重さと天秤」「太陽・月の動き」「溶解」「空気や水の温度と体積」「三態変化」「電気」といった内容です。

 私は生きものを育てるのが苦手で，たいていの物はだめにしてしまうのですが，それでもジャガイモだけは，実際に花壇に種芋を植えて育てます。目標は「たくさん収穫すること」だけ。

 ジャガイモは，はじめにきっちりと肥料をやっておけば，あとは水やりも草むしりも適当でよく，それでもかなりの収穫をあげることができるので，うれしい教材です。最初の肥料は私もタッチしますが，あとは子どもたち任せ。そのかわり，板倉聖宣『ジャガイモの花と実』(福音館)を3時間くらいかけて読んであげます。この本は図書室にも入れてもらっているので(学校によっては40冊，少なくても10冊)，子どもたちはその後も自分で借りて読んでくれます。収穫したジャガイモは，ふかしたり，ゆでたりして食べて，「いい勉強したね」で終わります。

 「昆虫の育ち方」では，虫なんて見るのも大嫌いの私としては精いっぱいの努力をします。カイコを卵の時から育てているのです。これも子どもたちは大好きでよく世話してくれるのですが，桑の葉をまめに取り替えなければならないので，その確保だけは私の仕事です。おかげで，桑の木だけはパッと見ても区別できるようになりました。今まで飼った蚕は，ちゃんと立派なまゆになりました。それで，糸取りをしたり，蛾にして卵を産ませたりしています。

 「流水の働き」も，9月のまだ暑い時期に砂場で山を作って上

からじゃんじゃん水を流して「どんなところが早く崩れるか」「平野はこうして出来てきたんだ」とかちょっぴり解説して，後はおもいっきり泥んこ遊びをして終わります。

教科書のその他の内容は，授業書の内容と重なります。

担任した年によって，どの授業書をやるかはけっこう考えるのですが，最近はだいたい次の8つの授業書をやってきました。

〈もしも原子が見えたなら〉　〈電池と回路〉

〈空気の重さ〉　〈てことトルク〉

〈温度と沸騰〉　〈溶解〉　〈結晶〉　〈三態変化〉

4年生からの担任だったりすると，どうしても〈ものとその重さ〉〈空気と水〉を入れたくなります。そうなると，〈もしも原子が〜〉〈てこ〜〉〈電池〜〉をやるのがやっとという感じです。

その他の教科

● 社　会

3年生は地域中心の内容で，昔は「そんなこと，どう教えて良いのやら」と大変でしたが，今では大好きになりました。なにしろ，しょっちゅうお散歩にいけることがわかったからです。

3年生くらいだとまだ生活圏が狭いので，お散歩するだけでもいろいろ発見してくれて，「やたらに正確な地図記号を覚えたりするより，よほど学習しているなー」という実感があります。

「商店街」の学習は，4〜5人のグループに分けて，お店をまわらせます。ただし，商売のじゃまをしないよう，質問することをまとめておくことと，「失礼します。小学校の3年で商店街の勉強をしています。いまお忙しくなかったら，お話を聞かせて下さい」とお願いするように教えています。全然知らない大人の人に話を聞くのですからドキドキしてうまく言えなかったりするのですが，それも良い経験になるようです。

「歴史調べ」も，もっぱら外へ行きます。これもグループで，古いものをさがしたり，お話を聞いたりしてくるわけです。今度の指導要領では「体験体験」といっていますが，それをずうっと前からしてきたようなものです。

　4年生は学習範囲が市や県へ広がり，「行政の行なっている仕事」「特徴ある日本の各地域」の学習をすることになっています。

　どちらかというと社会科は苦手なのですが，私は「ごみのゆくえ」の単元を，〈ゴミと資源〉という吉村七郎さんのプラン（近く市販？）で授業をして，どうやら「社会もおもしろい」といってもらえました。毎日のゴミの総量に驚き，それを処理する費用に驚き，「それでも処理しきれないゴミの質と量」に驚き，ごく自然に「資源としてのゴミ」「自分にもできることは何か」に目が向いていきます。そこで，そんな気持ちを作文に書き，標語にし，ポスターを描いて環境局のコンクールに応募したところ，いろんな賞をとってしまうというおまけまでありました。

●図　工

　絵は「キミ子方式」です。三原色の使い方の練習を兼ねて〈色作り〉からはじめ，〈もやし〉〈空と草〉〈いか〉か〈ザリガニ〉〈人間〉と，こんな順番でやっています。

　4年生では〈木のある風景〉を描きます。また，〈うさぎ〉を粘土と絵画の両方でやってみましたが，どちらもすばらしいできばえでした。

　「キミ子方式」では描く順番から筆の太さまで細かく束縛して描かせます（『誰でも描けるキミ子方式』仮説社，参照）が，工作やデザインは私はほとんど指導しません。指導しませんというより出来ないのです。指導がうまくできないものは，ひたすら「いいね，いいね」とほめます。実際，子どもたちは自分ら

しいアイデアでなかなかおもしろいもの作ってくれるのです。

●体　育

　ラインサッカーが3〜4年生の教材であるのですが、〈4つ玉サッカー〉というのが子どもたちにはおおうけです。

　クラスを2つに分け、ボールを4つ用意して、あとはお互いのゴールめざして蹴りあいます(ポジションは自由)。ボールが4つもあるので、いつどこから飛んでくるかわからず、くたくたに疲れるようですが人気絶大で、しかもボールを蹴る基本の学習ができるのでお進めです。

　もうひとつ私が気に入ってるものに、鉄棒の〈5種目テスト・練習〉があります。鉄棒は得意不得意の差がすごく大きいので、まずいろいろな技を(ビデオや口で)示しておき、「この中から好きな5種目を入れてテストをするから」と、個人練習を進めます。「ウルトラCができるのもいいけれど、むしろ確実に自分の技を磨くことが高得点につながる」ことも伝えておきます。これで、子どもたちは本当によく練習してくれます。「そんなに頑張らないで」とつい頼んでしまうことがあるほどです。

　鉄棒が不得意な子もいますが、「自分にできる技」を選べるので、ほとんど苦痛はないようです。それでテストをするわけですが、もちろん、再テストもOK。

　跳箱は、3〜4段なら1時間でたいていクラス全員をとばせることはできます。跳び箱を越えるときに、ちょっと手をそえて浮かせてやるだけで、前へいこうという勢いがあるのでとべてしまうのです。この方法は、私が教師になって3年目(1973年)に先輩から教えていただいたのですが、その人もやはり先輩から伝えられたということです。それが、最近では「向山方式」と呼ばれているというので、不思議に思っています。なお、「手をそえる」の

がこわい人は,「小久保方式」(『授業科学研究』6巻,仮説社,参照)でやってみるとよいでしょう。

● 道 徳

3年生の1〜2学期は,主に〈ウソの作文〉(プラン)です。

子どもたちは「ウソを書いていい」なんて言われたことがないからビックリするほどよろこびます。「遠足の前に書く遠足の作文」では,「何が起こるかわからないから,色々事件を起しちゃうといいんじゃない」などと言っておくと,それまで作文用紙1枚しか書いたことがない子でも,かなりの枚数,楽しく書いてくれます。一度この味をしめると「また書きたい」と,けっこう本格的にお話作りをする子もでてきます。

山田真『きゅうきゅうばこ』(プラン)もやりますが,そのあと,「プリントに色ぬりしていいよ」と言ったら,とてもよろこびました。ぬり絵はしなくても,きずの手当てなど,日常に応用できるすばらしさがあります。実際,鼻血など出してもあわてずに処置できるようになりました。どの学年でも,一回やっておくといいように思います。

『なけないゆかちゃん』『かいじゅうランドセル』(山中恒,小峰書店)などの絵本も,途中で切って,「次はどうなると思う?」というようにして使っています。いずれも,「とっても道徳的だなあ」なんて思っています。

3学期に入ると仮説実験授業を始めますが,私はまず,〈たべものとうんこ〉〈食べ物飲物なんの色〉の二つの授業書のうち,どちらか一つをやることにしています。私の場合,実は4年や5年の担任をしても,道徳の時間はこのどちらかの授業書から始めているのです。どの学年でも,やっぱり一度は経験させたい授業書なのです。それに,3年生でこれらの授業をやっておくと,4年生

の〈ゴミと資源〉の授業にとっても役に立ちます。「ジャガイモ」の学習をする上でも，「デンプン・日当り」など，当り前の事として学習できたように思います。4年生では，上の二つのどちらかと〈宇宙への道〉の授業書をしています。

●創　意（ゆとり）

　週1時間，学級ごとに何をやっても良い時間がとれるので，ここでも私は，4年生では仮説実験授業をしました。

　以前はもの作りをやることが多かったのですが，「なるべく多くの授業書と出会わせたい」という気持ちが強くなり，昨年の4年生では「動物シリーズ」として〈足はなん本〉（後半の背骨にかかわる部分はやらないでおいて）〈にている親子にてない親子〉〈背骨のある動物たち〉の授業書をやりました。

　3年生では，ほとんどを〈言葉あそび〉や〈もの作り〉で過ごします。たいてい，『たのしい授業プラン・国語』や『ものづくりハンドブック1・2』（いずれも仮説社）にのっているものです。

　〈言葉あそび〉では，アクロスティック／ダブレット／五味太郎『さる・るるる』や，谷川俊太郎『ことばあそび』他の詩，いろいろ／先生のおなら／接続詞を使ってお話作り，など。

　〈もの作り〉としては，折り染め／たたきざる／牛乳パックの箱／フリスビー／べっこうあめ／コップのプラバン／スライム／折り染めの手帳／ストローペンダント／アイスキャンデー，等。

＊＊＊

　かけ足の紹介ですが，これで終わります。なお，『たのしい授業』No.1にも，私は「たのしい授業カリキュラム」を書いています。当時5年生でやったことを月別にまとめたものですが，参照していただければ幸いです。そして，あなたの「とっておき」の教材なども教えていただければ，うれしく思います。

(No.101, 89・7)
〈高学年〉で私がしていること

●私のおすすめ授業プラン

尾形邦子　東京・葛飾区東柴又小学校

A．仮説実験授業で──

　小学校高学年でできる仮説実験授業の授業書は，自然科学だけでもたくさんあり，社会の科学の授業書を加えると，5，6年の2年間では消化しきれない数と量になります。ですから，それぞれの人が自分の責任で授業書を選択することが必要になります。参考までに，ここ4年間(5，6年を2度くりかえし)に，私がしてきた授業書を並べてみると次のようになります。

自然科学の授業書

● 〔1986年4月〜1988年3月〕　● 〔1988年4月〜1990年3月〕
　ものとその重さ　　　　　　　　もしも原子が見えたなら
　大豆と発芽　　　　　　　　　　大豆と発芽
　もしも原子が見えたなら　　　　ものとその重さ
　いろいろな気体　　　　　　　　背骨のある動物たち
　溶解（第1部のみ）　　　　　　溶解（第1部のみ）
　光と虫めがね（第1部のみ）　　光と虫めがね（第1部のみ）

ふりこと振動（＊）	いろいろな気体
宇宙への道	ふりこと振動
背骨のある動物たち（＊）	花と実
燃焼（＊）	燃焼（第1部のみ）
花と実	ばねと力

社会の科学の授業書

●〔1986年4月～1988年3月〕　●〔1988年4月～1990年3月〕

自給率	日本の都道府県（＊）
日本歴史入門（＊）	自給率
	生類憐みの令（＊）
	日本歴史入門
	世界の国旗（＊）

こうして書き出してみると，ほとんど同じ授業書をくりかえしやっているようですが，同じパターンを何回も繰り返しているわけではありません。私の場合，1986年からの年は，意識的に〈私にとっての新しい授業書〉を取り入れた年です。＊印が〈私にとって初めて〉という授業書です。子どもたちにとっての新鮮さと，私自身の気持ちの新鮮さを失わないために，どの授業書をどの順序で行なうかには，ちょっと気をつかっています。具体的には，①私にとって初めての授業書を少しずつ入れる，②同じような傾向の授業書が続かないように気をつける ── などのことです。特に②のことは，新しいヒーローの誕生のきっかけをつくる意味で，大事にしていることです。

B．仮説実験授業以外の授業では ──

1．最初の授業

〈最初の授業〉というのは，ドキドキしてやっぱり好きです。

私の始業式と次の日の授業は，毎回決まっています。

始業式には〈ブタンガスを燃やす実験〉（音田輝元「たのしさの先入観をプレゼント」『たのしい授業』№24より），次の日は〈アクロスティックの自己紹介〉（野村晶子「アクロスティックで自己紹介」『たのしい授業』№1，松尾政一「アクロスティックで自己紹介」（右例）『たのしい授業』№25，どちらも『たのしい授業プラン国語1』にも掲載）――――これが新しいクラスでの新しい子どもたちとの〈私の出会いの授業〉。かわいい3年生も，ツッパリ気分がいっぱいの6年生も，みんなこの授業で私を信用してくれました。

> あなたへ
> 　　　松尾政一
> まいにち
> つまらないことだと
> おもいながらも
> まだ
> さかだちする時も
> かんじるんです。
> ずっとすきです。

「毎年同じというのは，どうも……」と一度は迷ったこともあったけれど，板倉聖宣さんに，「教科書の授業だって，何年も同じじゃない？」と言われてナットク。今の学校は今年で5年目で，新しい子どもたちとの出会いは3回目になりますが，不思議なことにこの授業の情報は漏れていません。子どもたちはどの年も，新鮮に驚き喜んでくれます。ありがたいことに……。

2．国語では

漢字と本読み ―――― 私の国語の授業は，ほとんどこれだけです。1時間の授業のうち，最初の20分ぐらいが「漢字の練習とテスト」，残りの時間は「教科書をとにかく声を出して読む」こと。これで市販テストの点数は平均点を軽く越えられるし，学力テストだって大丈夫。標準分布曲線にちゃんとなってます。

教科書をスラスラ読めない子どもって、どのクラスにもかなりたくさんいませんか？　「そういう子どもたちに、いわゆる〈読み取り〉をやらせることはまったく無意味」と、私はこのごろ考えるようになりました。いろいろなことをグチャグチャ質問されるよりも、教科書を何回も声を出して読む方が授業はずっとたのしいし、〈国語の力〉もつくと思うのですがどうでしょう？
　こういう観点から私のおすすめ授業を紹介すると———

（1）漢字

　〈漢字の素粒子と原子〉（尾形邦子「漢字の化学入門」『たのしい授業プラン国語1』・初出『たのしい授業』No.8）の授業が、私の国語の〈最初の授業〉です。ここで漢字の見方（分解法）を知ってしまえば、あとの新出漢字は、みんなその応用編ということになります。

（2）本読み

　「国語の授業どうしていますか？」（『たのしい授業プラン国語1』・初出『たのしい授業』No.22）で大阪の宮本明弘さんが紹介してくれた、〈国語の教科書をとにかく徹底的に読む〉授業です。「教科書の文章をいくつかに区切って、あらかじめ読む箇所を分担して決めておく。あとは毎時間、教室の前に出て、それぞれの分担箇所を読む」。こんなシンプルな授業が、けっこう飽きられずに続けていけるのです。そして子どもたちはどんどん読むのが上手になっていきます。
　「他の子どもたちが読むのを聞いているだけで、読む練習もしていることになる」、私はこんなことも発見しました。
　もっとも私は、やさしい〈物語教材〉は、あまり繰り返し読んではいません。何回も読むことに耐えられる教材は、教科書にはあまりなさそうですが、そんな中でも〈説明文教材〉の方が〈文学教材〉よりはいいように思います。
　いずれにせよ、いちばんいい読み物は、仮説実験授業の授業書

にある〔お話〕です。中身が良くて、わかりやすい。本当に素晴らしい読み物教材です。「こういうイイ読み物を仮説実験授業の中でたくさん与えている」という自信があるので、国語の授業をそれほど張り切ってやらなくていいというユトリが、私の中にあることは確かです。

（3）漢字ドリルとテスト

1日5題ずつの漢字の練習とテスト。これをほぼ毎日繰り返します。教材会社が出している『くりかえし漢字ドリル』という1ページ20題ずつのドリルが手に入れば、いちばんラク。あとは漢字のテスト用紙をわんさと作っておきます（ワラ半紙1/4の大きさに10題が書けるようにしておくとよい。これを2枚分くっつければ—つまりワラ半紙1/2の大きさ—20題テストの用紙になる）。

1日10分〜15分の練習と3分間のテスト、この繰り返しで4日間で1ページ分20題のテストが済んだら、次の日は20題のまるごとテスト。時間は10分。これを2日間繰り返して、1週間が終わり。時間があるときは20題テストを何回か繰り返し受けられるようにしておきます。これで確実に漢字の力はつきます（尾形邦子「漢字は毎日ドリルと毎日テストで！」『たの授』No.99）。

『くりかえし漢字ドリル』が手に入らないときは、教科書の後ろについている〈新出漢字一覧表〉から、5題ずつの問題を小黒板に書いてテストをするとよいでしょう（岡田美恵子「5問テストと〈漢字道場〉」『たのしい授業』No.78参照）。ただし、私は1学期これをやりましたが、やはりドリルをとった方がはるかにラクでした。

（4）「漢字部首カルタ」を使って

『たのしい授業』No.78に札幌の斉藤敦子さんの授業が紹介されています。私はカルタそのものとしては使ったことはありませんが、「漢字の原子に名前をつけよう」という授業をしたことがあり

ます(『たのしい授業』No.78)。

(5) ついでに ── ぜったい書かせない〈行事作文〉

　遠足の次の日には遠足の作文。これは本当に子どもたちからイヤがられます。「子どもに嫌われるコツは,行事作文を書かせること」。そう思いたくなるぐらい,〈子どもたちに嫌われてるのに先生には好かれている教材〉がこれかもしれません。どうしても書かせたいなら,「遠足に行く前に書かせる〈遠足の作文〉」という「ウソの作文」がおすすめです(『たのしい授業プラン国語１』「第５部・ウソの作文」参照)。

　私の場合,子どもたちの声が聞きたいときは,〈感想文〉の形で,いつもの小さな〈感想文用紙〉に書いてもらっています。これだと文章が整っていなくてもいいという気軽さがあるのか,そんなにイヤがらずにスッと書いてくれるからです。

3. 算数では

　算数を教えるのはどうも苦手です(どの学年を受け持っても,算数が一番嫌われたりして……)。でも５年生の算数は,もしかしたら小学校の中で一番いろいろなことが出てくる学年かもしれません。だから「いいかげんなことはできない」と思うのですが……。〈小数のかけ算・割り算〉〈異分母分数の足し算・引き算〉〈割合〉〈速さ〉,こんなところがむずかしいとされるところかな。算数では「決定的!」とする教材がほとんどないのですが,私がやっていて〈子どもたちに喜ばれた教材〉を上げると,次の３種類ほどがあります。

(1) 倍数のめがね

　『たのしい授業』No.48で私が紹介したものです。「倍数」のところだけでなく,「通分」「分数の足し算・引き算」にまで,とにか

くテッテイ的にこの〈倍数のめがね〉を使わせることがミソ。終わりの方になると,「倍数のめがねを使わないで計算していい?」なんていうぐらい,子どもたちは〈倍数のめがね〉を使いまくることで通分に習熟します。大きさは縦13cm×横12cmがオススメ。2の倍数から始まって13の倍数まで,全部で12枚作っておくとほとんどの計算ができます。カッターを使う工作も子どもたちには好評です。

(2) メートル法の単位換算表

「キロキロとヘクトデカけてメートルがデシに追われてセンチミリミリ」というおまじない(?)を知っていますか。これはメートル法の単位が十進法になっていることを基にして作られた〈単位換算表〉の記憶法です。下の図のような換算表を使うと,たとえば3km＝300000cmというように,単位の換算が簡単にできます。このような「単位のマス」を素早く書けるようなドリルもするわけです。「m」のところは,lになったりgになったりします。

km	hm	Dm	m	dm	cm	mm
3	0	0	0			
		1	0	0	0	
			0	0	0	4

① 3km＝3000m
② 10m＝1000cm
③ 4mm＝0.004m

面積の場合はそれぞれのマスが2つに分かれて……と,あとは愛知の松崎重広さんが作られた授業書案〈メートル法〉をご覧下さい(〈メートル法〉は品切れ。「読んで楽しむ〈メートル法〉」(見本付,送料別500円)があります)。〔連絡先〕松崎美恵子 ☎445-0071 愛知県西尾市熊味町数珠堂9-1 ☎FAX 0563-57-5361

（3）絵本『ふしぎなきかい』

6年生の比例・反比例の単元での〈ブラックボックス〉の導入に使えます。小人が作ったふしぎな機械に，オタマジャクシを入れるとカエルが，青虫を入れるとチョウが出てくるのは〈子どもを親に変える・変態〉の働きをするチャンネル，フタを入れるとブタが，タイヤを入れるとダイヤが出てくるのは〈濁点を付ける〉働きをするチャンネル，といった場面が次々と出てくるたのしい絵本があるのです。それは，安野光雅『ふしぎなきかい』（福音館書店）。もっとも今は単独ではこの本はなくて，『はじめてであう数学の本』の第2巻に入っています。

（4）ドリル

算数は，わかっただけではダメで，習熟が欠かせません。分数の計算も，そのときにドリルをさせるだけでなく，忘れないように時々ドリルを繰り返し与えておかないと，何ヵ月もたったときには「まったくできない！」といった悲惨なこともおこりがちです。これは最近の私がちょっぴり反省していることです。

（5）『算数プリント』

教科書の練習問題というのはステップが大きすぎて，どうしようもないことがたくさんあります。そんなときは，あちこちの会社（ほるぷ・道数協・麦の芽など）が出している『算数プリント』を使うといいのかもしれません。

4．社会で

（1）○○の名産地

『たのしい授業』No.14に松崎重広さんが紹介されています。「りんごの名産地」「みかんの名産地」などで，その生産量を都道府県別の白地図にドット（点）で記入していきます。

用意するものは，白地図と，生産量の記入欄などが入っている「名産地用紙」（？）と，できるだけ新しい年度版の『日本国勢図会』（国勢社）。「名産地用紙」は仮説社で扱っています（日本の人口地図・世界の人口地図と合わせて2枚組5セット，品切れ）。5年生の社会は，この〈名産地〉と授業書〈自給率〉（『授業科学研究11巻』仮説社に収録）で大方いけます。もっとも〈自給率〉の方は数値が年々変わるので，最新版の『国勢図会』で手直ししていかなければなりませんが……。

（2）地名さがし

　『たのしい授業』№10に，大阪の小野洋一さんが紹介されています。「地図帳の○ページ，町の名前○○！」と問題を出されたら，その地名を見つけた子は大きな声で「はいっ！」と手を上げます（地名は子どもたちはすぐに忘れるので，黒板に書いてあげた方が親切）。

　私のクラスでは手を上げた順に「1番！，2番！，……」と順位を言ってあげます（順位の発表はクラスの半分よりもちょっと少ないぐらいがいいようです）。「初めて1位になった！」とか，「やっと10位以内に入った！」とか，子どもたちは喜んでます。「今日はたのしい授業がないなあ」なんて時の，気分転換にもオススメの授業です。

　地図帳さえあればいつでもどこでもできるので，私のクラスでは「地図帳は毎日持ってくるもの」になっています。また地図帳は社会の時間だけでなく，算数の時間や国語の時間でも使います。地名や山や川などの名前が出てきたら，授業は即〈地名さがし〉に切替えです。「ありとあらゆるところで地図に親しんでもらおう」というわけです。今のクラス（6年生から受け持ったクラス）では，4年生の初めに渡された地図帳をなくしてしまった子が何人かいたのですが，毎日の地名さがしのおかげで，また地図帳を買

い直しています。

（3）歌って調べる歴史学習プリント

　社会の教科書の授業は，この後の「6．ラインマーカーと易しいテスト」に書いたように，〈教科書を読んで，大事なところにラインマーカーで印をつける〉授業しかしてこなかった私ですが，今年は「歌って調べる歴史学習プリント」（町屋恵子「6年の歴史学習は〈歌って調べる歴史学習プリント〉で！」『プラン歴史』（仮説社）を使いました。とにかく「なにか教科書とはちがった授業」をしていかないともたないクラスなので，とうとう「めんどうだな〜」と思っていたこの授業もする気になりました。

　私は時々しかこのプリントを使っていないので，1枚を仕上げるのに1時間とちょっとかかりましたが，毎時間このプリントを使った愛知の丹羽さんによると「1枚にかかる時間は20分！」なのだそうです。これを聞いて「もうちょっと，まじめにやればよかったかな……」と今思っています。……と書いた後，2学期にはこの授業をしつづけた結果，「社会科のテストの点が驚異的に上がる！」という事態(?!)がおこりました。まじめにやってヨカッタです！

　このプリントの〈②歌って覚える年号〉はほんとにイイです。時代区分の上で重要な年号を，毎回歌って年表に書き込むので，これはイヤでも覚えてしまいます。またここで出てくる8つの年号は覚えておいてぜったいソンはないものです。

5．理科で

　理科の教科書はとにかく早く終わらせる。仮説実験授業をするためにです。ひとつの単元を（テストの時間まで入れて）短い時は2時間，多い時でも4時間ぐらいで終わらせる。それで浮いた時

間はすべて仮説実験授業に振り替えています。(次の項を参照してください)

6．ラインマーカーと易しいテスト

「仮説実験授業を摩擦なく行なうために」，私はこんなことに気をつけています。

①基礎的な学力をつける

小学校の場合「基礎学力」といったら，「読み・書き・計算」でしょう。だから国語の授業は〈漢字と読み〉だけ。算数もとりあえず〈できる〉ようにさせないと，マズイわけです。これはとにかく徹底的にやります。「読み・書き・計算」さえきちんとやっておけば，親（も子）も文句は言わないでしょう。

②テストではいい点を！

そのために，テストはできるだけ点が取りやすい，簡単でシンプルなものを選びます（尾形邦子「市販テストと通知表」『たの授』№76）。テストで80点，90点をとることがザラというのは快感です。子どもたちも自分の力に自信を持つことができるし，親も安心してくれることは確実です。ただ通知表をつけるときは，ちょっと苦しい。「90点をとっていても〈3〉です。それだけウチのクラスはみんなよく勉強して優秀なんです」と，勘弁してもらうしかない。でもこういうテストだと〈5〉と〈3〉が入れ替わるなんてことがそう珍しくない。そういう意味では「成績が固定しない，風通しがいいクラスだともいえるかなー」なんて，このごろは考えてます。

（1）授業の必需品・ラインマーカー

さてこういう授業の中で，ぜひとも必要なモノがラインマーカーです。理科と社会の教科書の授業は「ラインマーカーでもって

いる」と言ってもいいぐらい，ラインマーカーは欠かせないものです。

1本百円のラインマーカーのピンクを，私のクラスでは学年の初めに全員に買わせます。そして（理科と社会に限らず）どの授業でも，〈大事なところ〉はラインマーカーで線を引かせていきます。だから私の授業では，漢字と算数以外は，ほとんどノートを使いません。ノートに書くよりも，ラインマーカーで線を引く方が時間の節約ができます。ノートを使うのは，線引きだけでは覚えられそうもない言葉を〈書いて覚える〉ときだけです。例えば「〈拡大と縮小〉，これ5回ノートに書きなさい」と言うと，「出た！ また5回だ〜！」なんて言いながら，子どもたちも授業のコツを飲み込んでいて，さっさと取りかかってくれます。だから社会や理科のノートは単語の羅列だけで，ノートを見ただけでは何をやっているのかがさっぱりわからないということになっているのです。

この〈ラインマーカーを使って教科書をどんどん読んでいく〉授業のコツは，「社会科の授業を創る会」が出している雑誌で教わったものです（川上泉「授業を創るための状況づくり」『授業を創る』3号，授業を創る社）。

（2）易しいテストで学力アップを！

仮説実験授業を1時間でも多くするために，理科と社会は教科書をできるだけ短い時間で終わらせたい，そしてテストでいい点も取らせたいと，欲張りな目標を持っているわけですが，これは今のところ，かなりうまくいっています。

そのときそのときのテストに合わせて授業をしているような理科と社会の教科書授業ですが，「これで子どもたちに学力がかなりついている」と，最近の私は意を強くしているのです。それというのも，去年と今年続けて受け持った6年生の学力テストの結

果を見ているからです（どの年も5月に5年生のテストを実施）。

　社会も理科も仮説実験授業に使っている分だけ，規定の時間よりはるかに少ない時間しか教科書には当てていません。それでもこれだけの実績（？）が上がっているならもういいじゃないか，と思うわけです。参考までに並べてある隣のクラスは，ごく普通の教科書の授業だけをしていたクラスです。

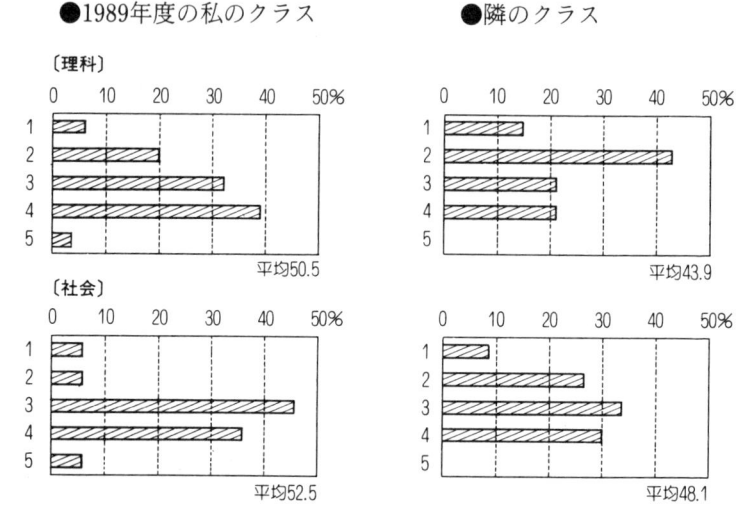

●1989年度の私のクラス　　　　　●隣のクラス

〔理科〕　平均50.5　　　　　　　平均43.9

〔社会〕　平均52.5　　　　　　　平均48.1

ヨコ軸は人数，タテ軸は偏差値による区分。（テスト業者のデータによる）

　「いつも私が選んでいるような易しいテストで本当に大丈夫なのか？」という疑問に，「大丈夫！」と確信が持てたのも，この学力テストの結果を見てからです。今年の私のクラスは，昨年度メチャクチャに荒れていたクラスだけに，学力テストの結果も散々です（知能テストはほとんど去年の私のクラスと変わらないのに，「理科は〈1〉が一番多い」といった具合なのですから）。でも今年の隣のクラスも，理科や社会は去年の私のクラスよりも，結果は低くなっています。これは，去年の5年生がとっていたらしい〈難しめ

のテスト〉のためではないかという気がします。

　「易しいテストで，要点のみをしっかり教えた方が知識は身につく」ということも言えそうです。なぜなら，3年前の6年生は，私のクラスも隣のクラスもどちらも理科と社会の学力テストの結果が，去年の私のクラス並みの結果になっていたからです。この年はどちらのクラスも，いつも理科と社会のテストの点がよくて，通知表をつけるときに，「〈2〉と〈1〉がつけられない！」と，うれしい悲鳴を上げた年でした。易しいテストも馬鹿にしたものではなさそうです。

7．学芸会で

　私のいる学校では，2年に1回学芸会があります。『たのしい授業』が出てからは，学芸会もそう苦労をしなくなりました。なぜなら「たのしい授業学派」の研究の進み方というのはとてつもなくスゴイもので，学芸会の脚本まで載せてくれるのですから。私は1987年の学芸会では小野洋一さんの「学習発表／大きな数」(『たのしい授業』No.15) を，1989年は愛知の伊藤善朗さんの「科学劇／もしも原子が見えたなら」(No.66) をやりました。どちらも6年生でしたが，どちらも「異色！」ということで，子どもたちにもお父さんお母さんたちにも，とても評判がよかったものです。

　さて，来年の学芸会をどうするか？　これは，まだ『たのしい授業』には発表されてない「生類憐みの令」という台本があるそうなので，その時期になったら伊藤善朗さんのところに問い合わせてみようと思っています。(伊藤善朗さんの「科学劇」については，『たの授』No.101を。「学習発表／大きな数」は，松崎重広さんの授業書案「大きな数」をしてからでないと無理のようです。私は松崎さんにこの授業書案を送ってもらいました。松崎さんの連絡先は264ペ)

8．ふだんの〈子どもたちとのつきあい〉の中で

「子どもたちとの関係をとにかく良く！」，これが先生としての毎日の生活を快適に過ごすための，私の一番の目標です。私と子どもたちとがつきあうのは，ほとんど授業の中でだけですが，やはりいくつか気をつけていることがあります。

（1）終わりのチャイムはぜったい守る

授業の切れ目がどうであろうと，終わりのチャイムが鳴り出したら，その時間の授業は終わりです。どうしても続きをしたいときは，次の時間に少しだけ〈つづきの時間〉をとらせてもらうことにしています。チャイムが鳴り出したら，もう子どもたちは上の空。授業なんか聞いてません。だったらさっさと撤退した方が，お互いの精神衛生上ずっといいです。仮説実験授業が軌道にのったばかりに，「何回も休み時間をつぶして（ずらして），子どもたちに悪い評価をもらってしまった」こんな失敗をしている大先輩もいるそうです。気をつけないとアブナイです。

（2）オコルときは納得のいくことだけを短く

怒らないですめばそれにこしたことはないのですが，クラス担任というのはそうもいきません。「毎日なにかしらオコッテいるんだろうなー」と考えると，いささかユウウツになります。でもしょうがないです，相手は生きてる子どもなんだから。今年の子どもたちは時々私のことを批評します，「先生はオコッテいるときも笑ってる」「カミナリを落としても，すぐ晴れる」などと。〈どう考えても自分が悪い〉と納得できることであれば，子どもたちは怒られることにも我慢できるみたいです。だから私がオコルのは，そういうときだけ。それもできるだけ短く。子どもたちがすぐに納得できそうもないときは，その場でオコルことはあきらめ

ます。どうしようもないときは、もうお願いするしかありません。

（3）自分ができないことは無理強いしない

　これは「自分がイヤなことは、子どもたちにもさせない」ということにもなります。

　忘れ物——これは私も忘れるのはしょっちゅうだから、子どもたちにもあまり強く言えません。「忘れたら友だちに借りる」、これぐらいのことはしてほしいと思っていますが……。中学校や高校の先生は〈もしも原子が見えたなら〉や〈グラフ〉〈世界の国旗〉の授業のために、色鉛筆をかなり大量に用意しておくそうです（東京の石塚進さん・小林浩行さん・長岡清さんなど）。私も見習って、コンパス・分度器などを少し用意しておこうかなと思っています。

　給食——嫌いなものは、誰がなんと言ったって食べられない。だからほとんどなにも言いません。トマトが嫌いだって、他の野菜を食べてるならそれでいいし、メロンがだめというのもまあどうでもいいです。ただ「牛乳が嫌い」という子にだけは、「少しずつでも飲んでみたら……」と勧めていましたが、『たのしい授業』№88に載った札幌の豊田泰弘さんの「牛乳なんて飲めなくていい」には、「う〜ん！」となりました。1年生の学級経営って大変そうです。今は「低学年は絶対イヤ！」という私ですが、いつか豊田さんのような先生になれるのでしょうか。

　整理整頓——これもホントに苦手。だから子どもたちにはなんにも言いません。でも授業書のあるページが落ちていたり、私が出している通信が落ちていたりすると、気にはなります。そういうときは落とし主をできるだけ見つけるけど、まああきらめます。授業書や通信は、後で「足りない、なくした」と気がついた子がもらいに来れるように、少しずつ余分に印刷しておくことにしてます。今年の学級通信『6ねん1くみ地球は回る』の№1は、何人もの子どもたちから「お母さんがうっかり捨てちゃった」とも

らいに来られました。「こんなに何号も続いて出るとは思わなかった」結果だそうです。

9．おわりに

　どうも，どうでもいいようなことばかりを書いてきた気がします。それにこういうことを表沙汰（？）にするのは，かなり恥ずかしい。でもこういうことを知っておくと，教科書や指導要領にはない仮説実験授業やたのしい授業をするときに，ずっとラクだということも確かなことです。

　仮説実験授業をやりつづけたおかげで，私が「変わったな」と思えるのは，「大切なものをうんと大事にする代わりに，どうでもいいものを大胆に切り捨てる能力がついた」ということです。国語の授業で〈読み取り〉をいっさいしなくなったのも，「仮説実験授業の〔お話〕で，良い教材を子どもたちに与えている」という自信があるからだし，作文の時間をほとんど取らないのも，「仮説実験授業の感想文を書くことで，作文の力は十分ついている」と考えているからです。理科と社会の教科書の授業を，普通でいえばおよそ「いいかげん」と言われても仕方がないようなやり方で過ごしているのも，「理科や社会の教科書で扱っているような授業とは比べ物にならないほど優れた授業を，仮説実験授業で実現できている」という確信があるからです。

　教材を選ぶのは，あくまでも〈私〉です。私が私の責任で選んだ教材で授業を成功させる＝子どもたちに喜んでもらうのも，また私の責任です。その責任を果たすために出来上がってきたのが，ここに紹介した「私好みの授業のスタイル」ということになるのでしょう。これがどれぐらい一般性があるものなのか，つまりどれぐらいマネをしてもらえるものなのかは分かりません。それぞ

れの方が自分に合ったものを取り入れてくだされればいいだけです。私自身も，もっといいもの（＝もっとラクで効率のいいもの）があれば，それをマネしたいと思っています。だからこういうあまり大きな声では言えないことの情報交換ができるお友達とは，これからも仲良くしていきたいです。ここに私が書いたことで，出典が明らかでないものは，どこかでだれかに，いつのまにか教わったものが多いはずなのですから。

10. 忘れていました「最後の授業」を！

　６年生の卒業の季節に，「最後の授業」として「たのしく学びつづけるために」（『たのしい授業』№11。小冊子として仮説社で販売）を読みます。これは「仮説実験授業を受けた子どもたちのために」，板倉聖宣さんが書いてくださったものです。「自分たちの受けてきた仮説実験授業がどういう授業なのか？」が，ここで改めて意識化されるものとして，私はこの授業が好きです。子どもたちが書いてくれる感想文も，毎回ステキです（尾形邦子「〈たのしく学びつづけるために〉を読んで」『たのしい授業』№72参照）。

　この〈学びつづけるために〉の感想文とは別に，６年生の３月の終わりには，「この２年間の授業をふりかえって」という感想文も書いてもらっています。これはもう「教師冥利につきる」という感じで，子どもたちにメイッパイ仮説実験授業と私の授業をホメてもらって，涙ナシでは読めない事態になったりします。仮説実験授業とたのしい授業はこんなにも一人の教師を幸せにしてくれるのです。

　――この原稿は，1990年８月に行われた「川崎・たのしい授業体験講座」「栃木仮説実験授業入門講座」のために作った資料に，追加訂正を加えました。

最初の授業カタログ
<small>さいしょ じゅぎょう</small>

2000年3月10日　初版第1刷発行（3000部）
2011年2月10日　　第2刷発行（1000部）

編　者　「たのしい授業」編集委員会／代表・板倉聖宣 ©
発行所　株式会社 仮説社
　〒169-0075　東京都新宿区高田馬場 2-13-7
　TEL：03-3204-1779　FAX：03-3204-1781
　http://www.kasetu.co.jp/　mail@kasetu.co.jp
印刷　平河工業社／ダイキ　　Printed in Japan
用紙　鵬紙業（本文=クリームキンマリ四六 Y62kg／見返し=色上質浅黄 AT 厚口／表紙=OK アートポスト+四六 T180／カバー= OK トップコート+キク Y76.5kg／扉=サイタングリーン）

＊無断転載厳禁
落丁・乱丁はお取り替えいたします　　ISBN978-4-7735-0147-6 C0037

仮説実験授業のABC（第4版）── 楽しい授業への招待

板倉聖宣　Ａ５判180ペ　1890円（本体1800円）
いつもそばに置いておきたい基本の1冊。仮説実験授業の考え方と理論，そして授業の進め方や，評価論，授業書と参考文献の一覧紹介ほか。

仮説実験授業の考え方 ── アマチュア精神の復権

板倉聖宣　四六判320ペ　2100円（本体2000円）
たのしい授業・仮説実験授業の考え方とその実際と，教師のための基礎学。「教える人」をしていく上でぜひ読んでおいて欲しい1冊。

仮説実験授業をはじめよう

「たのしい授業」編集委員会編　Ｂ６判232ペ　1890円（本体1800円）
「仮説実験授業をやってみたい！」という人のために，授業の進め方や参考文献，授業記録などを収録。授業書《地球》《水の表面》の全文も。

未来の科学教育

板倉聖宣　Ｂ６判240ペ　1680円（本体1600円）
「仮説実験授業」が初めて提唱されたときの，基本的な考え方と可能性，授業の進め方などを，授業書《ものとその重さ》にそって解説。

たのしい授業プラン国語1

「たのしい授業」編集委員会編　Ｂ６判462ペ　2100円（本体2000円）
よみかた，ウソの作文，〈接続詞〉作文法，漢字指導テクニック，ことば遊びなど，国語で使えるたのしい授業プランが満載。

たのしい授業プラン国語2

「たのしい授業」編集委員会編　Ｂ６判358ペ　2100円（本体2000円）
書きたくなる作文，ことばで遊ぶ，予想しながら読む〈おおかみ〉の授業，五味太郎講演記録，世界のあいさつ，1時間ものプランなど。

たのしい授業プラン国語3

「たのしい授業」編集委員会編　Ｂ６判248ペ　2100円（本体2000円）
詩・俳句・読解力・物語・絵本・説明文・言葉あそび・接続詞……など，国語の授業を楽しくするバラエティにとんだプランをセレクト。

──　仮説社　──

ものづくりハンドブック 1・2・3・4・5・6・7

「たのしい授業」編集委員会編　B6判　各2100円（本体2000円）
家庭で学校で，楽しさ保証ズミのものづくり。くわしい作り方から材料の入手法まで。大好評の人気シリーズ。

教室の定番ゲーム 1・2

「たのしい授業」編集委員会編　B6判　各1575円（本体1500円）
お楽しみ会用から授業用，ドリル用まで，「子どもたちとのイイ関係」を基本にしたゲームを紹介。実際に試してみたという報告付き。

学級担任ハンドブック

「たのしい授業」編集委員会編　B6判　316ぺ　1995円（本体1900円）
子どもとイイ関係を築くための「担任のイロハ」。さらに，自己紹介の仕方から保護者とのつきあい方まで。

たのしい「生活指導」

「たのしい授業」編集委員会編　B6判　291ぺ　1890円（本体1800円）
実際に生活に役立つ知識なら子どもたちに歓迎される。押し付けを排除した「生活指導」の実際を紹介。万引き・いじめ・席替え等の対策に。

たのしい進路指導

中　一夫　A5判　205ぺ　2310円（本体2200円）
子どもの不安を減らすことを重点に進路指導のイメージを一新。子どもはもちろん，親にも歓迎された〈進路だより〉1年分を収録。

ゆりこさんの おやつだホイ！

島　百合子　A5判　134ぺ　1680円（本体1600円）
子どもたちと一緒に楽しめるおやつ作りの決定版。コーヒーゼリー，だんだんケーキ，とんねるサンドなど。お役立ち料理コラムも。

実験観察自由研究ハンドブック 1・2

「たのしい授業」編集委員会編　B6判　各2100円（本体2000円）
「不自由研究」に悩まされる子どもたち。研究の意味をわかりやすくときながら，みんなが夢中になった研究の具体例を満載。

—— 仮説社 ——

たのしい教師入門 ── 僕と子どもたちのスバラシサ発見

小原茂巳　B6判 235ペ　1890円（本体 1800円）

授業が楽しいと教師が幸せなのか，教師が幸せだと授業が楽しくなるのか。それは……。教師業を楽しみたい人たちに具体的なノウハウを提供。

未来の先生たちへ ── オバラシゲミの教職講座

小原茂巳　B6判 204ペ　1890円（本体 1800円）

教師を目指す学生向けに行われた大人気の講義録。「たのしく教師を続けるための基本」を具体的に紹介。「教育学」に携わる人にも。

これがフツーの授業かな ── 楽しい授業中毒者読本

山路敏英　B6判 222ペ　1995円（本体 1900円）

仮説実験授業で味わった楽しさに生徒も先生もとりこになった。生活指導がヘタで暗くて軟弱でもかまわない。楽しいだけでいい。

だれでも描けるキミ子方式

「たのしい授業」編集委員会編　B6判 325ペ　2100円（本体 2000円）

三原色と白だけで，一点から隣となりと描くキミ子方式。その楽しみ方と教え方を解説。植物・動物・風景の絵から，デザイン・彫刻まで。

実験できる算数・数学

出口陽正　A5判 228ペ　2520円（本体 2400円）

予想して〈実験〉で確かめると算数・数学も格段に楽しくなります。授業書《コインと統計》《電卓であそぼう》《2倍3倍の世界》を収録。

生物と細胞 ── 細胞説をめぐる科学と認識

宮地祐司　A5判 238ペ　2415円（本体 2300円）

科学的認識の成立条件を，生物学の基本である〈細胞〉概念の形成過程にそって検証。感動の研究物語や，授業書《生物と細胞》を収録。

たのしい授業の思想

板倉聖宣　B6判 346ペ　2100円（本体 2000円）

「たのしい授業」とは何か，またどんな分野でどこまで現実のものとなっているか──それらを一望のもとに見わたせる論文集。

── 仮説社 ──